중국의 근대,
'가정'으로 보다

이 저서는 2019년 대한민국 교육부와 한국연구재단의 지원을 받아 수행된 연구임
(NRF-2019S1A6A3A02102843)

This work was supported by the Ministry of Education of the Republic of Korea and
the National Research Foundation of Korea (NRF-2019S1A6A3A02102843)

중국관행
연구총서
0 2 4

중국의 근대,
'가정'으로 보다

손승희 지음
인천대학교 중국학술원 중국 · 화교문화연구소 기획

ⅠB 인터북스

한국의 중국연구 심화를 위해서는 중국사회에 강하게 지속되고 있는 역사와 전통의 무게에 대한 학문적·실증적 연구로부터 출발해야 한다. 역사의 무게가 현재의 삶을 무겁게 규정하고 있고, '현재'를 역사의 일부로 인식하는 한편 자신의 존재를 역사의 연속선상에서 발견하고자 하는 경향이 그 어떤 역사체보다 강한 중국이고 보면, 역사와 분리된 오늘의 중국은 상상하기 어렵다. 따라서 중국문화의 중층성에 대한 이해로부터 현대 중국을 이해하고 중국연구의 지평을 심화·확대하는 연구방향을 모색해야 할 것이다.

이러한 문제의식에서 우리 인천대학교 중국학술원 중국·화교문화연구소는 10년간 근현대 중국 사회·경제관행에 대한 조사와 연구를 수행하면서, 인문학적 중국연구와 사회과학적 중국연구의 독자성과 통합성을 조화시켜 중국연구의 새로운 지평을 열고자 했다. 그리고 이제 그동안 쌓아온 연구를 기반으로 새로운 단계에 접어들어 「중국적 질서와 표준의 재구성에 대한 비판적 연구」라는 주제로 인문한국플러스사업을 수행하고 있다.

우리 연구소는 그동안 중국적 관행과 타 사회의 관행이 만날 때 어떤 절합과 변형이 이루어지는지, 그것이 중국적 모델의 재구성으로 이어지는지 아니면 새로운 모델이 만들어지는지를 연구하고, 역

5

사적으로 축적한 사회, 경제, 문화적 자원을 활용하여 만들어가고 있는 중국식 발전 모델의 실체와 그 가능성을 해명하고자 해왔다. 우리 연구소는 중국연구의 새로운 패러다임을 만들어내려는 목표를 가지고 연구를 수행해 온 바, 특히 객관적인 실증 분석과 풍부한 자료 수집 및 분석에 기반하여 이러한 새로운 패러다임을 모색하고자 해왔다. 한국의 중국연구에서 자료 수집·분석과 거시적 연구틀의 결합이 그동안 많이 이루어지지 않았다는 점에서 우리는 이 부분에 기여하고자 최선의 노력을 기울이면서 많은 저역서를 출간한 바 있다.

손승희 교수는 특히 일차사료의 수집과 분석에 기반하여 『중국의 가정, 민간계약문서로 엿보다 : 분가와 상속』, 『민간계약문서에 투영된 중국인의 경제생활 : 합과와 대차』 등 중요한 저서를 출간했고 다른 연구자들과 공저로 『중국 민간조직의 단면 : 길림성 동향상회 구술집』, 『중국의 동향상회 : 길림성 동향상회 면담조사 자료집』 등도 발간하며 학계에 기여해 왔다. 이번에 내는 이 책은 중국 가정에 대한 연구 중 상대적으로 성과가 많이 안 나와 있는 민국시기에 초점을 맞추어 전통적 관습과 생활방식이 국가의 개입 속에서 어떤 변화를 겪었는지를 분석하면서 전통과 당대와도 연결시켜 제시하고 있다. 필자는 중국의 정치적 행보와 미래를 진단하고 정확히 분석하기 위해서는 그 내면의 사유방식과 사유체계에 주목해야 한다는 문제의식에서 '가정'에 주목하여 이 책을 집필하였다. 가정은 중국인의 사유방식의 기초이자 핵심요소이고, 특히 전통 중국사회에서는 혼인과 상속, 향촌사회, 국가와의 관계 등 모든 사회 시스템과 직결된 것이 바로 가정이기 때문이다.

이 책은 중화민국 시기 '민법'의 제정 배경과 과정을 추적하며, 민간의 관습이 국가권력의 개입 속에서 어떤 변화를 겪는지 주목했고, 전통 가정의 구조, 분가와 상속, 혼인형태와 이혼, 혼인관습, 국가와 가족의 관계, 당대 혼인 관습의 변화에 이르기까지 광범한 주제에 대해 심도깊은 논의를 하고 있다. 이 책이 중국 연구자 뿐 아니라 한국과 일본 연구자, 가족과 친족 연구자, 문화인류학자와 사회학자와 민속학자 등 여러 분야의 연구자에게 도움이 되길 충심으로 기대한다.

『중국관행연구총서』는 인천대학교 중국·화교문화연구소가 인문한국사업과 인문한국플러스사업을 장기간 수행한 연구의 성과물로서, 그동안 중국 철도, 동북지역의 상업과 기업, 토지와 민간신앙, 중국 농촌의 거버넌스와 화교 등 다양한 주제에 대해 연구서와 번역서를 발간하였다. 앞으로도 꾸준히 낼 우리의 성과가 차곡차곡 쌓여 한국의 중국연구가 한 단계 도약하는 데 일조할 수 있기를 충심으로 기원한다.

2022년 5월
인천대학교 중국학술원 중국·화교문화연구소
(인문한국플러스사업단)
소장(단장) 장정아

    본서는 중국 근현대시기를 중심으로 한 가족 관련 연구서이다. 특히 혼인과 상속문제에 주목하여 관련 내용을 주제별로 구성해놓은 것이다. 원래 본서는 인천대 중국학술원의 웹진 '관행중국'에 실렸던 필자의 글들을 엮어서 대중서로 출판해볼 요량으로 시작되었다. 그러나 그 글들은 너무 대중적이라 필자가 그동안 해왔던 연구성과가 거의 반영되어 있지 않아 아쉬움이 컸다. 글 쓰는 것이 쉽지 않고 책 출판은 더더욱 쉽지 않은 일이라 어떻게 하면 연구성과도 반영할 수 있을지 책의 형식과 내용을 두고 몇 번이고 고민했다. 결국, 시간에 쫓겨서 지금과 같은 절충적인 형태로 책을 내게 되었지만, 그동안 필자가 연구했던 성과들을 반영하여 핵심내용만을 주제별로 재구성했다고 할 수 있다.[1]

---

1) 본서에서 참고한 필자의 연구는 『중국의 가정, 민간계약문서로 엿보다 : 분가와 상속』(학고방, 2018); 『민간계약문서에 투영된 중국인의 경제생활 : 합과와 대차』(인터북스, 2019); 「相續慣行에 대한 國家權力의 타협과 관철 – 남경국민정부의 상속법 제정을 중심으로」(동양사학연구 117); 「근대중국의 異姓嗣子 繼承 관행」(중국근현대사연구 57); 「청·민국시기 산서지역의 분가와 상속현실 – 分書를 중심으로」(동양사학연구 140); 「중화민국 민법의 제정과 전통 '家産制'의 변화」(동양사학연구 151); 「민국시기 혼인 성립요건의 변화 – 婚書를 중심으로」(중국근현대사연구 90) 등이다.

본서의 제목을 『중국의 근대, '가정'으로 보다』라고 정한 것은 연구의 대상이 종족이 아닌 개별가정family이라는 의미에서이다. 한국에서는 '가족'이라고 하면 개별가정을 쉽게 떠올리지만, 중국에서 '가족'이라는 명칭은 종족과 거의 혼용된다. 여러 방房의 결합이 동종 단체인 가족·종족을 의미한다면, 종족의 세포로서의 '가家' 혹은 '가정'이라는 용어를 사용할 때 비로소 개별가정의 의미가 분명해지기 때문이다. 따라서 본서에서는 혹시 있을지도 모르는 혼동을 막기 위해 생활공동체로서의 집단을 의미할 때 '가정'이라는 용어를 사용했다. 그러나 가족 성원을 언급할 때는 '가족'이라는 말도 사용했다.

가정은 특정한 혼인제도와 도덕적 규범에 따라 부부와 자녀로 구성된 최소한의 사회조직이다. 생산과 소비를 기초로 하는 가장 작은 경제생활 단위이기도 하고, 후손의 양육과 혼인, 사회적 교류 등을 통해 가족 성원들의 안전을 보장하는 사회생활 단위이기도 하다. 이러한 개별가정의 성격은 인류 보편적이고 공통적이다. 중국에서도 가정은 국가의 가장 말단의 기층단위로서 중국 사회의 기본구조를 이루고 있다.

현재 국제사회에서 중국의 영향력이 커지면서 미·중 사이의 갈등 국면이 지속되고 있고, 중국 내부에서는 공산당과 시진핑의 권력 집중 양상이 노골화되고 있다. 지난 십 년간 중화민족의 위대한 부흥을 기치로 한 중국몽과 이를 실천하기 위한 일대일로 전략은 중국이 세계를 선도하겠다는 자신감의 표현이다. 이를 두고 중화제국 부활의 증거라거나 세계적 패권국가를 추구하는 것이라고 우려하기도 한다. 이러한 중국의 정치적 행보와 중국의 미래를 진단하기 위해서는 그 내면에 면면히 흐르고 있는 중국인의 사유방식과 사유체계에 주목할 필요가 있다. 자신만의 길을 표방하고 있는 중국은 역사 속에서 현재적 모델을 찾고자 하는 경향이 강하기 때문이다. 그중에서도 중국인의 사고 형성에 일차적으로 심대한 영향을 미쳐왔던 것이 바로 '가정'이다. 가정은 중국인의 사유방식의 기초이자 핵심요소이기 때문이다. 이것이 필자가 중국의 가정에 천착하는 이유이다.

더욱이 전통 중국사회에서 가정 연구가 중요한 것은 그것이 혼인과 상속, 가족과 친족, 향촌 사회, 국가와의 관계 등 사회 및 국가 시스템과도 밀접하게 연관되어 있기 때문이다. 현대사회에서도 가족, 친족에 관한 연구는 그 사회의 뿌리 깊은 역사와 내면을 들여다보는 중요한 통로로 여겨지고 있다. 따라서 가족의 형성과 구조, 그 속에서 파생되는 가족과 친족 구성원의 관계와 역할, 기능 등에 관심을 기울일 필요가 있다.

필자가 보기에 중국의 가정 연구에는 두 가지 경향이 있는 듯하다. 그 첫 번째는 종족과 그 사회 연구에 주목하는 것이다. 중국사에서 '가족, 종족'이라는 명칭하에 진행되는 연구는 주로 종족과 그 사회 연구에 집중하는 경향이 있다. 전통사회에서 종족은 기층사회 권력의 핵심이었다. 따라서 기층사회를 구성하고 있는 지역의 종족과 그들 간에 존재하는 향촌사회의 권력관계 또는 국가와의 관계에 주목하는 것이다. 이에 비해 종족의 세포를 이루고 있는 '개별가정' 연구에 대해서는 상대적으로 소홀하다. 두 번째는 중화인민공화국 성립 이후의 현대 가정 연구에 집중하는 경향이다. 중화인민공화국이 성립되면서 전통 가족제도에 대한 획기적인 전환이 발생했기 때문이다. 가족 경제는 집단화되고 사유재산은 폐지되었으며, 혈연 중심의 가족 문화에도 급격한 변화가 발생했다는 것이다. 따라서 현재 가정

연구는 전통시기의 종족 연구이거나 아니면 당대當代 가정 연구가 주류를 이루고 있다.

그 중간에 놓인 민국시기, 특히 1930-40년대 중국 가정 연구는 여전히 공백으로 남아 있다. 이 시기는 전통적인 관습과 생활양식을 유지하는 가운데 사회경제적으로 빠르게 변화해갔던 시기이다. 법적으로도 1930년 「민법」 친속편과 계승편이 제정되어 가족 관련 법률에서도 근대화가 시도되었던 시기이다. 다만 그러한 법률적 변화가 중국의 전통사회를 가시적으로 바꾸어 놓지는 못했다. 때문에 이 시기는 상대적으로 소홀히 다루어졌고, 오히려 1949년 중화인민공화국 성립 이후에 발생했던 중국 가정의 변혁에 주목하는 경향이 있다. 이러한 상황은 국내에서도 마찬가지이다. 국내의 중국 근현대 사학계에서는 다양한 주제가 연구되고 있고 일부 여성사에서 가족 문제가 다루어지기는 했지만, 여전히 가정의 구조와 운영, 그리고 전반적인 가족과 그 변화에 대한 연구는 관심을 받지 못하고 있다.

중국 가정사에서 본다면 1930-40년대는 전통과 근대가 치열하게 길항했던 시기이다. 중화인민공화국 성립 이후 가정과 가족제도의 획기적인 변화의 발판이 되었던 시기이기도 하다. 따라서 전통시기와 중화인민공화국시기를 잇는 과도기로서의 근대 중국 가정에 대한 구체적이고 전면적인 고찰이 필요하다. 하루가 멀다 않고 쏟아지는 중국의 정치, 경제, 군사 정보만이 아니라, 중국과 중국인을 이해하는 방편으로서 중국인 누구나 일상에서 공유했을 법한 중국 가정의 얘기를 해보고자 하는 것이 본서의 취지이다.

본서는 중국의 '전통 가정의 구조', '분가와 상속', '혼인과 이혼', '혼인 관습', '국가와 가족', '당대當代 혼인과 관습'의 여섯 부분으로 구성되어 있다. 다시 그 속에 각각 몇 개의 작은 주제로 분류되어 있다. 본서가 치밀하고 세부적인 체제를 갖추었다고 할 수는 없지만, 중국 근대 가정의 대략적인 모습을 그려볼 수 있기를 희망하며 책을 구성했다. 각각의 소주제는 그 자체로 어느 정도 완결성이 있어 주제별로 읽을 수도 있고, 순서대로 읽으면 가정의 전모를 파악하는 데 작게나마 도움이 될 수 있지 않을까 생각한다. 내용은 주로 근현대 시기를 중심으로 했지만, 역사의 연속성을 고려하여 전통시기나 당대의 가정 문제까지도 염두에 두었다. 가족 관련 관습(혹은 법)의 연속성과 지속성은 우리가 상상하는 그 이상으로 생명력이 길기 때문이다.

본서는 가정 문제 중에서도 혼인과 상속을 연구의 대상으로 삼았다. 혼인과 상속은 가정을 성립하고 유지하게 하는 핵심원리이다. 특히 중화민국시기 가족 관련 법인 「민법」 친속편과 계승편을 제정하게 되는 배경과 과정을 추적했다. 이를 연구의 중심으로 삼은 것은 중국사회에서 큰 변화 없이 수천 년간 지속되어 온 민간의 관습을 변화시킨 가장 강력한 계기가 바로 국가권력의 개입이라 생각했기 때문이다. 본서에서 본격적으로 다루지는 않았지만 현재의 중화인민공화국 성립 이후 가정에서 발생했던 획기적인 변혁을 상기한다면 이를 더욱 확신하게 된다.

중국 전통사회는 관습과 전통이라는 사회적 규범에 의해 민간의 질서가 유지되고 있었다. 근대시기, 국가는 이러한 민간의 사회적 규범을 국가체제 속으로 수렴하여 직접 관리하고 통제하고자 했다. 이를 위해 국가권력이 행했던 조치는 근대법의 제정과 시행이었다. 청말부터 시작되었던 법률의 근대적 개혁은 「대청민률초안」, 「민국민률초안」, 「법제국민률초안」을 거쳐 남경국민정부에 의해 「민법」으로 제정 공포되면서 완성되었다. 따라서 본서는 그러한 시대적 배경하에 전통 가족제도와 관습에 대한 개혁과 내용, 의미 등 가족제도의 변혁 과정을 분석했다.

본서가 구조상 마치 전통시기의 가정을 주제로 하고 있는 듯 보이지만, 필자는 중국의 근현대사 전공자로 전통시기까지 섭렵할 만큼의 능력은 없다. 다만 청말, 민국시기의 가족제도와 민간의 현실을 이해하기 위해서는 전통 가정의 구조와 관습을 이해하는 것이 필요했다. 「민법」을 통해 개혁하고자 하는 것이 무엇인지 파악하기 위해서는 전통 가정의 구조와 현실을 도외시할 수가 없었기 때문이다. 즉 본서의 중심 내용은 전통 가족제도와 관습의 제도적인 전환 혹은 근대화이다. 그 과정에서 전통 가정의 구조와 형태, 운영, 관습 등도 살펴보았다.

필자가 처음 중국 가족연구를 시작하게 된 것은 인천대 HK사업단의 일원으로서 아젠다를 수행하면서부터이다. 그때는 중국 근대시기 가정에 대한 국내 연구가 거의 없다시피 한 상황이어서 막막하기만 했다. 지금도 상황은 비슷하지만, 어찌어찌 시간이 흘러 지금은 필자의 주요한 연구 아젠다가 되었다. 다만 이것밖에 되지 않는 알량한 연구성과를 내놓을 수밖에 없는 자괴감에 부끄러움이 앞서는 것도 사실이다. 필자의 아둔함과 능력의 한계로 더 많은 주제와 치밀한 내용을 담지 못했음을 고백하지 않을 수 없다. 그럼에도 불구하고 그간의 연구를 정리하고 그 속에서 얻은 성찰과 교훈을 통해 좀 더 성숙한 연구를 하는 계기로 삼고자 한다.

필자가 학문을 업으로 삼은 이후 많은 동료 연구자들을 만났고 직접 만나지는 못했더라도, 그들 모두가 필자에겐 스승이었다. 연구를 통해서 많이 배울 수 있었고, 그들과의 교류와 동행에서 연구의 기쁨을 맛보고 깊은 우정도 나눌 수 있었다. 그들 모두에게 진심을 담아 감사를 드린다. 또한 책이 나올 수 있도록 독려해주신 인천대 중국학술원 원장님 이하 모든 선생님들, 늘 가족 같았던 행정실 식구들, 연구보조원들께 감사를 드린다. 필자의 게으름 탓에 늦게 도착한 원고를 편집하느라 덩달아 고생하신 인터북스 출판사에도 감사를 드린다. 힘겹게 공부하는 엄마를 지켜보면서 스스로 철들어갔던 아들에게 미안함을 전하며, 이 책을 바치고 싶다.

본서가 앞으로 누군가에 의해 쓰여질 근대 중국 가정 관련 연구서를 대신하여, 잠시나마 독자들이 중국 가정의 역사를 이해하는 데 도움이 된다면 그것으로 영광이다. 그때가 되면 이 책이 어느 농가의 밥 짓는 불쏘시개로 쓰이거나, 산더미처럼 쌓인 폐지더미 속에서 저울에 달려 어디론가 팔려나가도 흡족할 것이다. 진심으로 동료 연구자들의 질정을 기대한다.

갯벌로 연구실에서
손승희 쓰다

일러두기 ···

1. 중국 인명은, 1949년 이전 것은 한글 독음으로 표기했고, 1949년 이후의 것은
   중국어 발음으로 하되 국립국어원의 〈외래어 표기법〉에 따랐다. 지명은 한글 독
   음으로 표기 했다.
2. 본문에서 한자가 필요한 경우에는 한글 표기 뒤에 작은 글씨로 표기했다. 한글
   과 한자가 동일하지 않은 경우에도 괄호 없이 한글 뒤에 한자를 표기했다.
3. 중국 역대 왕조나 두 공화국 정부의 법은 출판 여부와 관계없이 본서에서는 통
   일적으로 「」에 넣어 표기했다.
4. 당대當代 중국에서 나타나고 있는 주요 현상들에 대해서는 중국어 발음으로 표
   기했다. 예를 들어 바오얼나이, 차이리 등이다.

전통 가정의 구조

01 전통 가정의 경제구조

: 동거공재同居共財

일반적으로 가정은 부부와 자녀로 구성된 최소한의 사회조직이며, 생산과 소비를 함께 하는 가장 작은 경제생활 단위이다. 즉 가정은 일종의 사회제도이다. 가정은 가족 구성원에게도 중요한 작용을 할 뿐 아니라 그가 속한 사회와도 지극히 중요한 관계를 갖는다. 특히 전통시기 중국에서 가정은 중국 사회의 기본구조를 이루는 핵심요소였다.

전통시기 중국에서는 가정을 의미하는 용어로 '가家' 혹은 호戶가 사용되었다. '가'라는 용어는 넓은 의미에서 가계家系를 같이 하는 사람을 뜻하거나 혹은 종宗과 같은 의미로 사용되었다. 중국에서 종종 종족과 가족이 혼용되는 것은 그런 이유이다. 좁은 의미에서 본다면 '가'는 '가계家計를 함께하는 생활공동체'로서 개별가정을 의미한다.[1] 호는 가家와 동일하게 기층사회의 가장 작은 단위를 뜻한다. 국가는 기층 민중의 거주와 생활단위의 관리를 위해 호적을 작성했고, 호는 바로 가家의 등기 단위이다. 따라서 국가가 개별가정을 파악할

---

1) 滋賀秀三, 『中國家族法の原理』, 創文社, 1981, pp.50-58.

때는 호로 칭했다.[2]

전통시기의 이러한 중국 가정은 그것 자체로 독립적인 것은 아니었다. 각각의 개별가정은 다른 개별가정과는 구별되는 독립적인 경제생활을 영위했다. 그러나 한편으로는 종족이라는 동일 남성 조상을 둔 혈연관계를 통해 멀고 가까운 종적, 횡적 구조를 형성했기 때문이다. 그것은 수많은 개별가정이 한곳에 모여 살면서 일정한 규범에 따라 혈연관계를 구성하는 특수한 사회조직 형태를 취했다.[3] 우리는 이를 흔히 '종족'이라고 부른다. 따라서 부모로부터 분가하여 재산분할을 받은 개별가정은 경제적으로 상대적인 독립성을 보장받지만, 부자일체 관계와 조상에 대한 제사를 통해 공동체의 일원으로 편입되었다. 개별가정이 혈연관계를 유대로 이루어진 사회조직 중 가장 말단의 개체라고 한다면, 종족은 이러한 여러 개별가정이 하나의 집단적인 조직형태를 이루는 것이다.[4] 그 형태는 수많은 개별가정이 동일한 촌락에 거주하면서 동일 남성을 조상으로 섬기는 동성촌을 이루기도 했고, 여러 세대가 한 집에 모여 사는 대가족을 이루기도 했다.

중국의 전통적인 가족형태로서 종종 사세동당四世同堂, 오세동당五世同堂의 대가족제도가 언급된다.[5] 그러나 세대가 내려오면서 세대

---

2) 王躍生, 「近代之前家, 戶及其功能異同探討」, 『社會科學』, 2016-12, pp.63-64; 「清末以來中國家庭, 家戶組織的制度考察」, 『社會科學』, 2020-10, pp.82-84.

3) 徐揚杰 지음, 윤재석 옮김, 『중국가족제도사』, 아카넷, 2000, pp.16-18.

4) 손승희, 「중화민국 민법의 제정과 전통 '家産制'의 변화」, 『동양사학연구』 151 (2020), p.182.

5) 중국의 근대 이전 시기에는 사회보장제도가 결핍되어 있어 정부와 민간 조직

간의 간격이 멀어질 뿐 아니라, 사회경제적 발전으로 사유재산 관념이 날로 팽창하게 되면서 기존 세대 간의 관계를 유지하는 것이 쉽지 않았다. 따라서 전통적인 대가족의 형태는 가정 내부 성원들의 화목과 조화를 이상적으로 생각하는 유교적 이상사회의 가족 형태일 뿐이었다. 실제로는 부모와 자녀세대로 구성된 핵심가정이나 조부모가지만 함께하는 직계가정이 더 많은 비중을 차지했다.[6] 자녀가 성장하면 분가를 통해 끊임없이 세대가 독립했기 때문이다. 이것은 전국시기 진나라에서 상앙이 변법을 실행하면서 "백성이 한 집에 남자 두 명이 있는데도 분가하지 않으면 그 세금을 두 배로 부과한다"고[7] 했던 것에서 비롯되었다. 이후 자녀가 장성하면 분가하여 독립하는 것

은 가정의 양육, 양로, 친자의 同爨, 기혼 형제의 共財를 유지하는 데 주목했다. 다세대의 혈연 친속이 가장의 통솔하에 공동생활을 하는 것이 가정 성원들(특히 노약자)의 기본 생존을 보장하고 가정과 사회질서를 유지하는 데 유리했기 때문이다. 王躍生, 「20世紀30年代前後中國農村家庭結構分析」, 『社會科學』, 2019-1, p.62.

6) 王躍生에 의하면, 20세기 30년대의 보편적인 중국 농촌의 가정구조는 남북 지역 간의 차이가 존재했다. 동남, 화남지역은 핵심가정과 직계가정이 다수이고 복합가정(대가정)이 소수였다. 화북지역은 핵심가정과 직계가정, 복합가정이 병존했다. 화북농촌의 가정은 부자의 승계 관계와 형제들의 동거공재의 형태로 동거하는 복합가정의 형태를 띠고 있다. 그러나 부친이 사망한 후에 형제가 대부분 분가하여 대가정은 해체되고 핵심가정, 직계가정이 된다는 것이다. 그에 비해 동남, 화남 농촌 가정은 핵심가정과 직계가정 위주였으며, 소작농 경제가 상대적으로 발달함으로써 향거 지주가 적어 대가정의 형성과 유지가 곤란했다. 특히 강남에서 상공업이 발달한 성진 부근의 농촌은 非農 유동 인구가 증가하여 대가정의 존재 기초를 와해하는 작용을 했기 때문에 소가정이 더욱 증가했다. 王躍生, 위의 논문 참조.

7) 陶希聖, 『婚姻與家族』, 商務印書館, 1934, 『民國叢書』 第3編(15), 上海書店, 1991, p.59.

이 중국사회에서 보편적인 일이 되었다.

중국 개별가정 내부의 구조적인 특징은 가족 성원간의 경제적 공동체에 있었다. 중국 전통사회에서 재산은 개인의 것이 아니라 공유재산을 의미했기 때문이다. 즉 가족 성원이 모두 각자의 수입을 한데 모아 각자의 필요에 따라 비용을 사용하고 공평하게 분배함으로써 생산과 소비를 하나로 단일화시키는 경제구조를 가졌다. 이를 '동거공재同居共財'라고 한다. '동거하는 가족 성원이 재산을 공유한다'는 뜻으로, 이는 중국 가정의 경제공동체적 성격을 단적으로 표현해주는 말이다. 문헌에서는 공재共財, 공찬共爨, 동재同財, 동찬同爨이라는 말로 개별가정의 이러한 경제구조를 설명하고 있다. 특히 전통가정에서 자주 언급되는 '찬爨'은 아궁이를 뜻한다. 즉 '동찬'은 아궁이를 함께 하는 사이이다. 중국에서 가족 성원이 '함께 동거한다'는 것은 부엌을 함께 사용한다는 말로 비유되었다. 이는 부엌이 가정의 중심이라는 상징성 때문이었다.[8] 취사를 공동으로 하고 함께 모여 식사하는 것은 가족생활의 핵심이라는 것이다.

다만 중국 전통가정에서 '동거공재'에 주목하는 것은 '밥을 먹는다'는 그 자체가 아니라, 그 속에 내포되어 있는 의미의 중요성 때문이었다. 동거공재는 그것이 가족과 가산을 규정하는 법률적 개념, 즉 '가산제家産制'를 의미했다. 동일 가족의 성원은 생산과 소비를 함께하며 가정의 재산은 가족 성원들이 공동으로 소유하는 것임을 '법적'으로 인정받는다는 의미이다.[9] 중국 전통사회에서 '재산財産'이라는

---

8) 滋賀秀三, 『中國家族法の原理』, 創文社, 1981, pp.54-55.
9) 滋賀秀三, 위의 책, pp.68-81.

말 대신 '가산家産'이라는 말이 자주 사용되었던 것은 바로 이런 이유이다. 일찍이 중국의 가족 경제공동체에 주목한 인류학자 마이론 코헨Myron L. Cohen은 중국 전통 가정의 동거공재, 즉 가족 성원의 경제적인 협동 관계에 대한 연구를 진행한 바 있다. 가족 성원의 생산과 소비의 관계가 유지되는 가정 내의 이러한 경제적인 동인이 바로 가정을 지속시키는 기본 요소라는 것이다.[10]

가족간의 동거공재의 관계는 가족 성원의 출생과 혼인 등 다양한 방법으로 형성되었다. 자녀는 출생과 동시에 가족의 일원으로서 동거공재의 관계에 들어가고, 아내의 경우는 남편과의 혼인을 통해 남편 가족의 동거공재 관계 속에 편입되는 것이다. 첩이나 양자, 데릴사위 등은 계약을 통해 동거공재의 일원이 되었다. 이러한 가족 성원 간의 관계는 그들 중 누군가의 사망과는 관계없이 지속되었다. 부친이라 할지라도 그것은 마찬가지였다. 한 가정의 가장인 부친이 사망하면 다른 가족 구성원, 예를 들어 모친이나 장남이 가장이 되었기 때문이다. 따라서 남아 있는 가족 성원들의 동거공재 관계는 해당 가정이 존속하는 한 계속되었다. 그렇다고 이들이 영원히 함께 생활하는 것은 아니었다. 장성한 아들들이 분가를 함으로써 개별가정으로 독립했기 때문이다. '분가'는 바로 가족 성원 간의 동거공재 관계를 끝낼 수 있는 법률적 행위였다.

분가와 함께 재산분할도 행해졌다. 분가는 가족 간 공유재산을 분배하고 아궁이를 따로 씀으로써 가족의 회계를 분리하는 것이었다.

---

10) Myron L. Cohen, *House United, House Divided : the Chinese Family in Taiwan*, Columbia University Press, 1976 참조.

말하자면 '동거공재'는 가족 성원이 생산과 소비를 함께 하는 경제생활 공동체를 의미하는 것임과 동시에, 가산에 대한 지분이 어떻게 분배되어 자녀들에게 이전되는가의 문제도 포함되는 개념이었다.

그런데 중국의 가산제를 '동거공재'라로 표현함으로써 마치 동거하는 모든 가족 성원이 재산을 동등하게 공유하는 것처럼 비칠 수 있다. 그러나 각 가족 성원이 가산에서 점유하는 지분은 동일하지 않았다. 이는 재산을 분할할 때 확연히 드러난다. 재산분할은 상술했듯이 분가할 때 주로 발생한다. 이때의 분가는 현대사회에서 이루어지는 분가와 본질적으로 다르지 않았다. 그러므로 부모의 재산이 자녀에게 전이된다는 의미에서 서구의 '상속'과 중국 전통 가정의 '분가'는 법률적으로 동일한 행위이다. 이는 마치 오늘날 부모가 사망하면 자녀들이 부모의 재산을 상속받는 것과 같은 이치이다. 다만 서구로부터 유래한 '상속'이라는 말은 부 혹은 모가 사망해야 비로소 발생한다. 그러나 전통 중국의 재산분할은 부모의 사망과는 무관하다. 즉 부모 생전에 하기도 하고 사망 후에 하기도 했다. 지금으로 말하면 부모 생전에 자녀에게 재산을 주는 '증여'와 사망 후 성립되는 '상속'의 구분이 별도로 없었던 것이다.

또한 서구의 근대 상속법은 로마법에서 유래한 것으로, 부모 개인의 재산이 자녀들에게 균등하게 분할되는 것을 의미했다. 그러나 중국 전통 가정의 재산은 가족의 공동재산, 즉 가산이었기 때문에 부모 개인의 재산이 아니라 가족 성원의 공유재산이 분할된다는 의미가 있었다. 바로 그런 이유 때문에 가산의 분할방식에도 대체로 두 가지 방법이 존재했다. 하나는 부친과 아들들 사이에 행해지는 균등분할이고, 다른 하나는 딸, 사위, 양자, 첩 등 아들 이외의 동거인들에게 분배되는 작분酌分의 방식이다.[11] 전자가 아들들에게 동일한 분량의 재산이 분할되는 '형제균분諸子均分'의 방식이라면, 후자는 부친과의 친소관계에 따라 액수나 방법이 정해지는 '참작'의 방식이었다.

아들들에게 균분되는 것은 정규적인 방법이었다. 이는 당대唐代부터 규정되었던 것으로, 「당률소의唐律疏議」에 의하면 "동거 자손의 별적이재別籍異財를 허락하며 토지와 주택, 재물을 분할하되 형제에게 균분한다"고 되어 있다.[12] 송대의 「송형통宋刑統」에도 동일한 내용이 보이고 있다. 명대의 「대명령大明令」 호령戶令에는 "적서嫡庶의 아들은 관직을 적장자손이 세습하는 것 외에, 가산과 토지를 분할하여 처첩 비생婢生(노비소생)을 불문하고 아들의 수대로 균분한다"고 규정하고 있다. 관직은 적장자손이 세습하고, 가산과 토지는 적서를 불문하고 균등 분배한다는 것이다. 이와 동일한 규정이 청대 법률인 「대청률례大淸律例」에, 심지어는 민국시기 전반기의 현행법이었던 「대청현행률大淸現行律」에도 보이고 있다.[13]

법률의 제정은 사회적 관습을 수렴하는 과정을 거치므로, 법이 제정될 때는 이미 그 관습이 사회적으로 통용되고 있었다고 보는 것이 타당할 것이다. 형제균분은 사회적 관습에서 국가의 법률로도 규정된 이상 이미 바꿀 수 없는 대원칙으로서 존재했다. 따라서 기본적으

---

11) 滋賀秀三, 『中國家族法の原理』, 創文社, 1981, p.125.

12) 岳純之 點校, 『唐律疏議』, 上海古籍出版社, 2013, p.202.

13) (宋)竇儀 等, 『宋刑統』, 中華書局, 1984, p.197; 懷效鋒點校, 『大明律』, 遼瀋書社, 1990, p.48, pp.238-239; 上海大學法學院, 『大淸律例』, 天津古籍出版社, 1993, pp.201-202; 懷效鋒主編, 『淸末法制變革史料』(下卷), 刑法·民商法編, 中國政法大學出版社, 2010, p.302.

로 피상속인인 부친이나 모친이 임의로 변경할 수 없었다. 아들들에게는 가족과 동거하는 과정에서 동거공재에 의해 가산 속에 자신의 몫이 잠재적으로 존재한다고 간주되었다. 따라서 아들들이 필요할 때 분가와 재산분할을 요구하면 부모도 특별히 거부하지 않았다. 그에 비하면 딸은 정규적인 재산분할을 받지 못했다. 딸은 동거공재의 일원으로서 생활할 때 필요한 물자를 공급받고 가산을 공유하기는 했지만, 가산의 균등분할에서는 제외가 되었다.

그런 의미에서 동거공재에서 가장 중요한 사람은 부친과 아들들이었다. 가산분할에서 핵심은 부친의 재산이 아들들에게 전이되는 것이고, 이때 모든 아들들에게 균등하게 분배한다는 것이 중국 전통 분가의 본질이었다. 딸이 아들과 달리 작분의 방식으로 가족의 공유재산을 분배받는다는 것은 딸이 가산에 대해 아들과 동일한 권리가 있었던 것이 아니었음을 말해준다. 분가할 때 작성하는 분서分書에서 딸에 대한 언급이 없이 아들들만 언급되는 것은 바로 그런 이유였다.[14] 즉 중국 전통의 분가는 동거공재 관계인 부자와 형제간에 가정의 회계家計를 분할하고 가산을 분할하는 것을 의미했다. 이것은 부모와 함께 생활하던 공재共財 가정의 아들들에겐 관습과 법이 규정한 자신의 몫대로 부모의 재산을 나누어 상속받는 일이었다.[15]

---

14) 손승희 편저, 『중국의 가정, 민간계약문서로 엿보다 : 분가와 상속』, 학고방, 2018, pp.273-274; Myron L. Cohen, "Family Management and Family Division in Contemporary Rural China", *China Quarterly*, Vol.130, 1992, pp.368-369.
15) 육정임, 「宋代 家族과 財産相續에 관한 研究」, 고려대학교박사학위논문, 2003, p.51.

이를 근거로 1950-60년대, 동거공재의 가족 성원은 실제로 어떤 식으로 존재하고 가산을 공유했는지에 대한 논쟁이 있었다. 동거공재 속에 내포되어 있는 가정의 진짜 소유권은 누구에게 있었는지의 문제였다. 이는 가산의 소유권을 둘러싸고 가산을 가족 성원의 공동 소유로 볼 것인지, 아니면 가장의 단독소유로 볼 것인지에 대한 견해 차이였다. 일본의 대표적인 법사학자 니이다 노보루仁井田陞와 시가 슈조滋賀秀三 사이에 있었던 법률적 소유관계에 대한 학술적 논쟁이었다.[16]

니이다 노보루는 가산은 부친과 아들들의 공유재산이라고 주장했다. 이는 재산분할에는 이미 아들들의 지분이 가산 속에 존재하고 있기 때문에 가산은 잠정적으로 부친과 아들들 간의 공유관계가 인정된다는 것이다. 이에 비하면 시가 슈조는 가산은 공유관계가 아니라 부친 단독의 것이라고 주장했다. 부친의 생명과 선조의 생명이 자손, 특히 아들들 속에 계속 존재하기 때문이라는 것이다. 이는 그가 부친과 아들들 간에 '부자일체'의 관계가 성립한다고 주장하는 이유이기도 하다.[17] 그러므로 가산의 처분권은 부친에게 있고 이것은 다시 아들로 이어지기 때문에 중국 상속의 본질은 '사람을 잇고', '재산을 잇는 것'을 의미한다는 것이다. 다만 '부자일체'라고 해서 반드시 부자 사이를 의미하는 것은 아니고 남계혈통이 연속된다는 의미이다.

시가 슈조가 이렇게 말할 수 있는 것은 분가 행위에는 재산분할의

---

16) 박세민, 「전통 중국사회에서의 가족과 가산 – 니이다 노보루와 시가 슈조 사이의 논쟁을 중심으로」, 『법사학연구』 62(2020), p.183.
17) 滋賀秀三, 『中國家族法の原理』, 創文社, 1981, pp.129-130.

의미만 있었던 것이 아니었기 때문이다. 부친의 재산이 아들들에게 분배되었던 것에는 부친과 조상에 대한 제사의 의무가 전제되어 있었다. 오히려 재산분할에 제사의 의무가 있었다기보다는 제사의 의무를 전제로 하여 재산분할이 행해졌다고 하는 편이 나을 것이다. 니이다 노보루도 조상에 대한 제사가 재산상속의 한 형식인 경우가 적지 않으며, 명대明代의 사대부들은 제사보다 재산을 목적으로 했다는 점을 지적한 바 있다.[18] 그런 이유에서도 제사와 상속의 연관성을 부정할 수 없다. 서구의 상속은 가장家長 '개인의 재산'이 자녀나 배우자, 부모 등에게 이전되지만, 중국의 재산분할은 제사의 계승도 포함되는 개념이었다. 중국에서 '상속'이라는 용어 대신 '계승繼承'이라는 용어가 사용되고 있는 것도 이와 무관하지 않다.

다만 '계승'이라는 용어가 완전히 전통적인 개념이라고는 할 수 없다. '계승'이라는 용어도 근대 용어이기 때문이다. 서구의 근대 상속법의 영향으로 완성되었던 「대청민률초안」에서부터 처음 '계승'이 사용되었고, 그 의미는 피상속인의 '사망'으로부터 시작된다고 명확하게 규정했던 것이다. 이는 '계승'이 더 이상 전통 중국의 분가와는 다르다는 점을 말해준다. 서구적 상속을 법제화한 일본의 상속법과 중국 전통시기의 종조관념 및 분가 관습을 복합적으로 고려한 결과였다. 말하자면, 완전히 서구의 상속개념도 아니고 중국 전통의 종조계승을 의미하는 '승계承繼'가 아니라 이를 절충했다는 것이다. 이는

---

18) 니이다 노보루는 상속의 관계는 제사만이 아니라 가족의 생산과 재생산을 위해서도 필요한 일이었다고 주장했다. 니이다 노보루(仁井田陞) 지음, 박세민·임대희 옮김, 『중국법제사연구(가족법)』, 서경문화사, 2013, pp.151-152.

설사 계승이 서구적인 상속개념을 수용한 것이라고 할지라도 세부
내용에서는 중국적인 특징을 상당 부분 전승했음을 의미한다. 현재
에도 '상속'이라는 용어 대신 '계승'이라는 말이 사용되고 있다는 것
은, 그 자체에 중국 전통적인 요소와 근대적인 요소가 융합되어 있다
고 할 수 있다.[19]

그런데 원래 제사라는 것은 통상 아랫사람卑幼이 윗사람尊長에게
하는 것이므로 재산분할도 윗사람에게서 아랫사람으로 이전되는
것이었다.[20] 전통시기 상속의 대상에서 피상속인의 조부모, 부모,
형제 등이 제외되고 직계비속(즉 아들)에게만 상속되었던 것은 그런
이유였다. 그에 비하면 청말부터 추진된 근대 상속법은 상술한대로
서구의 상속개념을 도입하여 피상속인의 사망이 상속 발생의 시작
으로 간주되었다. 뿐만 아니라 1930년 「민법」 친속편에서는 상속인
의 범위도 피상속인의 배우자, 자녀, 조부모, 형제까지 포함되는 것
으로 바뀌었다. 그러나 법은 근대화되었지만, 법의 제정으로 민간의
관습이 쉽게 바뀌지는 않았다. 예를 들어, 남녀평등에 입각하여 딸
에게도 동 부모 아들과 똑같이 재산을 분배하라고 법률로 규정했음
에도 불구하고 각 가정에서 자발적으로 이를 이행하지는 않았기 때
문이다. 법은 바뀌어도 여전히 전통적인 사고방식은 그대로 남아

---

19) 손승희, 「청·민국시기 산서지역의 분가와 상속 현실 - 分書를 중심으로」, 『동
   양사학연구』 140(2017), p.454.
20) 전통시기에는 재산 계승도 위에서 아래로 내려오는 것이었기 때문에 '承'이나
   '承繼'가 사용되었고, 친자가 없을 때 배우자나 직계 선조는 재산의 계승에서
   제외되었다. 金眉, 『唐代婚姻家庭繼承法研究』, 中國政法大學出版社, 2009,
   pp.288-289.

있었던 것이다. 그런 의미에서 중화민국시기는 전통과 근대의 과도기로서 중국의 전통적 분가 방식과 근대적 상속의 방식이 공존하던 시기였다.

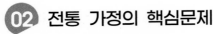

02 전통 가정의 핵심문제

: 종조계승宗祧繼承

 중화인민공화국 성립 이후 인구가 폭증했고 이에 대처하기 위해 중국 정부는 1979년부터 '계획생육' 정책을 실시했다. '1가구 1자녀 정책'이라 불리는 이 정책은 1982년 개정된 헌법에서 계획생육에 대한 부모의 의무조항을 삽입함으로써 법적 구속력을 강화했다. 이 정책의 실시로 인해 인구 성장세가 둔화되었고 남녀평등 의식도 고취되는 등의 효과가 있었다.[1] 그러나 소수민족의 비율이 높아지고 남녀의 성비가 증가하는 등의 부작용도 발생하자, 인구계획은 수정되었다. 2016년부터는 '두 자녀' 정책이 전면적으로 실시되었다가, 최근 2021년 7월 20일 국무원의 결정으로 3자녀 출산까지 허용되기에 이르렀다.[2] 특히 남녀성비 불균형을 초래한 것은 계획생육이라는 국가 정책과 남아선호라는 전통관습이 결합하여 만들어 낸 결과였다.[3]

---

1) 김영구·장호준, 『중국의 사회와 문화』, 한국방송통신대학교출판문화원, 2016, pp.60-69.
2) 「實施三孩生育政策, 配套生育支持措施—解讀《中共中央國務院關於優化生育政策促進人口長期均衡發展的決定》」, 『新華社』北京7月20日電, 2021.7.21.
3) 이응철, 「결혼 권하는 사회: 현대 중국의 결혼, 배우자 선택, 그리고 남은 사람

2015년까지 35년간 가구당 한 자녀만 낳을 수 있는 상황이 지속되자 남아선호 사상은 그 뿌리 깊은 생명력을 드러낸 것이다.[4] 그렇다면 남아선호 사상은 어디서 어떻게 연유한 것일까.

고대 중국인들은 사후에도 영혼이 존재한다고 믿었다. 그러한 믿음은 정기적으로 동물의 피를 조상에게 바치는 제사의 형식으로 나타났다. 이것을 '혈식血食'이라고 한다.[5] 혈식은 반드시 죽은 자와 혈통관계에 있는 '남자 자손'이 제공해야 하며 그렇지 않으면 사자死者가 받지 않는다고 믿었다. 따라서 남자 자손들로 조상에 대한 제사를 지냄으로써 자기 자손들이 보호를 받는다고 생각했다. 그것이 바로 중국인의 의식구조를 오래도록 지배했던 '종조계승宗祧繼承' 관념이었다. 즉 대를 잇는 것이다. 이것은 상술한 '동거공재' 개념과 더불어 중국 전통가정에서 가장 중요한 요소로 꼽을 수 있는 핵심 개념이다. 그런데 종조계승은 단순히 가계家系를 잇는 것만을 의미하는 것은 아니었다. 종조계승의 실질은 조상에 대한 제사와 혈통관념이었다. 조상에 대한 제사를 중히 여겼던 것은 조상의 은혜에 보답하고 그 근원을 잊지 않고 기념하며 종족의 단결을 도모한다는 의미를 가지고 있었다.[6] 말하자면 단순히 자신의 대를 잇는 것이 아니라 중국의

들」, 『아태연구』 21-4(2014), pp.229-232. 민국시기 학자 陶希聖은 종법제를 父系(부계 혈통에 의한 친속), 父權(부친의 신분과 권리가 아들에게 전해짐), 父治(일족의 권력이 부친에게 있고 자녀가 그에 속해 있음)의 세 가지로 설명하고 있다. 陶希聖, 『婚姻與家族』, 商務印書館, 1934, 『民國叢書』 第3編 (15), 上海書店, 1991, pp.1-5.

4) 현재에는 경제적 부담, 아동 돌봄의 부재, 여성의 경제활동, 육아비용 증가 등 각종 요인으로 중국의 젊은 부부들은 더 이상 다자녀를 원치 않는다.

5) 丁凌華, 「宗祧繼承淺說」, 『史學集刊』, 1992-4, p.8.

가정은 동일 조상을 섬기는 종족 혹은 가족이라는 이름으로 복잡하게 얽혀 있었다. 가정은 세대가 내려가면서 끊임없이 분가가 진행됨에 따라 수천 수백 갈래의 계보가 형성되고, 이를 통해 혈연관계로 이루어진 하나의 종족이 형성되었기 때문이다.[7]

종조계승 관념은 서주의 종법제에서 유래했으며, 적장자주의嫡長子主義, 직계주의直系主義, 남계주의男系主義를 원형으로 한다. 종법제 사회에서는 적장자가 종족의 정통 계승인으로서 대종大宗이 되고 적차자 이하는 모두 소종小宗으로 분류되었다. 대종은 조상에 대한 제사를 영구적으로 계승하는 것이고 소종은 5세世 이상의 존속이 허락되지 않았다. 즉 종법제 사회에서는 대종과 소종이 종족 내의 상하 신분체제에서 상하 구조를 이루었고, 이를 통해 정치적, 사회적 신분이 결정되고 유지되었다.[8] 그러나 적장자 중에 아들이 없을 수 있고, 있더라도 사망했을 수 있기 때문에 왕왕 사자嗣子(후계자)를 선택해야 하는 문제가 발생했다. 즉 자신에게 아들이 없으면 타인의 아들을 자신의 대를 이을 사람으로 삼는 것이다. 서주시대에는 적장자인 대종만이 후사를 입사立嗣할 수 있었다. 이는 고대사회의 종조계승 관념이 얼마나 완고했는지를 극단적으로 보여주는 것이라 할 수 있다.

그러나 진한秦漢 이후 서주의 종법제는 점차 약화되었고, 형제 균분주의가 보편적으로 행해지게 되자 적장자주의는 사라졌다. 더욱이 송대에는 「주자가례朱子家禮」를 중심으로 하는 새로운 가족제도가

---

6) 王治心, 「中國家族制度中的祖宗觀念」, 『聖公會報』 30-7(1937), p.11.

7) 손승희, 『중국의 가정, 민간계약문서로 엿보다 : 분가와 상속』, 학고방, 2018, p.27.

8) 實君, 「中國的家族制度及其崩壞」, 『新生命』 2-10(1929), pp.3-4.

민간사회에도 보급되어 사회제도로 정착되었다. 이로 인해 민간에서도 종조계승할 아들이 없으면 근친에서 후사를 세우는 일이 보편화되었다. 다만 적장자주의는 사라졌지만 직계 남자만이 대를 이을 수 있다는 직계주의와 남계주의는 철저하게 지켜졌다.[9] 따라서 직계 남자 친족의 혈통관념을 중시하는 종조관념은 시대를 관통하여 오래도록 확고한 예교의 규범으로 여전히 존재하고 있었다.

일반 가정에서도 아들이 없으면 사자嗣子를 들이는 일이 보편적인 일이 되면서 이에 대한 원칙도 형성되었다. 여기에는 기본적으로 세 가지 원칙이 있었다. 첫째는 성씨가 다른 사람으로는 사자를 삼지 않는다는 것이다. 둘째는 같은 종宗, 같은 성씨 중에서 '항렬에 맞는 사람'昭穆相當을 세운다는 것이다. 셋째는 같은 종씨일지라도 독생자는 타인의 사자가 될 수 없다는 것이다. 이 원칙은 당대唐代 법률에서 성문화된[10] 이래 후대 왕조의 법률에도 계승되어 그 본질과 내용은 변하지 않았다. 이와 관련하여「대청률례」에는 "걸양乞養 이성異姓 의자義子(양자)로 종족을 어지럽히는 자는 곤장 60대에 처한다. 만일 (자신의) 아들을 다른 성씨의 사자로 삼는 자의 죄도 동일하며 그 아들은 귀종歸宗하게 한다"고 규정하고 있다.[11] 민국시기 전반기의

---

9) 朱治禮,「繼承權之變遷及繼承之順序」,『廣播週報』40(1935), p.34. 일반적으로 재산 분급에서 적서의 차별은 없었지만 사생자는 제외되었고 족보에도 올릴 수 없었다. 다만 친자가 없을 경우에 한하여 사생자가 종조계승을 하는 예는 드물게 있었다.
10)「養子捨去條」,「立嫡違法條」, 岳純之點校,『唐律疏議』, 上海古籍出版社, 2013, pp.198-199.
11) 上海大學法學院,『大淸律例』, 天津古籍出版社, 1993, p.195.

현행법이었던 「대청현행률」에도 동일한 조항을 두고 있다.

이러한 국가법에 의거하여 각 종족의 규율도 규정되었다. 종족법에서도 '이성난종異姓亂宗(다른 성씨로 종을 어지럽히는 것)'을 금지한다는 조항들이 규정되었다. 이는 특히 종족의 계보를 기록하는 족보를 작성할 때 문제가 되었다. 안휘성 동성桐城 위씨魏氏 종보宗譜 중에는 "족보는 진실을 전해야 하는 것이기 때문에 본종의 아들로 계승하지 않고 이성 의자義子를 길러 사자로 삼은 자는 마땅히 삭제해야 하고, 굴종할 수 없으며, 족보 내에 등재하는 것은 수보修譜의 의미를 크게 잃는 것이다"라고[12] 하여 이성 사자의 족보 기재를 금지하고 있다. 또 다른 예로, 「조씨종보趙氏宗譜」의 계율戒律에 「가약家約 12조條」가 수록되어 있는데 이성 명령자螟蛉子에 대해 다음과 같은 내용이 보인다.

> 부보附譜에 수록되어 있는 각방各房은 모두 이성異姓의 아들이다. 비록 그 성姓과 이름을 바꾸었지만 명령螟蛉의 무리이다. 5세世 후에 정식 족보에 편입한다는 말은 심히 황당한 것이다. 이후 속보續譜를 편찬할 때도 부보附譜에 열거된 각지各支는 여전히 부보에 귀속시킨다. 영원히 정식 족보에 올릴 수 없는 것은 이성異姓의 찬탈을 면하기 위한 것이고 분쟁이나 이의異議를 두절하기 위한 것이다.[13]

---

12) [淸]魏承志等修, 『皖桐魏氏宗譜』 卷首, 凡例, 呂寬慶, 「淸代民間異姓繼承問題硏究」, 『云夢學刊』, 2007-4, p.49에서 재인용.

13) 「家約12條」, 『趙氏宗譜』 戒律, 중국 산서대학 진상학연구소·인천대학교 중국HK관행연구사업단편, 『中國宗族資料選集 – 族譜資料를 중심으로』, 모두의지혜, 2012, p.357.

라고 하여 이성 사자 계승이 있었음을 인정하고 있다. 그러나 이성 사자는 정식 족보에 올리지 않고 부보附譜에 올려 구분하고 있다는 것을 알 수 있다.

노후에 양로를 위해 이성 양자를 들이는 경우도 있었는데, 이에 대해 『대부반씨지보大阜潘氏支譜』에서는 이렇게 언급하고 있다. "비록 그 상황은 동정하나 이로 인해 관용을 베풀 수는 없으니 종조宗祧를 중히 여기는 것이다."[14] 양로를 위해 이성 양자를 들이는 것은 심정적으로 이해할 수는 있지만 그렇다고 그를 통해 대를 이을 수는 없다는 것이다. 이러한 예는 무수히 많다. 따라서 종조계승에서 다른 성씨를 선택하는 것은 일반적인 고려 사항이 아니었다. 이성을 사자로 삼을 수 없는 것은 '강행법'이었고 이러한 원칙은 역대 왕조 내내 지속되었기 때문이다. 심지어는 민국시기 전반기의 최고 사법기관인 대리원大理院의 판례에서도 그대로 나타나 있다. 1916년 대리원 판례는 이성 사자 금지규정에 대해 '비록 인정人情이 있다고 해도 별도로 동종을 세움으로써 종조를 온전하게 하는 것인 즉, 강제의 규정인 것이 명확하다'[15]고 판결하고 있다.

그런데 종조계승이 이렇게까지 중요시되었던 것은 어떤 연유일까. 종조계승은 조상에 대한 제사를 기본관념으로 하지만 각 가정에서는 양로나 부양 및 이에 따른 재산계승 등 현실적인 문제도 고려하지 않을 수 없었다. 국가의 입장에서는 종사宗祀를 중시하는 종조계승제

---

14) 『大阜潘氏支譜』 凡例, 呂寬慶, 「淸代民間異姓繼承問題硏究」, 『云夢學刊』, 2007-4, p.49에서 재인용.
15) 上字 第1247號(1916), 郭衛, 『大理院判決例全書』, 成文出版社, 1972, p.259.

도에 충실함으로써 국가의 기강을 바로잡고 사회질서를 유지하는 것이 중요했다. 그러므로 사자를 세울 때 동성同姓, 동종同宗 중에서 항렬에 맞는 자를 세운다는 원칙을 규정한 것이었다. 대개 아버지 형제의 아들, 즉 조카姪子가 여기에 해당된다. 그러나 종조계승은 표면적으로는 조상에 대한 제사와 종족의 단결을 내세우지만, 조카들 간에는 그 속에 내포되어 있는 재산계승에 민감했다. 종조계승을 둘러싸고 종족 내부에서 발생하는 다수의 분쟁이 실제로는 재산계승 때문에 발생한다고 해도 과언이 아니었기 때문이다.[16]

그러나 국가법은 '합법적인 상속인應繼之人'인 조카들이 반드시 입사立嗣해야 한다고 강제로 규정하고 있지는 않았다. 국가 기강과 사회질서를 유지시키기 위한 기본적인 원칙은 이들이 입사하는 것이었지만, 실제로 입사가 이루어지는 현장은 각 가정의 내부였다. 각 가족의 세세한 사정까지 국가권력이 일률적으로 규정하는 데는 한계가 있었기 때문이다. 따라서 국가법에서는 이에 대한 기본원칙만을 규정하고 있을 뿐이었다. 즉 이성異姓으로 사자를 삼을 수 없다거나, 만일 데릴사위를 들여 부모의 부양을 책임지게 할 경우에는 별도의 동일 종족에서 사자를 세워서 재산을 데릴사위와 사자에게 반씩 나누어 주도록 규정하고 있는 것이다.[17]

대를 이을 아들이 없는 경우 사자를 선택하는 결정권은 각 가정의 피상속인 혹은 그 배우자에게 있었다. 이에 대해 국가가 간섭하지는

---

16) 손승희, 「근대중국의 異姓嗣子 繼承 관행」, 『중국근현대사연구』 57(2013), p.32.
17) 上海大學法學院, 『大淸律例』, 天津古籍出版社, 1993, p.218; 『大淸現行律』, 懷效鋒主編, 『淸末法制變革史料』(下卷), 中國政法大學出版社, 2010, p.307.

않았다. 택현擇賢, 택애擇愛가 가능했던 것은 바로 그런 이유이다. 택현은 피계승인이[18] 현명한 사람이라고 판단되는 자를 선택하는 것이고, 택애는 피계승인이 총애하는 사람을 선택하여 후계로 삼는 것이다. 따라서 만일 마땅히 사자가 될 것으로 예상되는 사람(응계지인)이 피계승인과 평소에 사이가 좋지 않거나 피계승인이 싫어하는 경우라면 피계승인은 친족 내에서 항렬을 고려하여 다른 사람으로 자신의 사자를 선택할 수 있었다. 그 선택의 기준도 피계승인의 선호에 따랐다. 물론 최종적으로 종족의 동의가 필요했지만 상당히 주관적인 선택이었던 듯하다. 이는 국가법과 실제 민간 관습 사이의 타협의 산물이라고 볼 수 있다. 명대의 법률인 「대명률」 호률戶律에서부터 처음 규정된 이 조항은[19] 「대청률례」에 이어 「대청현행률」에도 그대로 계승되었다. 당시 대리원 판례에서도 "응계지인과 피계승인이 평소에 사이가 좋지 않거나 피계승인이 싫어하는 경우라면 항렬이 맞는 친족 내에서 '택현'자를 선택하는 것이 마땅하다"고 판결하고 있다.[20]

심지어는 「대명률」 호률에는 다음과 같은 조항이 규정되었다. 즉 동종同宗으로 항렬에 맞는 자 중에서 사자를 선택할 수 없을 때, 동종의 원방遠房(먼 친족)에서 선택할 수 있도록 한다는 규정이다.[21] 이러

---

18) 본서에서는 '계승'이 재산 상속의 의미일 때는 '상속'으로 대체하여 언급하지만, 특별히 종조계승의 의미가 있을 때는 '계승'을 사용하기로 한다.

19) 上海大學法學院, 『大淸律例』, 天津古籍出版社, 1993, pp.195-196.

20) 上字 第55號(1915), p.265; 上字 第1531號(1915), p.267; 上字 第1693號(1915), p.267; 上字 第1876號(1915), p.267 모두 郭衛, 『大理院判決例全書』, 成文出版社, 1972에 수록.

21) 懷效鋒點校, 『大明律』, 遼瀋書社, 1990, p.239.

한 사실은 국가법에서는 항렬에 맞는 동성인을 입사해야 한다는 원칙을 두고 있지만, 실제로 실행과정에서는 예외 규정을 두어 사적인 영역에 대한 국가권력의 과도한 간섭은 피했던 것이다. 당률에는 없던 이 조항이 명률에 삽입되었던 것도 민간의 이러한 관습을 법률 속에 흡수했기 때문이다. 그나마 이상의 내용은 모두 동종 내에서 사자를 선택해야 한다는 규정을 준수한 것이다. 그러나 실제로 향촌 사회의 현실에서는 이성 사자 계승이 많이 이루어지고 있었다. 이는 1920년대의 현지조사 보고록인 『민사습관조사보고록民商事習慣調查報告錄』에서도 확인되는 부분이다.[22]

실제로 민간에서는 반드시 동종同宗 입사立嗣의 논리를 따르지는 않았다. 동종 입사의 원칙에 따르면 대개 피계승인의 조카가 이에 해당되지만, 조카보다 심정적으로나 현실적으로 더 가까운 존재는 딸이었기 때문이다. 따라서 딸을 통해 데릴사위를 들이거나, 아니면 딸의 아들을 형제의 사자로 삼거나(外甥 계승) 딸의 아들로 부친의 대를 잇게(外孫 계승) 하는 것이다. 이럴 경우 성씨가 같지 않은 것이 문제였다. 이렇게 되면 종족 내부에서 반발이 있을 수 있었다. 이들은 '이성'으로 '종宗'이 엉망이 되어버리는 사태를 막아야 한다는 명분을 내세울 게 분명했다. 이에 대해 종족 내부에서 반대가 있다 하더라도 족보에 올리지 않는다는 조건으로 이들의 반대를 무마하는 경우도 생겨났다. 일반적으로 이성으로 대를 잇는 경우에 정식으로 족보에 이름을 올리지 못했다. 이성으로 대를 잇는 것이 널리 퍼져있던 복건

---

22) 그 예는 손승희, 「근대중국의 異姓嗣子 繼承 관행」, 『중국근현대사연구』 57 (2013), pp.58-59 부록 참조.

성에서 조차 이성 혹은 양자라는 부기를 해두거나 색깔을 달리하여 구분하는 것이 일반적이었다.[23]

그러나 그럼에도 불구하고 종조계승을 둘러싼 친족 간의 분쟁은 끊이지 않았다. 종조계승에는 재산상속이 전제되어 있었기 때문에 종족 내부의 속내는 상당히 복잡했다. 「대청현행률」에는 "족중에서 재산 때문에 승계를 압박하거나 계자繼子를 선택하도록 종용함으로써 소송에 이르는 자는 지방관이 징벌한다"는[24] 조항이 있을 정도였다. 입사의 명분은 '조상에 대한 제사를 잇는 것'이지만 종조계승에는 재산계승도 함께 따라오는 것이었기 때문에 현실적으로는 재산상속에 더 큰 의미를 두었다고 하는 것이 정확할 것이다. 종조계승 분쟁에서 분쟁 상대방에게 일정한 재산을 분급함으로써 반발을 무마시키는 일이 비일비재했던 것도 이를 증명해준다. 응계지인의 입장에서도 구태여 소송까지 끌고 가지 않는 대신 피상속인으로부터 약간의 재산을 받고 묵인하는 것이 더 낫다는 심리가 작용했다. 이러한 예가 반복되어 주변사람들의 '수긍'과 '동의'를 얻게 되면서 피상속인이 자신의 뜻을 관철시키기 위해 일정한 재산을 분급해주는 것이 하나의 관습으로 자리잡게 되었다. 이럴 때 분급하는 재산을 일컫는 명칭이 존재했던 것만 보아도 그러한 사실이 보편적이었다는 것을 알 수 있다.[25]

---

23) 平潭縣에서는 족보에 기재할 때 昭穆牽線에 친생자는 붉은 선, 買養子는 남색 선으로 한다고 보고하고 있다. 前南京國民政府司法行政部 編, 『民事習慣調查報告錄』, 中國政法大學出版社, 2005, p.751.

24) 『大淸現行律』, 懷效鋒 主編, 『淸末法制變革史料』(下卷), 刑法, 民商法編, 中國政法大學出版社, 2010, p.301.

종조계승은 전통 중국 가정의 핵심문제이며 중국인의 정신세계를 보여주는 관념적인 문제였다. 그러나 한편 지극히 현실적인 문제이기도 했다. 종조계승은 조상에 대한 제사를 기본관념으로 하지만 사회보장제도가 없었던 전통시기에는 각 가정에서 양로나 부양 등을 전적으로 책임져야 하는 구조였기 때문이다. 이성으로 대를 잇는 것은 종족법이나 국가법에서 금지하고 있는 것이 사실이었지만 현실적인 문제를 외면할 수만은 없었다. 항렬상으로 가까운 조카보다는 심정적으로 가까운 딸이나 외손자로 계승하게 하고, 노후를 그들과 함께 보내고 싶어했던 인간적인 욕망을 완전히 저버릴 수는 없었다. 민간의 종조계승은 계승 그 자체의 의미도 있었지만, 그 속에는 실질적인 가족의 부양과 양로를 내포하고 있었기 때문이다.

그런 의미에서 중국 전통사회의 재산상속은 현실적인 사회생활의 수요와 종조관념의 상호작용으로 형성되었다고 할 수 있다. 법률로는 데릴사위의 종조계승권이 없다고 규정하고 있지만 데릴사위에게 양로養老를 허락하고 재산의 일부를 상속할 수 있었기 때문에 부양가족이 없는 민간에서 많이 통용되었다.[26] 현실적으로 데릴사위를 통해 종조계승을 하는 경우도 드물지 않았다. 이렇듯 이성 사자 계승이 보편적으로 이루어졌다는 것은 한편으로 향촌 사회의 재산상속 습속

---

25) 예를 들어 호남성 益陽縣, 寧鄕縣, 湘潭縣 등에서는 이를 '過房禮'라고 불렀다. 혹은 근친으로 소목상당한 자가 여럿인 경우 한 명이 입사하고 나면 입사하지 못한 여러 사람에게 약간의 재산을 분급하는 것이 관례가 된 곳도 있다. 이를 '遺愛'라고 하는데 호남성 長沙, 漢壽, 常德, 沅江, 益陽, 湘潭, 衡山, 寧鄕 각 현의 관습으로 보고되어 있다. 『民事習慣調査報告錄』, pp.791-792.

26) 林濟, 「近代鄕村財産繼承習俗與南北方宗族社會」, 『中國農史』, 2003-3 참조.

이 완전히 국가의 법률과 일치하지는 않았다는 것을 의미한다. 특히 계승의 문제는 각지의 사회, 경제, 문화의 영향을 많이 받았기 때문에 지역에 따라 그 명칭이나 방식 등이 동일하지는 않았다.[27)]

다만 주목할만한 것은 중국 근대법의 시작인 「대청민률초안」과 「민국민률초안」의 규정이다. 둘 다 근대법으로서 완성된 것이지만, 「대청민률초안」에는 별도의 사자 규정이 있고, 「민국민률초안」에서는 종조계승을 하나의 독립된 장으로 규정하고 있다. 이 두 초안에서는 모두 동종의 친속이 없을 때 사자를 선택할 수 있는 대상 범위를 규정하고 있다. 「대청민률초안」에서는 그 범위를 여형제의 아들姉妹之子, 사위婿, 처형제자매의 아들妻兄弟姉妹之子로 규정했고, 「민국민률초안」에서는 여형제의 아들姉妹之子, 외삼촌의 손자母舅之孫, 처형제의 아들妻兄弟之子로 규정하고 있다. 이 두 초안은 법적으로 제한적이나마 이성 사자 계승을 허용하고 있는 것이다. 전통시기에 보편적으로 행해지던 현실적인 이성 사자 계승을 법 조항으로 명문화한 것이다. 말하자면 사회의 보편적인 관습이 법률 조항으로 흡수되는 한 예를 보여주고 있는 것이다. 그러나 이 두 법안은 민률의 초안이라는 것을 감안하면, 여전히 전통적인 종조계승을 바탕으로 하는 과도기적인 전근대적 입법이었을 뿐 시행되지는 못했다.

---

27) 손승희, 「근대중국의 異姓嗣子 繼承 관행」, 『중국근현대사연구』 57(2013), pp.58-59 부록 참조.

03 복건성의 독특한 양자 관습

: 명령자螟蛉子

중국 전통사회의 재산상속은 현실적인 사회생활의 수요와 종조관념의 상호작용으로 형성되었다. 각지의 사회경제와 사회문화 조건의 영향도 상당히 많이 받았다. 전편의 글에서 보았듯이, 중국 전통사회에서는 아들이 없을 때 동성의 양자를 들이거나, 딸이나 며느리를 통해 데릴사위(초췌, 초부)를 들여 종조계승을 하게 했다. 특히 문제가 되었던 것은 성씨가 다른 이성異姓의 사자로 계승을 하게 하는 것이었다. 중하층 민간사회에서는 종조계승의 명분보다는 실질적인 의미가 더 컸기 때문이다. 이러한 관습은 전국적으로 행해졌지만 특히 안휘성, 절강성, 강소성, 복건성 등에 집중되어 있었다. 그 원인은 무엇이었는지, 이성 사자 계승이 많았던 복건성을 통해 그 구체적인 내용을 살펴보기로 한다.

민국시기의 현지조사 보고서인 『민사습관조사보고록』에는[1] 근대

---

1) 민사습관 조사는 「대청민률초안」 제정 전인 1907년 10월부터 약 4년 정도 실시한 바 있고, 민국시기에도 「민국민률초안」 제정 전 1918년부터 1921년 사이에 전국적인 규모로 실시되었다. 이는 민간사회에서 통용되는 관습의 실태를 파악하여 국가법 체계에 반영하기 위한 것이었다. 전자는 『中國民事習

시기 이성으로 대를 잇게 하는 경우가 왜 그렇게 많았는지 알려주는
단서들이 있다. 예를 들어 안휘성 광덕현廣德縣에서는 이성 사자 계
승의 이유를 "태평천국 전란 후 호구가 줄어 본종本宗에서 사자를
구할 수가 없어 이성 사자로 계승하는 경우가 많아졌는데, 오래되어
이미 관습이 되었다"고 보고되어 있다.[2] 절강성의 가흥현嘉興縣, 오
흥현吳興縣에서도 "태평천국 전란 이후 인정人丁이 희소하여 이성으
로 명령자를 삼았다"고 보고되어 있다. 가흥현의 경우 이러한 관습이
가흥현 전역에서 나타나는데 빈부를 가리지 않고 유행했다는 것이
다.[3] 심지어 오흥현은 향간의 10호 중 이러한 가정이 3, 4호나 되어
향인들이 이를 존중하지 않음이 없고, 이성난종異姓亂宗으로 쟁의를
일으키는 경우도 무척 적었다고 보고되어 있다.[4] 절강성 안길현安吉
縣, 용천현龍泉縣의 상황도 비슷했다. 강소성 구용현句容縣에서도 췌
서(데릴사위)를 들여 아들로 삼는 관습이 있는데, 이것은 '전란으로
인해 인정이 희소하고, 토객이 잡처하면서 생겨난 관습'이라고 보고
되어 있다. 이를 종합하면 이러한 관습은 '인정의 희소', 그리고 '토객
의 잡처'가 원인이었다는 것이다.[5] 전란으로 인한 인정의 희소가 이

慣大全』(1924)으로 출판되었고, 후자는 1930년 5월 남경국민정부가 『民商事
習慣調査報告錄』으로 출판했다. 그 뒤 1969년 대만에서 영인되어 출판되었
고, 다시 2000년에 中國政法大學出版社에 의해 『民事習慣調査報告錄』으
로 영인 출판되었다. 胡旭晟, 「20世紀前期中國之民商事習慣調査及其意
義」, 前南京國民政府司法行政部 編, 『民事習慣調査報告錄』, 中國政法大
學出版社, 2005, pp.5-9.
2) 『民事習慣調査報告錄』, p.696.
3) 『民事習慣調査報告錄』, p.729.
4) 『民事習慣調査報告錄』, p.731.

성 사자 계승의 한 원인이었다는 것을 알 수 있다.

　　그런데 복건성은 여타 지역에 비해 이성 사자 계승에 대해 특이성을 보이고 있다. 예를 들어 복건성에서는 이성난종에 대한 거부감이 없다는 것이다. 이성난종은 국가법이나 종족법에서 강력하게 규제되어 있었다. 여타 지역에서 현실적인 필요에 의해 이성 사자 계승을 하는 경우가 있었다고 할지라도 표면적으로는 이성난종은 '혐오스럽지만 부득이한 것'으로 인식되었다. 후술하겠지만 딸에 의한 초췌招贅나 과식寡媳에 의한 초부招夫 등 일종의 데릴사위는 모두 아들이 없거나 아들이 있어도 사망한 경우에 종조계승을 위한 불가피한 선택이었다.[6] 그러나 복건성에서는 초췌나 초부가 어쩌다 한두 번 발생하는 일이 아니라 '항상적인 일에 속한다'[7]고 보고되어 있다. 유독 복건성만 남아의 사망률이나 출생률이 낮았다고 볼 수 있는 근거가 없다면 이성 사자 계승이 다른 지역에서 보이는 것처럼 '불가피한 현상'이 아니었다는 의미일 것이다.

　　복건성이나 대만성 등지에서는 이러한 이성의 양자를 특히 명령자螟蛉子[8]라고 불렀는데, 이들 지역에서 명령자를 들이는 것은 보편적

---

5) 『民事習慣調査報告錄』, p.689.

6) 자세한 내용은 '10. 전통시기의 기이한 혼인 형태'(본서 pp.124-138)를 참조할 수 있다.

7) 『民事習慣調査報告錄』, p.738.

8) 명령자는 『詩經』에 그 유래가 설명되어 있는데, 참벌이 누에(나방)의 알을 훔쳐 어린 벌로 변하게 했다는 것에서 유래했다. 즉 친생부모가 아닌 자의 아들이 되는 것을 螟蛉子, '螟子', '螟蛉이라 불렀다. [美]安·特納(Ann Waltner)著, 曹南來譯 侯旭東校, 『烟火接續 - 明淸的收繼與親族關系』, 折江人民出版社, 1999, pp.22-25.

인 일이었다. 심지어는 아들이 있는 경우에도 명령자를 사서 양육하는 경우가 많았기 때문이다. 화북지역에서는 '아들이 있는데도 양자를 들이는 경우는 백에 하나 정도'라고[9] 보고하고 있는 것과 비교하면 그 차이를 알 수 있다. 또한 한 명의 명령자를 키우는 것이 아니라 여러 명의 명령자를 사서 그중의 한 명으로 대를 잇게 하는 경우도 드물지 않았다.[10]

예를 들어 복건성 진강현晉江縣은 "아들이 있거나 없거나 대부분 이성의 아들을 사서 양육하는 것을 좋아한다"고 보고되어 있다. 심지어는 "이성난종을 혐오하지 않는다"고 하고 있다.[11] 진강현 및 진강晉江 하류의 각 현의 관습에 따르면, "아들이 없으면 동성의 남아를 사자로 삼거나 명령 이성자를 사자로 삼는다. 또한 초췌일부招贅一夫(데릴사위) 하여 사자로 세우는데, 만일 아들 딸 모두 없으면 여아를 양녀로 키워 초췌일부하여 사자로 세운다. 아들이 있었는데 죽었다면 과부 며느리寡媳을 초췌일부하여 사자로 삼는다"는 것이다. 이러한 관습은 진강 주변뿐 아니라 용계현龍溪縣, 순창현順昌縣 등 주변 현에서도 비슷하다고 보고되어 있다.[12] 혜안현惠安縣과 그 하류의 각 현에서도 "외성外姓을 거부하지 않는다"고 하여 초부에 대해서 동종의 친족이 쟁의할 수 없다고 보고하고 있다. 장평현漳平縣에서도 "췌서로 하여금 종조를 계승하게 한다"고 보고되어 있다.[13] 건구현建甌

---

9) 中國農村慣行調査刊行會編, 『中國農村慣行調査』(1), 岩波書店, 1952, p.248.
10) 漳平縣, 『民事習慣調査報告錄』, p.748; 施沛生, 『中國民事習慣大全』, 上海書店出版社, 2002, p.13.
11) 『民事習慣調査報告錄』, p.740.
12) 『民事習慣調査報告錄』, p.740.

縣에서도 초부양자의 관습이 보고되어 있고,[14] 장락현長樂縣에서는 과부가 초부하여 낳은 아들을 전 남편前夫의 사자로 삼는다고 보고되어 있다.[15]

더구나 복건성에서는 장래의 종조계승을 보장받기 위해 비정상적인 혼인형태가 유행했다. 복건에서는 자녀가 없을 때 아들을 양자로 삼기도 했지만, 특히 여아女兒를 양녀養女(혹은 童養媳, 苗媳)로 들인 다음, 성장하면 자신의 아들과 혼인시키거나 초췌하는 방법도 보편적이었다. 이는 전국적인 경향과는 다른 것으로 복건성의 명령자가 단순히 선택적인 것이 아니라는 의미이다. 「대명률」이나 「대청률례」에는 3세 이하의 유기 소아는 이성일지라도 아들로 삼을 수 있다는 규정이 있다.[16] 유기된 남아를 기른다는 것은 빈민 구제나 자선의 의미도 있고 잠재적인 노동력 확보에도 유리했기 때문에 어린 남아를 기르는 것은 하나의 관습으로 자리잡고 있었다. 그러나 복건성의 경우 다른 지역에서 볼 수 있는 자선의 의미나 미래의 노동력 확보를 위한 의미만이 아니라 반드시 그렇게 해야 할 필요성과 당위성을 가지고 있었다는 것이다.[17] 이것은 단지 각 가정의 사적私的 차원이 아니라 복건 사회의 구조적인 문제와도 관련된다고 할 수 있다. 복건성

---

13) 『民事習慣調査報告錄』, p.747.

14) 『民事習慣調査報告錄』, p.751.

15) 『民事習慣調査報告錄』, p.748.

16) 懷效鋒點校, 『大明律』, 遼瀋書社, 1990, p.45; 上海大學法學院, 『大淸律例』, 天津古籍出版社, 1993, p.196.

17) 손승희, 「근대중국의 異姓嗣子 繼承 관행」, 『중국근현대사연구』 57(2013), pp.49-50.

에서는 족보의 기재 원칙마저 점차 바뀌게 될 만큼 이성 사자 계승이 보편적인 현상이었기 때문이다. 그렇다면 복건성에서 왜 이러한 관습이 형성되었던 것일까? 복건성에는 어떤 특수한 지역성이 존재했던 것일까?

우선 복건성은 이민사회이다. 황하 중하류 지역의 사민土民이 북방 이민족의 남하를 피해 대규모 복건에 이주해 온 것은 서진시기부터 당, 오대에 걸쳐 절정을 이루었다. 이후에도 송말, 원말 등 전란을 피해 복건에 이주해 오는 경우가 많았고 이러한 경향은 청대까지 계속되었다. 북방사민의 대규모 복건 이주는 복건 지구의 개발과 사회문화의 발전 혹은 종족의 집거聚族而居 형성에도 큰 영향을 주었다.[18] 그러나 이들이 복건으로 이주했던 초기나 복건 개발 시기, 정부의 통제력은 미약했고 사회질서는 불안했다. 이주민들은 자신의 생활공간을 획득하기 위해 자신의 세력에 의지하여 가족과 재산을 지킬 수밖에 없었다. 이로 인해 종족 간의 계투械鬪(집단 투쟁)가 성행했고 국가 행정력이 불안한 상황에서 종족은 자위수단으로 무장했다. 종족 간에는 약육강식의 국면이 나타났고 이는 곧 혈연가족 내부의 단결을 촉진시켰다. 이러한 사회경제 환경은 역사적으로 근대 복건성의 민간 종족제도가 다른 어떤 지역보다 공고하고 긴밀한 조직이 되도록 하는 원인이 되었다.[19]

국가권력의 통제력, 행정력 미약으로 인해 조성된 복건인의 이러

---

18) 陳支平, 『近五百年來福建的家族社會與文化』, 中國人民大學出版社, 2011, pp.1-6.
19) 陳支平, 위의 책, p.11.

한 상무尙武 풍습은 복건인의 투쟁을 좋아하는 성격을 더욱 강화시켜 주었다. 복건인들은 작은 분쟁이 생기면 계투를 통해 해결하고자 했고, 이것은 서로의 보복으로 이어져서 계투가 항상적으로 존재하는 원인이 되었다. 심지어는 종족의 유지와 강화를 위해 새로운 계투를 만들어내기도 했다.[20] 계투는 종족의 결집과 강화를 초래했고 계투를 통해 성장한 종족은 강족으로서 지역사회에 군림했다. 따라서 종족 조직의 강화와 계투의 격화는 항상적으로 수많은 장정을 필요로 하는 사회구조를 조성했다. 명령자는 바로 그러한 필요를 채우는 방편이었다.

또 하나 주목할 만한 것은 복건사회의 사회경제 구조이다. 복건사회는 해상무역을 통해 생계를 유지하는 경제구조를 가지고 있었다. 복건성을 자연환경에 따라 구분하면 민서북 산구와 민동남 연해 지역으로 나눌 수 있다. 같은 복건성이라고 하더라도 민북閩北과 민남閩南의 사회경제적 환경은 다르다고 할 수 있는데,[21] 특히 민남의 생활환경은 더욱 척박했다. 민남은 농지가 부족하여 해양을 삶의 터전으로 삼아 생존해왔다. 혜안현惠安縣을 예로 들면 "땅이 척박하고 사람들이 가난하며 인민의 대다수가 남양군도南洋群島를 오가며 노동

---

20) 陳啓鍾, 『明淸閩南宗族意識的建構與强化』, 厦門大學出版社, 2009, p.107.
21) 민서북 산구는 閩江 상류와 汀江유역을 포함하는데, 산이 많고 교통이 발달하지 않아 폐쇄적이며 사회 유동성도 크지 않은 지역이었다. 종족의 聚居 현상이나 규모도 비교적 적었던 지역으로 역사적으로 몇 차례의 전란을 겪었지만 그 파괴 정도는 동남 지역에 비해 적었다. 그러나 민동남 연해지역은 閩江하류와 晋江, 九龍江, 木蘭溪, 霍童溪 등 유역으로, 인구가 조밀하고 종족 聚居의 규모가 커서 강성 대족이 발달했던 지역이다. 鄭振滿, 『明淸福建家族組織與社會變遷』, 中國人民大學出版社, 2009, p.91, p.115.

생활을 했다."[22] 민남지역에서 남양군도로 이주한 사람들이 동남아
시아 화교의 기원이 되었던 것은 잘 알려진 사실이다. 거친 바다를
무대로 삶을 영위한다는 것은 늘 생명의 위협이 도사리고 있었고 건
장한 남자를 필요로 하는 사회구조였다. 따라서 건장한 장정을 확보
하는 일은 가계의 생존을 위해서도 필요한 일이었다.

특히 복건성은 청 강희 말부터 서서히 인구과잉에 따른 사회문제
가 대두되었는데 그 대표적인 것이 식량 부족 문제였다. 이를 해결하
기 위해서는 다른 지역으로부터 식량 수입을 늘릴 수밖에 없었고,
식량 수입에 필요한 자금을 마련해야 했다. 이를 위해 복건인들은
상품 생산과 해상무역을 가속화시켰다.[23] 해상무역의 흥성은 종족을
부유하게 하고 종족이 발달하게 하는 원인이 되었다. 그러나 해상무
역은 풍랑과 해적에 맞서 싸워야 했고 물자 구입이나 판매의 불안정
성도 늘 존재했다. 해상무역은 수익성이 높은 반면 파산의 위험도
그만큼 컸기 때문이다. 그래서 민남에서는 자본주가 직접 해상무역
을 경영하기보다는 대리인을 통하는 경우가 많았다.[24] 대리 경영에는
절대적인 신뢰관계에 있는 사람을 확보하는 것이 필요했다. 이러한
조건으로 인해 민남에서는 명령자를 길러 신뢰를 쌓고 이들을 무역
에 종사하게 하는 습속이 유행하게 되었다. 친생자를 위험한 해상무
역에 내보내는 것보다는 명령자를 들여서 위험부담을 지게 했던 것
이다.

---

22) 『民事習慣調査報告錄』, p.746.
23) 원정식, 『淸代 福建社會 硏究 : 淸 前中期 閩南社會의 變化와 宗族活動』,
    서울대학교대학원박사학위논문, 1996, pp.77-79, p.126.
24) 원정식, 위의 논문, pp.128-129.

명령자가 되는 것은 복건의 빈민들에게도 부를 획득하고 경제적인 안정과 신분상승을 가져다주는 수단이었다. 해상무역을 통해 축적한 부는 양자를 들이는 자금으로 쓰이기도 했고, 양자를 통해 수많은 장정을 확보한 종족은 계투에서 유리했다. 다수의 이성 양자를 사서 양육한다는 것은 동성으로는 확보할 수 없는 신체 개량의 의미도 포함되어 있었을 것으로 보인다. 실제로 명령자나 췌서 등을 통해 아들을 많이 낳았던 사실이 종족의 세계世系에 나타나 있는 경우가 있기 때문이다.[25] 계투를 통해 지역사회에서 우위를 차지하게 된 종족은 해당 지역사회에서의 정치적, 경제적 이익을 확보할 수 있었다. 따라서 해상무역, 종족의 발달과 계투의 성행, 또 이를 뒷받침하는 명령자의 수양은 서로 맞물리는 톱니바퀴의 구조와 같았다.

복건성의 이러한 사회경제 구조가 복건사회의 독특한 계승 관행을 만들어 냈던 것이다. 이러한 풍조는 민국시기에도 계속되었다. 당시 조사보고에 의하면 "명령자는 대만과 복건의 독특한 양자제도인데, 이러한 제도는 다른 각 성에서는 드물게 보이거나 절대 없는 일"이라고 묘사하고 있다.[26] 따라서 복건성에서는 한 가족의 성쇠명운이 명령자에게 달려 있었다고 해도 과언이 아니었다. 복건성에서는 종족 세력을 강화하기 위해서 장정의 수를 많이 확보하는 것이 필요했고

---

25) 예를 들면 복건성의 『延陵南山吳氏大宗譜』(중국상해도서관 근대문헌열람실 소장)에는 무수히 많은 立贄, 명령자가 기재되어 있다. 아들이 있는데도 입췌한 경우, 아들이 없어 2-4명을 동시에 입췌한 경우, 입췌와 명령자를 동시에 둔 경우 등 다양한데, 이들을 통해 아들을 많이 얻었다는 것이 드러나 있다.
26) 林衡道, 『螟蛉子』, 陳支平, 『近五百年來福建的家族社會與文化』, p.112; 陳支平, 『福建族譜』, 福建人民出版社, 2009, p.163에서 재인용.

이를 위한 방편으로 각종 양자, 의자, 명령자의 풍습이 형성되었던 것이다.[27] 초췌나 초부에 의한 이성 사자에 대한 대우가 일반적으로 매우 낮았던 것에 비하면 복건성에서는 상대적으로 우대를 받았다. 이는 복건사회의 이성 사자에 대한 생각이 다른 지역과 차이가 있었다는 사실을 말해준다.

이러한 현실 속에서 점차 복건사회는 순수한 혈통관계만을 고집할 수 없을 만큼 사회는 변하고 있었고 복건사회 전반에서 이를 수용하지 않을 수 없게 되었던 듯하다. 심지어는 특히 초췌나 초부가 아닌 명령자의 경우는 친생자와 다름없는 대우를 받았다. 이는 복건사회에서 명령자가 차지하는 위상을 말해주고 있는 것이며, 과부나 묘식 (동양식)에 의한 초췌에 비해 우대하고 있는 현실을 반영한 것이었다. "복건의 부상富商 집안의 친생자는 교만하기 일쑤였지만 명령자는 능력에서도 출중한 경우가 많았다"고[28] 평할 정도로 명령자에 대한 인식은 상당히 우호적이었다. 이에 따라 가족 내부에서의 이성 양자에 대한 대우와 그 위상도 달라졌다. 이성 양자에 대한 대우의 변화를 가장 잘 보여주고 있는 것이 족보의 기재일 것이다. 이름이 족보에 오른다는 것은 가족의 일원으로 인정되고 종족원으로서 이에 따른 재산의 분급이나 제사의 행사 등 일체의 권리도 인정받는다는 의미였다.

우선 족보상에서 이성 양자를 수용하는 가족이 많아졌음을 인정하

---

27) 陳支平, 『福建族譜』, p.162.
28) 林衡道, 『螟蛉子』, 陳支平, 『近五百年來福建的家族社會與文化』, p.112에서 재인용.

고 있다는 것이다. 명령 이성자를 두는 것이 근래 향촌의 명문가족에서도 많이 행해지고 있다는 것을 인정한 부분이나, 천주泉州 진강晉江 일대 대족인 진강 팽씨彭氏 종족조차 이성 양자를 들이는 일이 '하나의 풍조가 되어 있을' 정도라고[29] 기록하고 있는 것을 보면, 이성 사자 계승은 상당히 보편적으로 이루어졌던 일이었다고 생각된다.

이성 양자가 보편화 됨에 따라 이에 대한 인식도 바뀌게 되었다. 이성 양자를 통해 부를 축적하거나 강방으로 인정받은 가족이 생겨나면서 이성 양자에 대한 혐오감은 자연스럽게 사라졌다. 각 종족은 이성 양자를 들여 생존과 생활을 도모하여 강방이 되고자 했던 것이다. 천주泉州 우씨尤氏 종족도 "근래에 우리 복건은 옛 풍습을 바꾸어 도처에 명령자가 있으니 우리 우씨는 이를 빌어 종지를 많이 퍼지게 했고, 문미를 빛나게 했던 사람도 있다"라고[30] 하여 이러한 사실을 인정하고 있다. 국가법은 조정할 수는 없는 것이었지만, 복건사회의 유력한 가족의 족보에서도 그 변화가 감지될 정도로 이를 묵인하는 상황이 되었던 것이다. 복건사회가 처한 사회경제 환경의 차이가 화북지역 등 다른 지역에서는 볼 수 없는 독특한 이성 사자의 관습을 만들어냈다고 할 수 있다.

---

29) 民國晋江 『虹山彭氏族譜』 卷首, 「新訂譜例四則」, 陳支平, 『福建族譜』, p.166에서 재인용.

30) 民國泉州 『閩泉吳興分派卿田優氏族譜』 首本, 「譜例」, 陳支平, 『福建族譜』, p.165에서 재인용.

분가와 상속

04 분가의식과 제비뽑기

전통시기 중국의 상속에 해당하는 행위 언어는 '분가分家'였다. '분가'는 자녀가 결혼한 후 부모의 집을 떠나 독립적인 가정을 꾸리는 것으로, 지금 우리가 말하는 분가와 다르지 않다. 다만 전통시기 중국에서 분가가 중요한 의미를 갖는 것은 분가와 동시에 아들들에게 재산분할이 이루어졌기 때문이다. 분가는 곧 재산의 분할을 의미했다. 따라서 부모세대의 재산이 아들세대로 전이된다는 점에서 분가는 법률적으로 서구에서 유래한 '상속'과 동일한 의미를 갖는다. 재산분할의 의미는 아들세대가 독립적인 가정을 꾸려나가도록 경제적인 기초를 마련해 준다는 데 있었다. 그러나 그 구체적인 내용에서는 서구의 상속과 중국의 분가가 완전히 동일하지는 않았다.

전통시기 상속에 관한 법은 주로 혼인 혹은 호적과 관련된 호혼률戶婚律에 규정되어 있었다. 특히 신분제도 하의 전통 중국사회에서 혼인법은 국가 사회의 기본 질서와 기강을 확립하는 데 중요한 법이었다. 따라서 국가에 의해 엄격하게 통제되었다. 이에 비해 상속은 개별가정의 일로 사적 영역에 속하기 때문에, 기본원칙은 있었지만 국가가 과도하게 간섭하지는 않았다.[1] 중국의 역대 어느 왕조든 국가의 재정 확보를 위해 토지에 대한 철저한 조세제도를 실시했던 데 비해, 상속에 대해서는 과세를 해야 한다는 개념조차 없었던 것이 바로 그러한 증거이다. 그렇다면 국가의 적극적인 개입 없이 어떤 식으로 상속이 이루어졌던 것일까. 전통사회에서도 재산과 관련하여 사람들 사이에 분쟁이 발생하는 일은 드물지 않았다. 그렇다면 전통시기의 상속은 어떻게 해서 그 공정성과 합법성을 확보했던 것일까.

중국의 전통 재산분할에는 오래도록 준수해온 불변의 원칙이 있었다. 바로 '형제균분'에 따른다는 것이다. 남성 자손을 기준으로 평등하게 재산을 나눈다는 것이다. 형제균분의 원칙은 전국시기에 그 정형이 나타나 민간에 널리 퍼져있다가 당대唐代에 와서 법제화되었다. 그 후 각 왕조들도 이를 법률로 규정했는데 문구에 거의 변화가 없을 정도로 유사성을 보이고 있다. 이에 반해 딸은 재산분할에 참여할 자격이 없었다. 만일 균분이 행해지지 않으면 분가 당사자들이 동의하지 않았고 그것이 분쟁의 원인이 되었다. 유언을 통해서 피상속인의 의중을 담아 분할하는 경우도 없지는 않았지만 그렇다고 가장이 임의로 상속분을 정할 수 있는 것은 아니었다.[2] 그것은 어디까지나 균분의 원칙하에 분가 당사자들이 어느 정도 수긍을 할 수 있는 범위 내에서 행해졌기 때문이다.

---

1) 상속에 관한 국가의 실정법은 기본적인 원칙만을 규정하고 있을 뿐 실제 법조항은 간략했다. 따라서 분쟁이 발생했을 경우 이에 대한 재판관의 판결이 중시되었고 이러한 판례가 모여 구체적인 법률적 효력을 발휘했다. 판결에서 가장 중요한 준거가 되었던 것은 바로 '관습'이었다. 손승희, 「相續慣行에 대한 國家權力의 타협과 관철 – 남경국민정부의 상속법 제정을 중심으로」, 『동양사학연구』, 117(2011), p.310.

2) 滋賀秀三, 『中国家族法の原理』, 創文社, 1981, p.190, pp.243-246.

중국 전통가정에서 재산분할을 할 때 혹은 재산권을 행사할 때 가장의 권위는 중시되었다. 그러나 중국의 가장은 로마의 가장처럼 자녀의 상속권을 박탈하는 등의 절대적인 가부장권을 갖지는 못했다.[3] 중국의 가장은 임의대로 재산분할을 할 수 없었고 형제균분의 규정을 따라야 했다. 따라서 재산분할이 각 가정에서 이루어진다고 하더라도 '형제균분'이라는 추상같은 국가법이 있는 한 이를 피하기 어려웠고, 일차적으로 이 법을 준수함으로써 재산분할의 공정성과 합법성을 확보할 수 있었다.[4] 실제로 재산분할 때 작성되었던 분서에는 재산분할 참여자들이 수긍하고 동의하는 과정이 잘 나타나 있다.

중국 전통사회에서는 분가를 할 때 분서分書를 작성하여 상속을 명문화하는 관습이 있었다. 중국은 전통시기부터 토지매매나 가산분할 등 중요한 법률행위를 할 때는 문서를 작성하고 제3자의 공증을 얻는 관습이 있었다. 즉 분서란 분가할 때 작성하는 일종의 계약 형식의 문서이다. 분서에는 분가의 과정과 방식이 드러나 있기 때문에 전통시기 분가를 연구하는 데 상당히 유효하다.

---

3) 로마의 가장은 가정에 속해 있는 자유인과 노비 등을 지배할 수 있는 권력을 가지고 있었다. 예를 들어 처와 자녀는 가장의 권위에 복종해야 했고 노예에 대해서는 절대적인 권력을 행사했다. 심지어 로마의 가장권은 가족에 대한 생사여탈권을 가지고 있었다. 자손에 대한 가장의 권력은 영구적이고 절대적이었으며, 자녀의 상속권을 박탈할 수도 있었고 자손을 노예와 마찬가지로 사역시키고 살해하거나 매각할 수도 있었다. 그럼에도 로마의 가장권은 법적으로 가족에 대한 부양의 의무 같은 것은 지지 않아도 되는 존재였다. 니이다 노보루(仁井田陞) 지음, 박세민·임대희 옮김, 『중국법제사연구(가족법)』, 서경문화사, 2013, p.69.

4) 손승희, 「청·민국시기 산서지역의 분가와 상속 현실 – 分書를 중심으로」, 『동양사학연구』 140(2017), p.459.

분서는 분단分單, 분관分關, 분가합동分家合同, 분가유촉分家遺囑, 구서䦥書 등 지역에 따라 매우 다양하게 불렸다. 분서의 구성 방식은 두 가지이다. 하나는 여러 장이 한 데 묶여 책자의 형태로 하나의 분서가 되는 방식이다. 이 방식의 분서는 서언, 분가의 주재자, 분가하는 사람, 분가 원인, 품탑品搭의 원칙과 과정, 구서䦥書의[5] 수와 그 재산목록, 낙관 등으로 구성되었다. 가계의 역사, 가정의 현재 상황, 분가 원인, 재산목록 등이 상세히 기술되어 있는 것이 특징이다. 특히 휘주나 복건지역처럼 종족이 발달한 지역에서 많이 보이는 작성 방식이다. 이 경우 재산분할에 참여하는 이들은 각각 자신이 받는 재산의 목록만을 받게 되어, 훗날 분쟁의 가능성이 있었다. 다른 한 방법은 분가의 모든 내용을 간략하게 한 장에 기록하는 낱장분서의 형태이다. 주로 분서 혹은 분단分單이라고 부른다. 이 경우에도 기본적으로 분가 사유, 품탑의 원칙과 과정, 재산 내역, 증인 날인 등이 간략하게 들어간다. 다른 사람의 몫을 서로 볼 수 있게 하는 이 방식의 분서는 분할재산의 수량이 분명하게 나타나 있어 은폐 등의 폐단을 방지할 수 있었다.[6] 낱장분서는 분가에 참여하는 사람의 수대로 같은 내

---

5) 분가할 때는 가산을 아들의 수대로 나눈 다음 제비를 만들어서 추첨에 따라 자신의 몫을 정하게 된다. 이때 만들어진 제비를 䦥書라고 한다. 구서는 해당 분가에서 하나의 방을 대표하게 되며, 각 방에는 이름이 붙여졌다. 예를 들어 아들이 둘일 경우 乾坤이라든지 文武 같은 대칭되는 문구로 방의 이름을 정했고, 아들이 넷이라면 '天地人和', '仁義禮智', '忠孝仁義' 등 길한 것을 상징하는 합당한 방의 이름을 지었다. 재산의 분급은 모두 방으로 이루어질 뿐 개인의 재산으로 칭해지지 않았다. 손승희, 『중국의 가정, 민간계약문서로 엿보다 : 분가와 상속』, 학고방, 2018, p26.

6) 손승희, 위의 책, p.86.

용을 여러 장 작성하기 때문에 한 양식의 여러 복사본이 한 세트를 이룬다.

다만 분서의 내용은 각 가정의 필요에 따라 어느 한 부분이 강조되거나 생략되는 등 각 가정의 형편에 따라 작성되었다. 따라서 현존하고 있는 분서들을 분석해보면 전통시기 각 가정에서는 어떤 방식으로 분가가 이루어졌는지, 분가 사유는 무엇이며 그 내용은 무엇이었는지 누가 참석했는지 등 재산분할 상황을 알 수 있다. 분서는 재산 귀속의 권리를 증명할 뿐 아니라 서명한 당사자에게 구속력이 있고 소송에서 유력한 증거가 되는 법적 증명서였다. 분가로 획득한 토지와 가옥은 자신의 소유권을 증명하는 재산문서가 되었기 때문이다. 따라서 분서는 전통 중국사회에서 상당히 중요한 법률문서였다.

분서에 분가 사유를 기재하는 것은 필수적인 일이었다. 유가의 이상사회에서는 가족 성원 간의 화목과 조화를 도모하는 것이 마땅하고 4대, 5대가 대가족을 이루는 것을 이상으로 삼았다. 그렇기 때문에 표면적으로는 분가하는 것을 그다지 좋게 보지 않았다. 특히 조부모나 부모 생전에 분가를 금한다는 역대의 법률 규정은 바로 그러한 인식을 보여준다. 당대의 법률을 규정하고 있는 「당률소의」에 의하면, 조부모나 부모 생전에 분가하는 것을 금지하고 있다. 조부모나 부모가 사망한 후일지라도 상중에 분가하는 것은 처벌대상이 되었다. 즉 "조부모 혹은 부모 생전에 자손이 별적이재別籍異財하는 자는 3년형에 처한다. 부모가 상중喪中에 있을 때 아들과 형제가 별적이재하는 자는 1년형에 처한다"라고[7] 규정하고 있다. 부모 살아생전에 그

---

7) 岳純之點校, 『唐律疏議』, 上海古籍出版社, 2013, p.198.

재산을 나누는 것을 불효로 여겼던 것이다. 이러한 규정과 법인식은 이후 역대 왕조에서도 계속되었다.

그러나 '부모가 허락하면 가능하다'고 하여 현실적으로 부모 생전에 분가할 수 있는 길을 터놓았다. 이러한 규정은 명대의 「대명률」 대명령大明令에서부터 령으로 추가된 후 「대청률례」에도 규정된 조항이다. 즉 "조부모, 부모 생전에는 자손의 분재이거分財異居(재산을 분할하고 따로 거주)를 허하지 않지만, 그 부모가 허락하면 따른다"는 것이다.[8] 이는 부모 생전의 분가를 법으로 금지하고 있지만 민간에서 부모 생전에 분가하는 가정이 보편적이었기 때문에 령으로 추가되었다고 보는 것이 타당하다. 이는 유교적인 이상사회의 도덕과 현실적인 분가 사이에서 타협점을 찾은 것이라 할 수 있다. 이런 방식으로 국가법은 민간의 관습을 지속적으로 법에 반영하고자 했다.

분가를 하게 되는 사유는 주로 집안 내 사정 때문이었다. 가장이 연로하거나 쇠약하여 더 이상 대가족을 꾸려나갈 수 없다거나, 형제 가족이나 부모세대와의 갈등, 불화, 혹은 그런 염려가 분가를 하게 되는 직접적인 원인이었다.[9] 이 역시 유교적인 이상사회가 추구하는 모습은 아니었다. 그러나 아들들이 각각 결혼을 하고서도 대가족을 유지하는 경우 식구들이 많아지면 서로 간에 갈등을 빚게 되는 것은 당연한 결과였다. 다만 분서에 분가 사유를 기재할 때는 이를 완곡하게 표현하는 것이 일반적이었다. 예를 들어 '아들과 조카가 연령이

---

8) 「大明令」 戶令, 懷效鋒點校, 『大明律』, 遼瀋書社, 1990, p.241.
9) 손승희, 『중국의 가정, 민간계약문서로 엿보다 : 분가와 상속』, 학고방, 2018, p.29.

달라 우애에 영향을 줄 것이 염려된다'거나 '사람의 마음이 예전과 달라 같이 살기 어렵게 되었다'거나 '사회풍속이 변하고 사람들이 옛 날처럼 순박하지 않다'는 등 상당히 추상적으로 표현되었다. 직접적으로 '불화'를 분가의 이유로 기재하는 경우도 없지는 않았다. 예를 들어 '양가의 생각이 일치하지 않다', '형제 간의 뜻이 맞지 않다' 혹은 '친조카와의 불화'를 기재하고 있기도 하다. '가족 내 이성異姓 간의 불화'를 명기하는 경우도 있는데, 가정 내 이성이라는 것은 아마도 동서 간의 불화로 보인다. 다만 분서의 내용만으로는 실제로 어떤 불화가 발생했는지는 알 수 없다. 따라서 아들들이 결혼하거나 아기를 낳게 되면서 분가는 자연스럽게 이루어졌다. 가정의 규모가 확대되면 가족 성원 간의 혈연관계가 다소 소원해지고 각종 모순이 지속적으로 발생하기 때문이다.

분가할 때는 재산분할이 행해졌다. 가족의 공유재산인 가산을 분할할 때는 이후에 발생하게 될 각종 비용에 대해서 가산분할 전 미리 제하는 관습이 있었다. 예를 들어 미혼의 아들이 있다면 장래의 언젠가 하게 될 혼인비용聘財을 제하고 분가했다. 미혼의 딸이 있는 경우도 비록 미혼 아들의 절반이기는 하지만 혼수비용粧奩을 제하고 나머지 재산을 분할했다. 이는 주로 부모가 분가를 주관하는 상황에서 나타날 수 있었고, 형이 주관하는 분가에서는 일반적으로 어린 아우에게 일정한 자금을 남겨서 그가 혼인할 때 쓰도록 하거나 혼인할 때에 그 비용을 여러 형이 균등하게 부담하는 경우도 있었다.

혼인비용 이외에 가산분할 당시 부모가 생존해 있다면 부모의 양로나 장례비용을 남겨두는데, 부모 사후에 이것을 다시 아들들이 균분할 수 있었다. 제사비용은 장남에게 제산祭産의 형식으로 남겨두는 경우가 많았다. 그러나 실제 분서에서 양로비용에 대한 언급이 없는 경우가 일반적이었다. 굳이 양로비용 등으로 무엇을 남긴다고 명기하기보다는 분할 재산목록에서 제외하는 방법이 사용되었다. 즉 분가를 할 때 양로비용, 미혼 자녀의 혼인비용 등을 제외하고 분가하는 것은 가정과 사회에서 이미 공인하고 있는 부분이었다.[10]

가산의 분할 범위는 토지, 가옥 등의 부동산과 가축, 수목, 가구, 생활용품 등의 동산도 포함되었다. 심지어는 가정의 채무도 분할대상이었다. 전통 중국에서 채무는 무한책임이었기 때문에 부모의 채무도 아들들이 공평하게 분담했던 것이다. 특히 동거공재의 사회에서는 가장인 부친이 진 채무는 부친이 가정을 위해 진 채무로 보았기 때문이다.[11]

그런데 문제는 가산에 대해 어떻게 균등분할이 가능했느냐는 것이다. 재산 가치를 평가할 수 있는 기제가 없었던 전통시기에 균분을 한다는 것은 분명 용이하지 않은 일이었을 것이다. 그러나 나름의 합리적인 장치가 관습적으로 행해지고 있었다. 그 첫 조치가 바로 '재산평가'였다, 당시의 용어로는 '품탑品搭'이라고 하는데, 품탑이란 가산을 분할할 때 피상속인의 채무를 포함하여 재산을 평가하고 상속받는 사람의 수대로 나누는 과정을 말한다. 토지의 경우 토질의 차이가 있을 수 있고 동산도 가치의 차이가 있을 수 있기 때문에 각 품목의 재산 가치를 따져 알맞게 조합하여 비슷한 분량으로 나누는

---

10) 손승희, 『중국의 가정, 민간계약문서로 엿보다 : 분가와 상속』, 학고방, 2018, p.32.

11) 兪江, 「繼承領域內衝突格局的形成-近代中國的分家習慣與繼承法移植」, 『中國社會科學』, 2005-5, p.126.

것이다. 토지의 비옥도, 질량 등 물리적 차이 외에도 재산분할 주체와 재산을 받는 아들들 간의 친소관계와 이에 따른 개인적인 정감의 차이가 있을 수 있었기 때문이다. 그러나 재산의 분할이 균등하지 않게 되면 장래에 분쟁의 소지가 될 뿐 아니라 법으로도 금지된 일이었다. 따라서 각 가정에서는 일차적으로 균분에 노력하고 나중에 발생할 수도 있는 분쟁의 여지를 줄이기 위해 품탑의 과정을 거쳤던 것이다.

형제균분을 위한 두 번째 조치는 '제비뽑기拈鬮'였다. 품탑이 완료되면 상속받을 아들들은 제비뽑기 방식을 통해 자신의 몫을 확정하고 그에 대한 재산 명세서를 받는다. '제비'를 의미하는 '구鬮'라는 말은 '구鉤'와 같은 뜻으로, 고대인들이 '낚시를 던져 재산을 분할했다投鉤分財'라는 말에서 유래했다.[12] 당시 사람들은 제비를 뽑는 방식으로 재산분할을 하는 것을 가장 공평한 방법이라고 생각했다. 따라서 전통사회에서 형제균분의 중요한 수단은 '제비뽑기'였다. 최소한 가장이나 존장尊長이 임의로 재산을 분할하는 것은 드물었다. 형제균분의 원칙이 국가법에 명시되어 있고 사회적으로 널리 알려진 관습으로 자리 잡고 있는 한, 가장이 임의로 분할을 한다면 아무리 효심 가득한 아들이라도 이를 수긍하기란 쉽지 않았을 것이다.

다만 현실적으로 분할이 '절대적인 균분'이 아니라 할지라도 품탑으로 나누어진 재산에 대해 상속자들이 '수긍'하면 그것으로 균등분할이라고 인정되었다. 혹시 약간의 불균등이 발견된다 해도 제비뽑기를 통해 이미 자신의 몫이 정해졌고, 그 후에는 어떠한 이의도 제

---

12) 劉道勝·凌桂萍,「明淸徽州分家鬮書與民間繼承關係」,『安徽師範大學學報』, 2010-2, p.190.

기하지 않는다는 조항에 서명까지 한 터라면 번복하기는 쉽지 않았을 것이다. 따라서 재산분할에서 균분의 이러한 원칙은 대체로 잘 준수되었던 것으로 보인다. 1940년대 화북지역 농촌 관행조사에서도 재산분할에서 품탑과 제비뽑기가 보편적으로 행해졌으며, 이외의 다른 분할 방법은 없다고 보고되어 있기 때문이다.[13] 화북지역뿐 아니라 전국 각지의 분서의 내용을 보아도 품탑과 제비뽑기는 전국적으로 행해졌던 현상이었다는 것을 알 수 있다.

이와 같이 품탑과 제비뽑기를 통해 각자의 몫이 정해지면 가장의 동의를 얻어 친지들을 대청에 모아놓고 분가의식을 치른다. 세 번째 조치는 분가의식이었다. 여기에 분가 과정의 공정성, 투명성을 보증하기 위해서 반드시 친족을 참여시켜 중개인, 보증인 등의 역할을 담당하도록 했다. 친족에는 부계의 당조부堂祖父, 숙백叔伯 혹은 당형제堂兄弟 등이 참여했고, 모계의 외숙까지 포함되기도 했다. 증인으로 친족이나 족장뿐 아니라, 촌장村長, 촌경村警 등 공적 지위에 있는 사람을 보증인으로 내세우는 경우도 있었다.[14] 이는 공적 인물의 권위를 이용하여 그 공정성과 합법성을 강화하기 위한 목적이었다. 분가의식에 참여한 사람들의 동의는 곧 이 재산분할이 합법적이라는

---

13) 中國農村慣行調查刊行會編, 『中國農村慣行調查』(3), 1955, p.86. 심지어는 만일 부친이 분가할 때 특정한 아들에게 더 많이 분할하도록 유언을 남겼다면 과연 준수해야 하는가를 묻는 질문에 "준수할 필요가 없다"고 답하고 있다. 『中國農村慣行調查』(5), 1956, p.457.

14) 그 예는 「民國8年 陳永吉과 아들들 分單」(1919); 「民國19年 李元會와 아들들 分單字據」(1930), 손승희, 『중국의 가정, 민간계약문서로 엿보다 : 분가와 상속』, 학고방, 2018, pp.94-96, pp.195-197 등이 있다.

증거였다.

따라서 분서를 작성하여 분가 당사자들이 서명하고 친척들이 증인으로서 서명하면 이 분가는 합법적이라는 것이 증명되어 법적인 효력이 발생했다. 즉 법은 형제균분이라는 대원칙만을 규정하고 있을뿐, 구체적인 내용과 절차는 민간에서 행해졌던 품탑, 제비뽑기, 분가의식 등의 관습에 의해 공정성과 합법성을 인정받았던 것이다. 다만이 세 가지가 분서에 명기되지 않았다고 해서 그 과정을 거치지 않았다고는 말할 수 없다. 각 지역 혹은 각 가정의 상황이나 분서 작성방식이 달랐기 때문이다.

분서의 마지막 부분에는 분가 후 형제간의 화목을 당부하는 경우가 많았다. 예를 들어 "형제간에 서로 돕도록 하라" 혹은 "각자 힘을다해 부모에 효도하고 형제끼리 잘 지내도록 하라", "형제가 모두한마음이 되어 계약상의 규정을 잘 지키고 사이좋게 지내며 충돌을일으켜서는 안 된다"는 등이다.[15]

다음은 1762년(건륭27년) 산서성에서 작성되었던 전형적인 분서로, 품탑, 제비뽑기, 분가의식을 거쳤음이 명시되어 있다.

내용을 보면 해당 분서상의 재산 상속인은 분가 주관인의 아들과조카들이며, 분할된 재산은 주관인의 부친이자 상속인의 조부가 남긴 방원房院 등이다. 분서를 통해 알 수 있는 것은, 분가 주관인인왕국재王國宰에게 모두 3명의 형제가 있었으며 그들은 부모가 세상을 떠난 후에도 분가를 하지 않았고, 그중 두 명의 동생은 일찍 사망했다는 사실이다. 따라서 이 분가에서는 왕국재의 아들과 더불어, 사

---

15) 손승희, 위의 책, p.40, p.45, p.76.

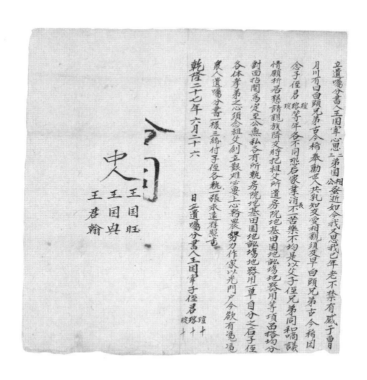

立遺囑分書人王囯旺思立弟囯奐公竊近如今戎戌世乜年老不禁有感丁曹
月川有曰白頭兄弟亰亦倫奉勸世人芒乳知交愛相親親頂又早白頭兄弟古今稀因
念手姪君瑝等年各不同恐后冢業消不一苦樂不均是次父子姪兄弟同稠議
情願祈君懇請觀族降父将把祖父所遺房院地基田園地訛場地器用等項西捨均分
對面指閣為足公無私各有所乿房院地基田園地訛場地器用一草自分之后子姪
各休孝弟之心頂須祖父創立銀难必頂上心勤農努力作冢以光門戶今欲有邊遣
農人遺囑分書一樣三縞付子姪各執一張永遠存照亀

日立遺囑分書人王囯宰子姪君 瑝十
瑭十
瑑十

乾隆二十七年六月二十六

王囯旺
王囯奐
王君翰

망한 동생의 아들들이 그 부친의 몫을 각각 상속하게 된 것이다.

　왕국재가 분가의 원인을 서술할 때 인용한 조월천曹月川의 "형제
가 모두 백발이 될 때까지 사는 경우는 예나 지금이나 드물다白頭兄
弟古今稀"는 구절은 분가의 부득이함을 완곡하게 표현한 것이다. "이
후 각자 가업의 성쇠가 같지 않고 고통과 기쁨이 고르지 않게 될 것
을 염려하여 분가를 한다"는 것을 명시하고 있는 것으로 보아, 아마
도 이전에 그와 아들 및 조카들 간에 갈등이 있어 부득이 분가를 진
행할 수밖에 없었던 것으로 보인다.[16] 이 분서에는 분가에 참여한 사
람, 분가 사유, 재산분할 내용 등이 기재되어 있다.

이런 방식으로 분가한 아들세대는 부모로부터 재산을 분할 받고 경제적으로 독립했다. 가족 성원의 경제적 공동체를 동거공재로 대표하듯, 분가는 부모와의 동거공재의 관계를 끝내고 독립적인 가정을 이룬다는 의미가 있었다. 그러나 분가와 재산분할을 완성했다고 해서 반드시 부모의 가옥을 떠나 새로이 가옥을 신축하는 것은 아니었다. 가정의 한 가운데 위치하여 가족 성원들이 공동으로 생활하는 마당院子을 둘러싸고 부모세대와 아들세대가 함께 거주하는 경우도 있었다. 물론 아궁이를 분리하고 식사를 달리하는 것으로 '분가'의 법적 조치가 이루어졌지만, 여전히 한 '마당' 내에서 생활하고 출입도 한 대문으로 하는 등 동일 가족 성원으로 이루어진 가정 공동체는 작동했다. 기본적으로 사합원에서 거주하던 북방 농촌에서 이는 보편적으로 존재했다.[17] 따라서 동거공재라고 해서 부모와 아들들이 반드시 한 집안에서 거주한다는 의미가 아니듯, 분가라고 해서 아들세대가 반드시 다른 곳으로 이사를 가는 것을 의미하지는 않았다. 즉 동거공재와 분가는 모두 법률적인 개념이었기 때문이다.

---

16) 손승희, 『중국의 가정, 민간계약문서로 엿보다 : 분가와 상속』, 학고방, 2018, pp.43-46.

17) 滋賀秀三, 『中国家族法の原理』, 創文社, 1981, pp.84-85; 王躍生, 「淸末以來中國家庭, 家戶組織的制度考察」, 『社會科學』, 2020-10, p.82.

05 산서상인의 재산 분할방식

　중국 전통사회에서는 분가를 할 때 형제균분諸子均分의 원칙을 준수하고 분서分書를 작성하여 이를 명문화하는 관습이 있었다. 민간에 널리 퍼져있던 형제균분의 관습은 당대에서 처음 법제화된 이후 각 왕조에서 법률로 규정되었다. 따라서 각 가정에서는 이러한 원칙을 준수하기 위해 노력했고 이를 위한 최소한의 조치가 마련되었다. 그러나 평균분할이라는 기본원칙에도 불구하고 현실에서는 이를 변용한 실례들이 존재했다. 그것이 농촌사회의 경우에는 각 가정의 특수성을 반영한 것이라면, 상인 가정에서는 좀 더 불가피한 면이 있었다. 예를 들어 상인 가정에서는 상인의 점포 등 특수한 자산에 대해 표면적으로는 균등분할을 하지만, 실제로는 분할하지 않고 한 사람에게 몰아주는 경향이 있었다. 이러한 상황을 이해하기 위해 산서상인의 경우를 살펴보기로 하자.

　산서상인을 진상晉商이라고도 한다. 진상은 명 중기 이후 염상鹽商으로서 대자본을 축적할 수 있었고 국가권력과의 강력한 유착관계를 통해 대상인으로 성장할 수 있었다. 이러한 상황은 청대에도 이어졌다. 특히 진상이 성장할 수 있었던 배경에는 산서표호山西票號를 빼놓을 수 없는데, 산서표호는 국내 송금 업무를 담당하던 구식 금융기

관이었다. 산서표호는 청 도광연간에는 이미 거대한 금융조직으로 발전하여 번영을 구가했다. 이는 진상이 천하제일상인으로 불리는 계기를 마련해 주었다. 진상은 장거리 무역으로 각지의 상품유통을 빠르게 발전시켰고 전국에 상업 무역망도 갖추고 있었다. 진상은 이를 통해 전국적인 송금 네트워크를 형성할 수 있었다. 따라서 산서표호는 청말 청 정부의 쇠퇴와 세계정세의 변화로 점차 쇠락하기는 했지만, 19세기 말까지도 그 번영을 지속했다.[1] 특히 진상은 근검, 절약, 신의 등을 경영상의 특징으로 했으며, 이것이 진상이 번영할 수 있었던 원인 중 하나로 꼽히고 있다.[2] 또 하나의 경영상의 특징은 합과合夥라고 하는 상업자본의 운영방식이었다. 합과가 유지될 수 있었던 것은 진상 가정의 분가 관습과도 관련이 있다.

합과는 대체로 '두 명 혹은 두 명 이상이 공동출자하고 공동경영하여 손익을 분담하는 상업 조직형태'를 말한다. 합과의 유형에는 대개 자본과 자본의 합과가 있고, 자본과 노동의 합과가 있다. 전자는 두 사람 이상의 동업자가 자본을 투입하여 공동으로 경영하고 공동으로 손실을 분담하며, 자금의 대소에 따라 이윤을 분배하는 방식이다. 후자는 자본이 있는 동업인이 자본을 제공하고, 자본은 없지만 경영에 능력이 있는 동업인이 자본을 수령하여 사전에 규정한 비율에 따라 이윤을 분배하는 방식이다.[3] 이와 같은 방식으로 두 명

---

1) 정혜중, 「청말 산서상인의 변화」, 『이화사학연구』 29(2000), p.86.

2) 張正明, 「明淸山西商人槪論」, 『中國經濟史硏究』, 1992-1, p.84; 「明淸勢力最大的商幫晉商」, 『天津日報』, 2005.8.1, pp.2-3.

3) 손승희, 『민간계약문서에 투영된 중국인의 경제생활 : 합과와 대차』, 인터북스, 2019, pp.32-33. 합과는 자본 조달이 쉽고 위험을 분담할 수 있어 자본이 적어

이상이 동업했던 합과라는 전통 기업은 당대, 송대를 거쳐 명대에 이르러 전형적인 형태가 나타났으며 합과 계약이라는 사회규범이 널리 확립되었다.[4]

진상 가정에서 상업자본을 분할하는 방식은 두 가지였다. 하나는 가정의 상업자본을 아들들에게 균등분할하고 각각 독립경영을 하게 하는 방법이다. 이 경우 원래의 상업조직은 해체되고 자본이 분산되어 영세화한다는 단점이 있었다. 또 하나는 상업자본을 아들들에게 분급하되, 공동경영의 명목으로 원래의 가정 상업조직을 유지하는 방법이다. 그러나 실제로 공동으로 경영하는 것이 아니라 가산을 아들들에게 균등 분배한 다음, 한 사람에게 모두 몰아주고 나머지 사람들은 지분股份을 소유하는 것이다. 이 경우, 원래의 상업조직을 유지하고 자본의 분산을 막아 자본 축적에 유리하다는 장점이 있었다. 일반적인 진상 가정에서 채택했던 재산분할 방식은 후자였다. 즉 형제간에 동업형태의 기업이 형성되는 것이다. 그렇게 되면 부친 한 사람이 독자적으로 경영하던 것을 여러 아들이 지분을 나누고 그중 한 사람이 경영하게 됨으로써 상업조직은 자연스럽게 합과合夥 경영 방식으로 바뀌게 되었다.[5]

도 큰 거래를 할 수 있다는 장점이 있다. 또한 사업 능력이 있는 전문 경영인을 초빙하여 이익을 확보할 수 있다. 根岸佶, 『商事に關する慣行調査報告書-合股の硏究』, 東亞硏究所, 昭和18(1943), p.14.

4) 劉秋根, 「論中國商業, 高利貸資本組織方式中的"合資"與"合夥"」, 『河北學刊』, 1994-5, p.87; 劉秋根, 「十至十四世紀的中國合夥制」, 『歷史硏究』, 2002-6, p.110; 張忠民, 「略論明淸時期"合夥"經濟中的兩種不同實現形式」, 『上海社會科學院學術季刊』, 2001-4, p.160; 汪士信, 「明淸時期商業經營方式的變化」, 『中國經濟史硏究』, 1988-2, pp.26-28 참조.

그러므로 진상 가정에서 상호를 대상으로 가산분할을 할 때는 상호의 지분을 균등하게 분할하고 그 지분을 한 형제에게 몰아주었다. 이 과정에서 상호의 경영을 맡게 된 형제에게 자신이 받을 몫을 보태주거나貼補, 양여讓與하는 현상이 나타났다.[6] 실제 경영에서 물러나 지분을 소유한 다른 형제는 이에 따른 배당금을 분배받는 것이다. 이러한 방식은 표면적으로는 지분을 나누는 형제균분이지만, 상호의 관점에서 보면 실제로는 재산분할을 하지 않은 것이나 다름없었다.[7] 따라서 합과 경영이 진상 경영의 특징 중 하나가 되었던 것은 자연스러운 일이었다. 이런 방식으로 형제들이 자본을 나누어 소유하는 합과의 방식으로 가산이 분할된 이후 이로 인해 상호가 영세화되는 것을 막을 수가 있었던 것이다. 이는 진상이 명청시기에 거상의 지위를 유지할 수 있었던 이유 중의 하나였다.

본서에서는 주로 진상의 경우를 검토했지만, 다른 연구에 의하면 상호를 한 사람에게 몰아주고 나머지 형제는 지분을 소유하는 이러한 재산분할 방식은 진상뿐 아니라 명청시기 휘주상인을 비롯한 다른 지역의 상인 가정에서도 보편적으로 선택했던 분할방식이었다.[8] 이러한 분할 방식은 상업자본 자체나 합과 경영이라는 자본조직 형

---

5) 손승희, 「청·민국시기 산서지역의 분가와 상속 현실 - 分書를 중심으로」, 『동양사학연구』 140(2017), p.463.

6) 형제균분과 양여 현상과의 관계는 郭兆斌, 「淸代民國時期山西地區民事習慣試析 - 以分家文書爲中心」, 『山西檔案』, 2016-4. pp.8-9 참조.

7) 邢鐵, 『家産繼承史論』, 雲南大學出版社, 2000, p.156.

8) 王裕明, 「明淸商人分家中的分産不分業與商業經營 - 以明代程虛宇兄弟分家爲例」, 『學海』, 2008-6; 「明淸分家鬮書所見徽州典商述論」, 『安徽大學學報』, 2010-6 참조.

태에 영향을 주었을 뿐 아니라 이윤분배 방식 등에도 지대한 영향을 주었다. 예를 들어 부친 한 사람의 책임제였던 것이 아들들의 윤번제 혹은 위탁제로 바뀌게 되었다. 이윤의 분배방식도 자본에 따른 분배가 아니라 정여리제正餘利制 방식을 채택하게 되었다.9) '정여리제'는 정리正利와 여리餘利를 의미하는데, 정리正利는 관리官利의 명대 명칭이다. 즉 상호가 이윤을 분배할 때 경영상황과 관계없이 고동股東(출자자)에게 일정한 정리正利를 지급하고, 정리正利 분배 후에 경영상황에 따라 나머지를 분배하는 것이다.

상인 가정에서 재산분할을 할 때 일반 가정과 다른 방식을 채택하게 되었던 또 하나의 이유가 있었다. 상업 자호字號(상호)를 후손에게 상속하는 문제는 해당 상인 가정의 내부 문제인 동시에, 상호가 속해 있는 행회行會의 규정에 제한을 받고 있었기 때문이다. 청대 행회 규정의 주요한 내용은 개설 상호의 관리에 대한 것이었다. 이 규정에 따라 상호를 구체적이고 엄격하게 규제했다. 예를 들어 신설하고자 하는 상호는 행회에 상호 등록비牌費錢를 납부해야 했다. 원래 있는 점포의 상호를 바꿀 경우에도 바꾸는 글자 수만큼의 비용을 납부해야 했다. 호남지역의 상사 관습을 조사한 『호남상사습관보고서湖南商事習慣報告書』에 의하면, 「동화점조규銅貨店條規」에는 부친이 경영했던 상호가 아들에게로 계승되는 것은 당연시되었지만 상호명을 바꾼다면 별도의 상호 등록비를 납부해야 한다고 규정하고 있다.10) 「지찰점조규紙扎店條規」에는 아들만이 부친의 가업을 계승할 수 있을 뿐 조카는 규정

---

9) 王裕明, 「明代商業經營中的官利制」, 『中國經濟史研究』, 2010-3 참조.
10) 彭澤益主編, 『中國工商行會史料集』, 中華書局, 1995, p.463.

에 따라 처리한다고 규정하고 있다.[11] 심지어 어떤 조규에는 한 명의 아들만 부친의 가업을 계승할 수 있고 나머지 아들이 계승할 경우 행회 규정에 따라야 한다고 규정하고 있다. 대체로 각 행회 조직은 상호의 상속과 관련하여 이와 비슷한 내용의 조항을 두고 있었다.[12]

더욱이 행회 규정에는 모든 상호는 "부친에게서 아들로 산업을 계승할 수 있지만 (동일지역 내에) 새로운 점포를 개설하여 영업할 수 없다"고 되어 있다.[13] 따라서 부친의 상호를 아들들이 균분하면 원래 상호의 조직은 해체될 수밖에 없고, 산업은 나뉘어 영세화될 뿐 아니라 각종 행회 규정에 따라 비용을 납부해야 했다. 또한 행회 규약에는 만일 상호를 더 이상 운영하지 않고자 한다면 외부 업종인에게 대여하는 것을 허락하지 않는다고 규정하고 있다. 이는 마치 향촌사회에서 토지를 매매할 때 우선 친족이나 이웃에게 양도하는 것과 같은 원리이다. 그러므로 자호를 빌려주거나 매매할 때租賣는 반드시 우선 동일 업종자와 상의하고 행회의 감독 하에서 동일 행회의 구성원에게 조매했다.[14]

이런 식으로 진상 가정에서는 상호는 분할하지 않고 한 사람에게 몰아주어 자산권과 경영권을 보장하고 나머지 사람들에게는 지분만을 보유하게 하는 방법을 채택했던 것이다. "상호는 공동 소유로 하고 나누지 않는다"는 일종의 원칙은 진상의 보편적인 분가 방식이었다. 그러나 상호를 경영할 형제가 어떻게 결정되었는지는 알 수 없다.

11) 彭澤益主編, 『中國工商行會史料集』, 中華書局, 1995, p.366.
12) 彭澤益主編, 위의 책, p.304, p.315, p.420,
13) 邢鐵, 『家産繼承史論』, 雲南大學出版社, 2000, p.144.
14) 邢鐵, 위의 책, p.144.

분서를 쓸 당시에는 이미 품탑과 제비뽑기가 끝난 상태이고 분가에 참여한 승수자들이 수긍했다는 전제 조건 하에서 작성되어 이러한 상세한 과정까지 분서에 수록하지는 않았기 때문이다.

상호를 한 사람에게 몰아주어 경영한 예는 다음과 같다. 이 분서는 1817년(청 가경22년)에 작성된 것이다.

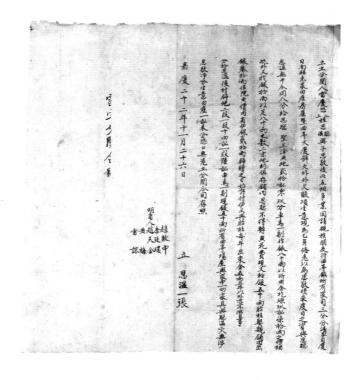

위 분서의 주관인인 뇌경雷慶의 집안은 가옥과 토지뿐 아니라 대경호大慶號라는 상호를 소유하고 있었다. 재산을 분급 받은 사람은 두 조카와 자신의 아들이었는데, 두 조카에게는 토지와 은량을 분급했

고 대경호의 외상장부와 그 경영은 뇌경 자신의 노후 자금으로 사용하다가 자신이 사망하면 자신의 아들이 이를 계승하도록 했다. 즉 자신의 아들에게는 대경호를 물려주어 경영권의 독립을 보장했던 것이다. 이에 대해 두 조카는 관계가 없다고 명시함으로써 이후 발생할 수도 있는 분쟁의 여지를 없애고, 상호가 분산 경영으로 인해 쇠퇴하는 것을 방지하고 있다.[15]

그러나 모든 상호가 분할되지 않았던 것은 아니었고, 분서에 상호의 분할을 명시하고 있는 경우도 있었다. 상호의 안정적인 경영을 위해 최대한 상호가 분할되는 것은 피하지만, 여러 가지 요인으로 인해 분할하는 것이 더 유리하다고 판단되면 상호의 분할도 진행했다는 것을 알 수 있다. 중국의 전통 가정에서 분가와 재산분할은 필연적인 일이었고 아들의 혼인 혹은 자녀의 출산이 분가의 시점으로 보편적이었다. 그러나 형제들 간의 불화 혹은 그런 염려가 발생할 때 분가를 선택하게 되는 경우도 적지 않았다. 따라서 만일 형제 혹은 그 가속 간에 사이가 좋지 않은 경우에는 상호 경영에는 불리하더라도 상호의 분할을 감행하기도 했다. 예를 들어 두 개의 상호를 공동소유하고 있던 두 형제가 각각 하나의 상호를 경영하는 경우, 상호를 공동으로 소유하고 있다가 파산으로 인해 분할한 경우, 상호를 공동으로 보유하고 있다가 분가사유가 발생하여 분할한 경우 등이다.[16] 상호의 분할은 상호 경영에는 불리한 일이었지만 형제 가정

---

15) 손승희, 『중국의 가정, 민간계약문서로 엿보다 : 분가와 상속』, 학고방, 2018, pp.184-187.

16) 손승희, 「청·민국시기 산서지역의 分家와 상속 현실 – 分書를 중심으로」, 『동양사학연구』 140(2017), pp.467-469 참조.

과의 불화나 갈등의 가능성을 완전히 차단할 수 있다는 점은 장점으로 작용했기 때문이다. 따라서 상호의 분할은 각 상호별로 상호 경영의 이익과 형제 가정과의 화목을 기준으로 분할 여부를 결정했다는 것을 알 수 있다.[17]

이러한 방식은 상인 가정뿐 아니라 수공업 가정의 경우에도 비슷했다. 수공업자들에게 특정 분야의 전문기술은 경제적인 자산만큼이나 특수한 자산이었기 때문에 비밀스럽게 전수되고 보호되었다. 농촌에서 분가할 때 토지는 적서를 막론하고 아들들에게 균분하고 딸이 제외가 되듯이, 수공업 기술도 아들에게만 전수되었을 뿐 딸은 제외가 되었다. 그것은 딸이 출가하게 되면 그 전문기술이 시가로 흘러들어가 특수한 비법이나 기술을 지킬 수가 없다고 여겼기 때문이다. 또한 기술은 무형의 자산이기 때문에 모든 아들에게 균분되지 않고 축소된 범위 내에서 소수의 아들에게만 계승되었다. 이는 자신들의 기술이나 업종이 분산되는 것을 방지하고 기술이 다른 종족에게 확대되는 것을 억제함으로써 순수한 전승을 추구했기 때문이다.[18]

---

17) 손승희, 위의 논문, p.469.

18) 邢鐵, 『家産繼承史論』, 雲南大學出版社, 2000, pp.132-139.

중국 전통사회에서는 분가를 할 때 분서를 작성하여 상속을 명문화하는 관습이 있었다는 것은 상술한 바이다. 지금까지도 중국 민간에서는 분서가 작성되는 경우가 드물지 않으며, 특히 현재 농촌에서 작성되는 분서는 그 내용이나 형식면에서 전통적인 방식과 크게 다르지 않다. 또한 분서는 현재까지도 여전히 민사법률상의 효력을 가지고 있다. 재산 귀속의 권리를 증명하고 서명한 당사자에게 구속력이 있으며, 소송이 발생할 경우 유력한 증거가 될 수 있기 때문이다. 분서는 실제로 민간의 상속 현실 양상을 파악할 수 있게 하는 유력한 근거이기도 하다.

분서는 부친의 가계를 계승함과 동시에 각 계승인들의 독립 가정에 필요한 경제기초를 확보할 수 있도록 재산분할을 목적으로 작성되었다. 그러나 분서의 작성이 반드시 분가와 재산분할이라는 목적만을 위한 것은 아니었다. 분서는 각 가정의 사정이 반영되었기 때문에 분가에서 특히 강조할 내용이 있다면 그 부분을 강조하는 방식으로 작성되었다. 예를 들어 분가와 동시에 토지의 매매가 진행되기도 하고, 부모의 양로, 혼인비용 등의 확실한 보장을 담보하고 있기도 하고[1], 혹은 채무의 상환을 명시하고 있는 경우 등 다양했다. 말하자면 분서는 전통사회에서 재산 관계를 증명하는 중요한 문서였다. 그런 이유로 분서는 각 가정의 재산분할을 명시했을 뿐 아니라, 형제들 혹은 그 후손들 간의 분쟁이 발생할 경우에 대비하여 몇 대에 걸쳐 보관되는 각 가정의 재산문서였다. 이것이 바로 분서의 본질적인 목적이었다. 그러나 이런 중요성을 바탕으로 다른 목적으로도 분서가 작성되었다. 실질적으로는 분서의 본질적인 목적과는 직접적으로 관련이 없지만 분서가 가진 공정성과 정당성을 빌려오고자 했던 심리가 반영되었던 것이다.

그 한 예로 첫째, 분가의 형식을 갖추고 있지만 실질적으로 토지매매 계약서나 다름없는 경우이다. 『민사습관조사보고록』에 의하면 강서성江西省 평향萍鄕 등 여러 지역에서는 조상으로부터 분배받은 재산을 부득이하게 처분해야 할 필요가 있을 때는 친족에게 매매하는 관습이 보고되어 있다.[2] 먼저 친족에게 매매를 타진하고 친족 중에 매수자가 없을 때 비로소 외인外人이나 외성外姓에게 매매해야 한다는 것이다. 이것이 바로 친린우선권親隣優先權이다. 『민사습관조사보고록』에는 강서성 평향 등지만 언급되어 있지만 실제로는 더 많은 지역에서 이러한 관습이 있었던 것으로 보인다. 분가로 인한 재산의 분배는 각 방房의 경제적 독립성 보장을 위한 것일 뿐 아니라, 개별가정이 분가하여 가족 단위의 세포가 되는 동시에 그 세포가 모여 하나의 종족을 형성했다. 친린우선권은 이 종족의 순수한 혈통을 계승하

---

1) 「乾隆31年 宋錫瑾과 諸弟 分單執照」(1766), 손승희, 『중국의 가정, 민간계약문서로 엿보다 : 분가와 상속』, 학고방, 2018, pp.158-161.

2) 前南京國民政府司法行政部編, 『民事習慣調查報告錄』, 中國政法大學出版社, 2005, p.467.

고 종족의 재산이 다른 종족이나 이성異姓에게 빠져나가는 것을 방지하기 위한 것이었다. 따라서 조상으로부터 물려받은 토지를 매매할 때는 '재산이 가정에서 빠져나가지 않고産不出戶', '가정은 망해도 종족은 망하지 않는倒戶不倒族' 방향으로 진행되었다.[3]

예를 들어, 1866년 청대 숙질간에 작성된 분서는 분가와 동시에 친족에게 토지매매가 이루어진 경우이다. 이는 백부 진온동陳溫同과 조카 진동방陳東方 사이에 이루어진 분가로, 진동방의 모친이 아들의 혼인비용을 마련하기 위해 진온동에게 토지를 매매한 것이다. 분가로 시작되었지만 최종적으로는 토지매매가 목적이었다.[4] 즉 분가와 동시에 이루어진 토지매매이며 문서의 명칭도 '분서'를 채택하고 있다. 이 문서에 의하면 진온동과 진동방의 부친은 형제관계이며, 진동방의 부친이 살아생전에는 형인 진온동과의 사이에서 재산분할이 이루어지지 않았다. 따라서 진동방의 부친 사후에 백부인 진온동과 조카인 진동방 사이에 분가가 이루어진 것이다. 조카 진동방은 이 분가에서 부친 몫의 토지를 분할받았지만, 다시 그 토지를 백부인 진온방에게 양도의 형식으로 매매한 것이다. 자세한 내막은 알 수 없으나 분할 받은 재산을 모두 백부에게 넘겼으며 진동방은 그 매매 대금을 수령했다는 것이 명시되어 있다. 분가로 시작해서 토지의 매매로 끝난 경우이다.

또 한 예는, 1835년 선조 때 족인 간에 매매한 토지의 소유권이

---

3) 손승희, 「청·민국시기 산서지역의 分家와 상속 현실 - 分書를 중심으로」, 『동양사학연구』 140(2017), p.470.

4) 「同治5年 陳溫同과 조카 陳東方의 分書文約」(1866), 손승희, 『중국의 가정, 민간계약문서로 엿보다 : 분가와 상속』, 학고방, 2018, pp.213-215.

불분명하여 여러 차례 다툼이 있었던 족형제간에 분단分單을 다시 작성한 경우이다. 이때 작성된 분단은 재산분할을 위한 목적이 아니라 토지매매를 분명히 하기 위한 일종의 확인증이었다.[5] 이런 식으로 매매되는 토지는 분가로 인해 분할 받은 토지이기 때문에 일반적인 토지매매와는 구분되었다. 이때 토지를 친족에게 전매典賣(소유권 회복 가능)하거나 회속回贖을 명기함으로써 나중에 다시 반환받고자 하는 경우가 많았다. 조상으로부터 물려받은 토지를 팔아버리는 것을 부끄럽게 여겼기 때문이다. 그렇지 않고 만일 영구적인 매매를 하고자 하여 영구 매매絕賣를 명기할 경우, 회속은 불가능했다. 그러나 이 경우에도 여전히 족인의 재산으로 남겨지기 때문에 금지되지는 않았다.

둘째, 분서가 표면적으로는 형제균분을 실천하고 있는 듯이 보이지만 실제로 분할이 불균등하거나[6] 다른 목적을 달성하기 위한 방법으로도 활용되었다. 분서는 족인이나 친우 등의 보증인을 세워 재산분할에 대한 승인 내지 묵인을 보장받음으로써 각종 분쟁에서 우위를 점할 수 있었기 때문이다. 1937년 민국시기에 작성된 분서를 예로 들 수 있는데, 경씨景氏 집안의 양씨楊氏 부인이 두 아들에게 재산을 분할한 것이다.[7]

---

5) 「道光15年 寧永章, 寧永盛의 分單」(1835), 손승희, 『중국의 가정, 민간계약 문서로 엿보다 : 분가와 상속』, 학고방, 2018, pp.206-208.
6) 이유는 알 수 없지만, 아들이 셋임에도 불구하고 가산을 삼분하지 않고 양분하여 장남에게 한 지분을, 차남과 삼남에게 한 지분을 분할한다고 명시하고 있는 분서(「民國12年 汪據恭과 아들들 分單」(1923)가 보인다. 손승희, 위의 책, pp.191-194.
7) 「民國26年 景門楊氏와 두 아들의 分單」(1937), 손승희, 『중국의 가정, 민간계약문서로 엿보다 : 분가와 상속』, 학고방, 2018, pp.226-229.

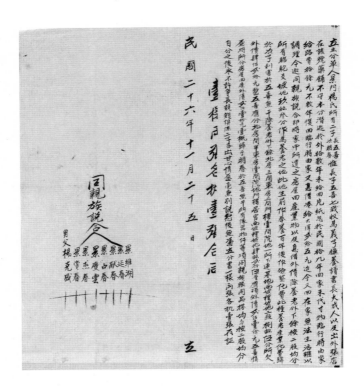

　이 분서의 내용에 의하면, 장남 오희五喜는 의자義子(양자)인데, 바깥에서 십수 년을 몰래 도망 다니며 가족의 편지에 답신도 하지 않으면서 누차 돈을 요구하는 등 행실이 좋지 않았다. 양씨楊氏가 서술한 이러한 내용은 모두 오희가 집안에 아무런 공헌을 하지 않았다는 것을 이유로 재산상속권을 박탈하기 위한 복선이라 할 수 있다. 오희가 가산을 받지 못한 것은 그의 행실 때문이었다는 것을 강조한 것이다.

　「대청률례」 혹은 「대청현행률」의 의자 관련 규정에 의하면, 3세 이하의 유기 소아는 이성일지라도 아들로 삼을 수 있었다.[8] 전통시기에는 3세 이하의 유기된 소아乞養를 데려다 양자로 키우는 것이 일종의 관습이었다. 유기된 어린 남아를 포양抱養한다는 것은 빈민의 구제 혹은 자선의 의미도 있었지만, 아들이 많은 것을 복으로 여겼던 중국 인들에게는 노동력의 확보 면에서도 잠재적인 실익을 기대할 수 있 었기 때문이다. 다만 이런 경우 재산의 계승은 가능하지만 종조계승 은 법으로 금지되어 있었다. 동종으로 별도의 남아를 사자로 세워 종조계승을 하게 하고, 의자와 사자가 재산을 균분하도록 했다.

그러나 실제로는 의자가 성장한 후에도 친생자가 없으면 이를 사 자로 삼아 종조계승을 하게 했던 예는 여러 지역에서 나타났다.[9] 이 는 양부모가 어릴 때부터 이성자를 기르는 장기간의 공동생활 과정 에서 양자兩者 간에 부자의 유대가 형성되고 신뢰가 쌓이게 되기 때 문이다. 이렇게 되면 피상속인에 대한 상속인의 충성을 담보할 수 있고 가족의 재산이 먼 친척에게 넘어가지 않고 안전하게 지킬 수 있는 조건이 형성되었다. 따라서 의자의 신분과 대우는 법률적인 것 이 아니라 양부모와의 오랜 동거를 통한 실제적인 결과였다.[10] 의자 의 재산상속이나 대우도 양부모와의 동거생활 기한이나 친밀도에 의 해서 결정되었다. 어릴 때부터 포양했다면 일반적으로 의자는 친자

---

8) 이는 남송시기 령으로 추가되었는데, 이후 시대마다 예외조항으로 법령에 추 가되어 동일한 규정을 두고 있다. 懷效鋒點校, 『大明律』, 遼瀋書社, 1990, p.45; 上海大學法學院, 『大淸律例』, 天津古籍出版社, 1993, p.195.
9) 산동성 歷城縣의 농촌관행조사에 의하면 '의자는 종조계승을 하지는 않지만 過繼者 역할을 하기 때문에 실제로는 종조계승을 하는 것'이라고 보고하고 있다. 山東省 歷城縣(昭和15년 11월-12월), 『中國農村慣行調査』(4), 1955, p.82.
10) 滋賀秀三, 『中国家族法の原理』, 創文社, 1981, pp.580-581.

와 똑같이 취급되었다.[11] 다만 재산의 분급에서 친자보다 적게 받는 경우가 일반적이었지만, 친자와 동등한 대우를 받고 종조계승을 하는 경우도 있었다.[12]

그러나 위 분서에서는 오희가 7살 때부터 양자가 되었지만 그가 받은 재산은 약간의 가재도구에 불과했다. 그 이유는 오희가 집안에 공헌한 것이 없다는 것이었다. 민국시기 대리원 판례 중에는 "가산을 나눌 때 법률에 따라 처첩 비생을 불문하고 아들 수에 따라 공평하게 분배하지만, 만약 유산이 많지 않고 여러 아들 중 한 사람 혹은 몇 사람이 특별히 열심히 일해 재산 증가에 현저히 기여했다면, 재산분할 시 그 상황을 감안해 우대하여 배분할 수 있다"고 판결한 전례가 있다.[13] 가정의 공헌도에 따라 참작이 가능하다는 의미이다. 전통시기에 양자를 들였다가 여러 문제를 일으킴으로써 자격을 박탈하거나 파양하는 경우도 존재했는데, 위 분서는 이러한 경우에 속한다고 할 수 있다.

그런데 흥미로운 것은 실제로는 재산권의 박탈이나 다름없었지만

---

11) 이성자는 본종으로 귀종할 수도 있었는데 만일 이미 재산 상속을 받은 후라면 재산을 가지고 본가에 귀종할 수는 없었다. 하북성 順義縣 沙井村(昭和16년 3월),『中國農村慣行調査』(1), 1952, p.277.

12) 이성양자를 들여 사자로 삼아 종조계승을 하게 한 예는 산서성의 壺關縣, 偏關縣, 山陽縣, 강소성 武進縣, 안휘성 太和縣, 繁昌縣, 廣德縣, 天長縣, 절강성의 富陽縣, 嘉興縣, 吳興縣, 海鹽縣, 金華縣, 長興縣, 諸暨縣, 섬서성의 鄀陽縣, 華陰縣, 洋縣, 감숙성의 循化縣, 平羅縣, 慶陽縣, 鹽池縣, 호북성 麻城縣, 竹溪縣, 興山縣, 鄖縣, 竹山縣, 谷城縣, 巴東縣, 通山縣 등에서 보고되어 있다. 모두『民事習慣調査報告錄』에 수록.

13) 上字 第48號(1915), 郭衛,『大理院判決例全書』, 成文出版社, 1972, p.291.

일단 장남 오희와 차남이 재산을 양분하고, 그런 다음 오희 몫의 재산을 '양여讓與'의 형식으로 차남에게 주었다는 것이다. 양여는 당연히 본인의 자유의사에 따라 결정되어야 하지만 여기서는 자발적이었다고 보기 어렵고 자유의사는 단지 형식에 불과한 듯하다. 중요한 것은 이러한 경우에도 형제균분의 명분을 잃은 것은 아니라는 것이다.[14] 균분 후의 재산의 양여는 이런 방식으로 행해졌던 것으로 보인다. 결과적으로 형제균분이 아닌 것처럼 비춰질 수 있는 가능성을 배제하기 위해 그 사유와 방식을 상세히 기록함으로써 후일에 발생할 수도 있는 각종 분쟁을 방지하고 있는 것이다.

이와 비슷한 예가 또 있다. 모친 온씨溫氏가 아들의 못된 행실을 기록하여 그의 재산분할권을 포기하게 한 경우이다. 이것은 1857년 작성된 청대의 유촉遺囑으로, 아들인 임긍당任肯堂이 자꾸 말썽을 일으켜 유촉을 작성하여 후일의 분쟁을 방지하고 있다. 이 유촉에서 온씨는 "유촉을 작성하게 된 것은 아들 임긍당이 집 안팎에서 여러 가지 불법적인 행위를 저질렀는데, 일찍이 그 조부의 유촉에서 친우親友와 함께 그를 엄히 가르칠 것을 언급한 바 있기 때문"이라고 하고 있다. 임긍당의 행실로 말할 것 같으면 '집안의 구리, 주석, 탁자, 의자 등의 물건을 훔쳐 다른 사람에게 팔아버리고', '가짜 계약서를 작성하여 다른 사람에게 몰래 전매하고', '가짜 계약서를 작성하여 토지를 담보로 돈을 빌리고 도망가는' 등 가족 성원들의 재산에 손해를 끼치는 행위를 서슴지 않았다. 결국 임긍당이 토지를 담보로 빌린

---

14) 손승희, 「청·민국시기 산서지역의 분가와 상속 현실 – 分書를 중심으로」, 『동양사학연구』 140(2017), p.473.

돈을 그의 숙부가 대신 갚아주었기 때문에 온씨는 아들 대신 그에게 저당물을 제공하게 되었는데, 자신의 사후에 임긍당이 나타나 이에 대한 소유권을 주장하게 될 것을 염려하여 이를 포기하게 하려는 목적으로 작성된 것이다. 즉 각서로서의 성격이 강한 분서이다. 이 분서 역시 임긍당의 바르지 못한 행실이 상세히 적혀 있는 것이 특징이다.[15]

이렇듯 분서는 재산분할뿐 아니라 각 가정의 재산권을 증명해줄 수 있는 유력한 증거이기 때문에 분서 작성자의 재산을 확증하기 위한 수단으로도 활용되었다.[16] 족인이나 중개인을 통해 합법성과 공정성을 확보함으로써 후일에 발생할 수도 있는 분쟁의 요인을 제거하는 역할을 했던 것이다. 따라서 분서가 재산분할의 증거가 되는 문서였던 만큼 이에 대한 공정성과 합법성을 확립하는 것은 필수적이었다.

---

15) 「咸豐7年 任氏 집안 溫氏 遺囑」(1857), 손승희, 『중국의 가정, 민간계약문서로 엿보다 : 분가와 상속』, 학고방, 2018, pp.209-212.

16) 손승희, 「청·민국시기 산서지역의 분가와 상속 현실 – 分書를 중심으로」, 『동양사학연구』 140(2017), p.474.

07 전통시기 딸의 상속

　'소황제', '소공주'는 1980년대 중국의 '한 자녀 정책'이 본격적으로 시작될 때 태어난 아이들로, 모든 가족의 사랑을 독차지하면서 성장한 세대를 일컫는다. 전통적으로는 아들을 더 귀하게 여겼지만, 이미 대를 이어야 한다는 관념도 희박해졌고 자녀를 하나밖에 둘 수 없는 부모의 입장에서는 아들딸 모두를 소중하게 여길 수밖에 없는 환경이 조성되었다. 결과적으로는 성별에 따른 자녀 차별을 줄이는 데도 기여했다.[1] 따라서 부모는 아들이 아닌 외동딸에게도 물심양면으로 아낌없는 사랑과 정성을 쏟아붓고 자신들의 재산을 아낌없이 모두 딸에게 상속한다. 아들들만 정규 상속에 참여할 수 있다고 못 박았던 수천 년간의 전통법은 사라졌고, '상속권은 남녀가 평등함'을 법률로서 보장하고 있을 뿐 아니라 현실에서도 실천하고 있기 때문이다. 중국 상속사의 긴 과정을 생각하면 이러한 근대 이후의 변화는 실로 획기적이라고 하지 않을 수 없다. 그렇다면 전통시기에 딸은 부모에게 아무런 재산도 상속받지 못했던 것일까?

---

1) 이현정, 「현대 중국농촌의 시장개혁과 혼인관습의 변화 : Jack Goody의 신부대 이론에 대한 비판적 고찰」, 『한국문화인류학』 50-1, p.123.

중국에서 상속을 의미하는 재산분할은 분가와 함께 이루어졌다. 재산분할의 원칙은 '형제균분' 즉 아들들에게 균등분할 된다는 것이었고 딸은 제외가 되었다. 그것은 중국의 재산분할이 부친의 대를 잇고 조상에 대한 제사를 전제로 하는 것이었기 때문이다. 따라서 딸이 여기에 끼어들 여지는 없었다. 이는 오랫동안 민간의 관습으로 전해 내려오다 당대唐代부터 국가법 속에 편입된 규정이었다.

그렇다고 딸이 전혀 부모의 재산을 받을 수 없었던 것은 아니었다. 다만 아들이 받는 재산과 딸이 받는 재산은 의미가 달랐다. 딸이 부모에게 합법적으로 받을 수 있는 대표적인 재산은 혼인할 때 받는 '장렴'粧奩, 嫁妝이었다. 장렴은 일종의 혼인비용으로, 딸이 시가에 들어갈 때 가져가는 지참재산, 즉 혼수였다. 아들도 부모로부터 빙재聘財라는 이름의 혼인비용을 받았다. 빙재는 주로 아들이 결혼할 때 신부를 맞아들이는 데 사용되었다. 아들과 딸이 모두 혼인비용을 받았다는 것을 고려하면, 엄밀히 말해서 장렴은 형제균분의 재산분할과는 거리가 멀다. 그 분량도 장렴은 아들이 받는 빙재의 반 정도를 받을 수 있을 뿐이었다. 혼인비용에서도 아들과 딸은 차이가 있었던 것이다. 그러나 장렴은 딸이 친정으로부터 받을 수 있는 합법적인 재산이었다. 여기에는 일용 의복, 장신구, 토지 등이 포함되었다.

장렴은 아내가 친정으로부터 가져온 재산이기 때문에 남편 가정에 들어와서도 그 소유권은 아내에게 있었다. 뿐만 아니라 남편 가정에서 재산분할을 할 때에도 그 분할 범위에 들어가지 않았다. 중국 전통사회에서 재산은 가족 공동의 것으로 개인재산이 인정되지 않았지만, 장렴의 경우는 예외적으로 여성의 사적 소유권이 인정되었다. 특히 송대는 여성의 권리가 역대 어떤 왕조보다 컸기 때문에 장렴에 대한 사용권과 처분권에서도 여성의 권리가 두드러졌다. 그러나 결혼한 여성 자신들의 장렴에 대한 사용권과 처분권은 지역과 시대에 따라 많은 차이가 있었다.[2] 일반적으로 장렴은 혼인 후 남편과의 공동재산으로 편입되어 가장인 남편이 아내 대신 이에 대한 처분권이나 사용권을 행사하는 경우가 많았다. 또한 장렴은 대체로 남편이나 아들의 사업 자금 혹은 집안의 대소사에 비용을 보태거나, 자녀의 학비 지원, 종교 생활, 자선활동 등에서 사용되었다.[3] 즉 아내 자신을 위해 사용했다기보다는 가정을 위해 사용했다고 하는 편이 더 정확할 것이다. 다만 그 법적인 결정권은 당사자인 아내에게 있었다. 이와 같이 장렴은 딸이 친정에서 받는 개인재산이었다.

이러한 혼수 외에도 딸이 친정의 재산을 받을 수 있는 경우는 또 있었다. 딸의 친정에 아들이 없어 딸의 아들, 즉 외손자로 부친의 대를 잇고자 할 때外孫繼承, 혹은 딸의 형제에게 아들이 없어 딸의 아들로 외삼촌의 대를 잇게 하는外甥繼承 경우가 그것이다. 이런 식으로 딸의 아들을 친정의 후사로 세울 경우 딸은 어린 아들을 대신하여 그 재산을 관리함으로써 재산권을 행사할 수 있었다. 엄밀히 말하면 재산소유권이 아니라 재산관리권이었고, 어린 아들이 성인이 되면 딸의 이러한 권리는 더 이상 유효하지 않았다. 아들이 성장하기까지 한시적이나마 딸은 재산관리권을 행사할 수 있었던 것이다.[4] 또한

---

2) P.B.이브리 저, 배숙희 역, 『송대 중국여성의 결혼과 생활』, 한국학술정보(주), 2009, p.181.

3) 付紅娟, 「宋代女性婚姻權利研究」, 甘肅政法大學碩士論文, 2021, pp.14-15.

4) 손승희, 「相續慣行에 대한 國家權力의 타협과 관철 – 남경국민정부의 상속법 제정을 중심으로」, 『동양사학연구』 117(2011), p.344.

딸을 통해 데릴사위贅婿를 들이는 것도 딸이 간접적이나마 재산분할을 받을 수 있는 방법이었다. 합법적이지는 않지만 종종 데릴사위에게 처가의 종조계승을 하게 하는 경우가 있었는데, 그때 재산도 데릴사위를 통해 딸에게 분배되었기 때문이다.

이밖에도 형제균분은 아니지만 가정의 사정과 형편에 따라 딸에게도 예외적으로 재산분할을 하는 경우가 있었다. 그러나 딸이 받을 수 있는 상속의 분량은 형제균분의 규정에 따른 것이 아니라 부모와의 친밀한 정도에 따라 정해졌다.[5] 이는 '균분均分'과는 다르다는 의미에서 '작분酌分'이라 불렸다. 그 의미는 참작해서 분배한다는 뜻이다. 작분의 방법은 정규적인 재산의 분할방식은 아니었다. 무엇보다 균분과 작분의 결정적인 차이는, 아들들에게는 가산 속에 이미 자신의 몫이 있는 것으로 간주되어 재산분할의 권리가 있었지만, 딸에게는 그러한 권리가 없었다는 것이다. 따라서 아들은 부친에게 분가와 재산분할을 요구할 수 있었지만, 딸은 그런 권한이 없었다. 작분은 동거공재에 의한 자신의 몫이라기보다는 부친과의 정서적 유대에 따른 것이었기 때문이다. 말하자면 재산분할의 방법과 그 분량은 부친의 뜻에 따라 결정되었다.

만일 아들이 없는 호절戶絶 가정의 경우, 각 왕조는 사자의 상속분

---

5) 작분에 의한 분급은 대리원 판례에서도 종종 보인다. "義男, 데릴사위의 작분 재산의 표준은 현행률에는 기재하지 않은 즉, 관습과 조리에 따르고 부모의 의사에 따라 작분의 표준을 정한다. 만일 부모 생전에 의사를 표시하지 않았다면 친속회에서 分產하고, 일치하지 않을 경우 審判衙門에서 양측의 사정과 유산 상황에 따라 확정한다." 上字 第669號(1914), 郭衛, 『大理院判決例全書』, 成文出版社, 1972, p.285.

을 제하고 딸이 부친의 재산을 상속할 수 있도록 법률로 규정하고 있다.[6] 우선 당률에서는 "나머지 재산을 딸에게 준다餘財並與女"고 규정하고 있다. 남송의 법률에는 "집안의 딸들에게 모두 준다盡給在室諸女"라고 되어 있고, 「대명율」에는 "친녀가 그 몫을 상속한다所生親女承分"고 규정되어 있다. 「대청률례」에서도 "모든 친녀가 승수한다所有親女承受"라고 하여 딸에게 재산을 분할하는 규정을 두고 있다. 그런데 그 어떤 경우에도 '계繼', '사嗣' 등의 용어를 사용하지는 않았다. 문서 명칭에서도 딸에게 재산을 분급할 때는 '발撥(따로 떼어 나누다)'자를 많이 사용했고, '분分'을 사용할 경우에도 '작분급酌分給' 등을 사용하여 아들과는 다른 의미의 가산분할이 진행되었다는[7] 것을 표시했다. 그러므로 '균분'과 '작분'은 엄연히 의미가 달랐다.

실제 딸의 재산상속 상황을 『민사습관조사보고록』을 통해 살펴보면, 호절 가정의 경우 흑룡강성의 난서현蘭西縣, 청강현靑岡縣, 목난현木蘭縣, 해륜현海倫縣, 용진현龍鎭縣, 조동현肇東縣, 눌하현訥河縣, 탕원현湯原縣 등에서 친녀가 유산계승의 특권이 있다고 보고되어 있다.[8] 그러나 호절 가정에서 친녀의 재산 승수가 많이 행해졌던 것은 사실이지만 그런 관습이 없다고 보고되어 있는 지역도 있다. 호절 가정에서 딸이 재산을 승수하는 관습은 지역적으로 다른 양상이 나

---

6) 역대 법률은 아들이 없을 경우, 동종의 항렬이 맞는 자로 嗣子를 삼되, 우선 동 부모 주변 친족, 다음은 大功, 小功, 緦麻의 순으로 택하도록 규정하고 있다. 上海大學法學院, 『大淸律例』, 天津古籍出版社, 1993, p.195.

7) 滋賀秀三, 『中國家族法の原理』, 創文社, 1981, p.125.

8) 前南京國民政府司法行政部編, 『民事習慣調查報告錄』, 中國政法大學出版社, 2005, pp.621-640.

타났다는 것이다.

　작분은 분량에서도 일정한 표준이 없었다. 부모가 특별하게 총애하는 딸이라면 참작의 분량이 많아질 수 있었다. 그러나 무한정 줄 수 있는 것은 아니었고, 아들들에게 균분하는 액수보다는 적어야 했다.[9] 다만 작분에 참여할 수 있는 신분은 친녀만이 아니었다. 친녀가 대표적이지만 의남義男, 의녀義女, 사위, 장자, 장손 등도 작분의 대상이었다. 장자와 장손은 제산祭産의 명목으로 다른 형제들보다 균분 이외의 재산을 더 분급받기도 했는데 이 역시 작분에 의한 것이었다.

　혼수, 친정의 사자, 호절 가정의 경우 외에도 예외적으로 딸에게 재산의 일부를 분할하는 경우도 없지는 않았다. 그 한 예로 1793년 청대 우응복牛應福 형제간에 작성된 분서를 들 수 있다. 형제간에 분할된 재산목록 아래 별도로 '첨언後批'의 형식으로 '1무의 땅을 그들의 큰 누나大姐에게 증여하되 이곳에서 곡물 7두斗가 소출됨'을 명시하고 있다.[10] 그러나 별다른 언급을 하지 않아 어떤 명목으로 증여를 했는지 증여의 이유에 대해서는 알 수 없다. 균등분할은 아니지만

---

9) 대리원 판례에는 "부친이 친애하는 친녀는 부친이 사망했다면 모친의 의사에 따라 유산을 분급할 수 있는데, 단 應分之人의 수에 따라 균분하는 액수보다는 적어야 한다." 上字 第999號(1917), p.287; 上字 第761號(1918), p.288; 上字 第611號(1918), p.288; "친녀에게 재산을 작분할 때 일정한 한계는 없지만 후계자(繼子)가 이미 세워지고 친녀가 출가한 이후라면 이를 균분한다." 上字 第3447號(1925), p.288; "작분 재산의 수량은 부모가 결정한다. 원칙상 친자 혹은 사자 등 應繼人의 분량을 침해할 수 없다." 上字 第999號(1917), p.287, 이상 모두 郭衛, 『大理院判決例全書』, 成文出版社, 1972에 수록.

10) 「乾隆58年 牛應福等의 闔書」(1793), 손승희, 『중국의 가정, 민간계약문서로 엿보다 : 분가와 상속』, 학고방, 2018, pp.248-252에 수록.

가정의 사정과 형편에 따라 딸에게도 예외적으로 재산분할을 하는 경우가 있었다는 것을 증명해준다. 그러나 분서에 딸에 대한 언급조차 없는 것이 일반적이었다. 분가가 단지 재산분할만을 의미하는 것이 아니라 남자 자손에 의한 종조계승을 전제로 하는 것이었기 때문이다.[11]

다만, 특별하게도 남송시기는 전 중국의 역대 왕조 가운데 여성 상속에 대한 논란이 가장 집중되는 시기이다. 남송시기 강남지역에서 딸이 아들의 반을 분배받는 반분법半分法이 제정되었던 적이 있었기 때문이다. 혼수도 아니고 친정의 사자를 삼은 것도 아니고 데릴사위를 들인 것도 아닌데, 딸에게 아들 몫의 반을 분배한다는 것이다. 이 여자 반분법의 의미가 정확히 무엇인지, 어떤 지역에서 얼마나 광범위하게 행해졌는지는 알려진 바가 없다. 그러나 반분법은 법령의 명칭에 '분分'자를 사용하고 있다는 점에서 호절 가정의 친딸이 부친의 재산을 상속하는 경우와는 달랐던 듯하다. 따라서 그 성격을 놓고 학자들 간에 학술적 논쟁이 전개되었다.

이 여자 반분법을 적극적으로 해석하는 학자는 일본의 법사학자 니이다 노보루仁井田陞이다. 그의 주장은 남송시기는 비록 아들과 동등하지는 않지만 딸도 상당한 지위를 인정받고 있었다는 것이다. 그는 남송의 법률이 북송 혹은 당대와 달랐다는 데에 주목했다. 여자 반분법은 남송을 제외하면 중국의 어떤 왕조에서도 발견되지 않기 때문이다. 따라서 그는 회하 이남 혹은 양자강 이남 지역의 법 관습

---

11) 손승희, 「청·민국시기 산서지역의 분가와 상속 현실 – 分書를 중심으로」, 『동양사학연구』 140(2017), p.476.

이 화북과는 달랐기 때문일 것으로 추정하고 있다.

그에 의하면 최소한 이들 지역에서 여자 반분법이 시행되었으며 이것은 화북지역과는 다른 남방계통의 관습이 법으로 반영된 결과라고 주장했다. 심지어는 남송뿐 아니라 북송이나 당대에도 회하 이남이나 양자강 이남 지역에서는 남송시기와 동일한 여자 반분법이 행해졌을 가능성을 제기하고 있다.[12] 남송시기에는 여성의 지위가 역대 어느 왕조보다 높았는데, 여자 반분법은 그러한 경향이 반영된 것이라는 주장이다. 그 중요한 근거로 '딸에게도 정규 상속을 한다'는 이러한 법 규정은 중국의 남방지역뿐 아니라 고려, 조선, 일본, 베트남 등 동아시아 민족에게서도 발견되기 때문이라는 것이다.[13] 고려시대와 조선시대의 고유한 혼인제도인 남귀여가혼제男歸女家婚制 하에서는 딸도 아들과 동일하게 균등분할을 받았다. 베트남의 대월黎氏 왕조에서도 상속은 피상속인의 자유의사에 의해 이루어졌지만, 법적 상속의 경우 조상제사를 위한 향화분香火分이 큰 아들에게 분배되는 것을 제외하면 남녀 모두에게 균등 상속되었다. 이러한 사례는 니이다 노보루의 주장을 뒷받침하는 근거가 되고 있다.[14] 중국의 경우 남녀평등은 아니었지만 "남자는 양손으로, 여자는 한 손으로 가산을

---

12) 니이다 노보루(仁井田陞) 지음, 박세민·임대희 옮김, 『중국법제사연구(가족법)』, 서경문화사, 2013, pp.94-95.

13) 仁井田陞, 『中國法制史研究 – 法と慣習·法と道德』, 東京大學校出版社, 1964, pp.43-44; 니이다 노보루(仁井田陞) 지음, 박세민·임대희 옮김, 위의 책, pp.116-117.

14) 니이다 노보루는 일본의 「養老令」에서도 여자는 남자와 함께 유산을 상속하고 그 상속분은 남자의 반분으로 되어 있다는 것이다. 니이다 노보루(仁井田陞) 지음, 박세민·임대희 옮김, 위의 책, pp.119-120, pp.253-254.

물려받는다"고 할 정도로 반분법이 당시의 중국에서는 인정되고 있었다는 것이다.[15]

이에 대해 반론을 제기한 학자는 시가 슈조滋賀秀三이다. 그는 남송시기 일부지역에서 반분법이 행해졌다는 것을 완전히 부정하지 않았다. 그러나 중국 전통시기를 가로지르는 종조계승宗祧繼承의 관점에서 본다면 그것은 남송시기 강남의 일부 지역에서 한정적으로 행해졌던 특수한 현상이라는 것이다. 시가 슈조에 의하면, 재산의 분할은 제사의 의무를 전제로 한다. 아들이 부친에게 제사의 의무를 인계받는 것은 아들이 부친 인격의 연장이라 생각하기 때문이다. 따라서 부친이 갖는 재산권도 부친의 인격의 한 단면으로서 아들에게 인계된다는 것이다.[16] 이런 사고에서는 딸은 제사의 의무가 없기 때문에 가산 공유자의 범위에서도 배제가 된다는 논리가 성립한다. 제사와 재산분할을 연계해서 생각했다는 것이 시가 슈조의 가장 특징적인 주장이다.

두 학자 간에 촉발된 논쟁은 이후 여러 학자들이 가세하여 여자 반분법에 대한 논쟁을 이어갔다. 송대에는 여자 반분법 외에도 여성의 지위가 역대 어느 왕조보다 높았다는 것은 호절 가정의 경우 딸이 부친으로부터 받게 되는 상속분으로도 알 수 있다. 딸의 혼수비용은 이미 위진남북조의 상류층에서 고액화하는 현상이 나타났고, 송대에는 대부분의 계층으로 확대되었던 바 있다. Patricia Ebrey는 이 여자

---

15) 니이다 노보루(仁井田陞) 지음, 박세민·임대희 옮김, 위의 책, p.125.
16) 시가 슈조는 동거공재의 관계에서 제사의 계승과 재산상속은 부친의 인격이 아들에게 연장되는 부자일체의 관계로 설명하고 있다. 滋賀秀三, 『中國家族法の原理』, 創文社, 1981, pp.128-136.

반분법은 바로 송대에 점차 증가된 여성의 혼수비용으로 인해 부모가 모두 사망한 고아 여성들의 혼수비용을 보장하기 위해 제정되었다고 주장했다.[17] 즉 부모가 모두 사망한 후 가산분할에 주도권이 있는 형제, 숙부 등이 딸의 혼수를 소홀히 할 것을 염려하여 그 혼수를 보장하는 데 목적이 있었다는 것이다. 따라서 반분법은 국가가 고아 딸에게 충분한 혼수비용을 마련해주기 위한 법이라고 주장했다.

이에 대해 송대사회에서 혼인이 중시되고 이에 따라 필요한 혼수비용도 상당히 증가했지만 여기에는 사회적인 요인뿐이 아니라 국가의 입장도 고려해야 한다는 주장도 제기되었다. 당대에는 딸도 없고 가까운 친척도 없을 때에 한하여 호절 가정의 재산을 국가가 환수했지만, 송대에는 딸을 여러 경우로 구분하고 이에 따라 사자嗣子가 받게 되는 분량을 조정했다. 즉 송대에는 여자를 최소한 미혼 딸, 출가 후 귀종歸宗한 딸, 기혼 딸로 구분했다. 이 경우 미혼의 딸에게만 호절 가정의 재산에서 충분한 권리가 있었을 뿐, 귀종한 딸은 제한적이었고 기혼 딸의 분량은 더욱 적었다. 귀종한 딸이나 기혼 딸이 미혼 딸만큼 받지 못했던 분량은 사자에게 주어졌고, 그 나머지는 국가에 귀속되었다. 사자에게 주어지는 분량도 미혼 딸, 귀종한 딸, 기혼 딸이 있는 경우에 따라 각각의 분량이 정해졌는데, 그것은 당대에서 딸이 없을 때 받았던 양보다 훨씬 적었다. 그 나머지는 국가에 귀속되었다. 결과적으로 국가는 당대에 비해 호절 가정에서 상당히 많은

---

17) Patricia Ebrey, "Women in the Kinship System of the Southern Song Upper Class", *Historical Reflections*, Vol.8 No.3, 1981; P.B.이브리 저, 배숙희 역, 『송대 중국여성의 결혼과 생활』, 한국학술정보(주), 2009, pp.169-191 참조.

분량을 환수하는 규정을 두었던 것이다.

Kathryn Bernhardt는 여기에 주목하고 송대에는 국가가 스스로 호절 가정에 대해 권리와 이익을 확대하는 방향으로 나아갔다고 지적했다. 즉 송대의 가장 큰 변화는 호절 가정의 재산에 대해 국가가 그 권리를 확대했던 것이라고 주장했다.[18] 말하자면, 송대의 딸이 다른 어떤 왕조시기보다 가산에 대한 권리가 컸지만, 그 이면에는 국가가 호절 가정에 대해 그 권리와 이익을 확대했던 것을 고려해야 한다는 것이 그의 핵심적인 주장이다. 따라서 송대에서부터 청대까지의 재산 계승권에 대한 변화는 '분가'의 영역에서 발생한 것이 아니라 '종조宗祧'의 영역에서 발생한 것이라고 지적했다. 그러므로 그는 송대의 여성 상속권은 예외적이고 특수한 것이라고 주장했다.[19]

이에 대해 육정임은 남송시대 강남지역에서 제정된 딸이 아들의 반을 분배받는 '반분법半分法'은 비록 아들의 반이지만 아들이 받는 '분分'의 개념과 다를 바가 없었다고 주장했다. 다만 사회가 이 법령을 실행하고 아들의 재산분할처럼 확실한 강제력을 가졌던 것은 아니었다는 것이다. 따라서 실제로 법대로 실행되지는 않았던 것 같다고 추정했다. 다만 남송사회가 이러한 법 제정을 요구하게 되었던

---

18) Kathryn Bernhardt, *Women and Property in China, 960-1949*, Stanford University Press, 1999, pp.12-14; Kathryn Bernhardt, "The Inheritance Rights of Daughters : The Song Anomaly?", *Modern China*, Vol.21, No.3(Jul, 1995), pp.273-274.

19) Kathryn Bernhardt, *Women and Property in China, 960-1949*, Stanford University Press, 1999, pp.45-46; Kathryn Bernhardt, "The Inheritance Rights of Daughters : The Song Anomaly?", *Modern China*, Vol.21, No.3(Jul, 1995), pp.301-302.

당시 사회의 변화에 주목해야 한다고 주장했다. 그의 진단은 신부의 장렴이 확대되는 사회 현실을 고려하여 이러한 법령이 나오게 되었다는 것이다.[20]

이에 비해 다른 일부의 학자들은 송대의 여자 반분법은 특수한 경우일 뿐 일반적이었다고 볼 수 없다고 주장한다. 예를 들어, 싱티에邢鐵는 가산의 분할은 법제화된 민간의 습속이고 그 자체에 연속성이 있어 왕조의 교체나 통치사상의 변화로 인한 영향은 거의 없었다고 주장했다.[21]

이렇듯 남송시기 일부 지역을 제외하면 전통시기 여성이 정규적인 상속에서 제외가 되었다는 것은 부인할 수 없다. 이는 당시 이미 법제화된 민간의 습속으로서 왕조의 교체나 통치사상의 변화에도 불구하고 수천 년 동안 지속적인 생명력을 보였기 때문이다. 이러한 방식은 남녀평등을 내세운 중화민국시기와 사회주의 집체경제시기 조차도 당시의 법 규정과는 상관없이 민간에서 지속되었다.[22] 그렇다면 지금 현재는 어떤가. 현재 중국은 딸도 아들과 동일하게 부모의 개인재산을 물려받는 근대적인 상속 시스템을 갖추고 있다. 그러나 농촌으로 들어가면 사정은 반드시 그렇지 않다. 여성을 제외하는 이러한

---

20) 육정임, 「宋代 딸의 相續權과 法令의 變化」, 『이화사학연구』 30(2003), pp.601-606.

21) 邢鐵, 『家産繼承史論』, 雲南大學出版社, 2000, p.48.

22) 王躍生은 1999년 河北省 남부지역 농촌을 현지조사하고, 집체경제시대에도 여전히 부모 생전에 아들 간의 공유재산 분할을 핵심으로 하는 분가가 행해졌다는 것을 확인했다. 王躍生, 「集體經濟時代農民分家行爲硏究 - 以冀南農村爲中心的考察」, 『中國歷史』, 2003-2 참조.

상속 방식이 현재 농촌의 일부에서 여전히 행해지고 있다는 것이 연구자들의 현지조사에서 속속 드러나고 있기 때문이다.[23] 이것이 상속과 관련하여 깊이 내재되어 있는 중국인의 사유방식에 대한 보다 장기적이고 역사적인 검토가 필요한 이유이다.

---

23) 鄭小川은 2005년 靑海省, 甘肅省 농촌을 현지조사하고 다음과 같은 사실을 확인했다. 분서는 부친세대와 아들세대와 관계가 있을 뿐 여성과는 상관이 없으며, 분서에는 모친, 며느리 등에 대한 언급이 없다. 분가는 딸과 상관이 없으며 딸에게 혼수 이외의 다른 몫은 없다. 鄭小川, 「法律人眼中的現代農村分家 - 以女性的現實地位爲關注點」, 『中華女子學院學報』, 2005-5, pp.14-15. Myron L. Cohen은 河北省(1986-87), 上海, 四川省(1990) 농촌에 대한 현지조사를 통해, 이곳에서는 남녀평등의 현행법과 괴리가 있음에도 불구하고 아들은 가산 중에 자기 몫을 가지고 태어나며 여전히 전통적인 방식에 의해 분가가 행해지고 있다는 것을 확인했다. Myron L. Cohen, "Family Management and Family Division in Contemporary Rural China", *China Quarterly*, Vol.130, 1992, pp.368-369. 특히 Cohen이 부록으로 제시하고 있는 분서들을 보면 當代에도 전통시대와 다를 바 없이 분가가 행해지고 있음을 알 수 있다.

혼인과 이혼

08 전통시기의 혼인성립 요건
: 혼서, 빙례聘禮, 그리고 중매인

　　현재 중국사회에서 역사적인 전통 관습의 흔적을 찾는 것은 그리 어렵지 않다. 현재 중국에서 전면적으로 시행되고 있는 혼인등기제도와 이에 따라 발급되는 '결혼증'도 그중 한 예라고 할 수 있다. 즉 결혼증은 전통시기의 '혼서'에서 유래했다고 생각되기 때문이다. 또 혼서의 작성과 함께 행해지던 전통시기의 빙례가 현재 중국사회에서 '차이리彩禮'라는 이름으로 행해지고 있는 것도 혼인 성립의 조건을 역사적으로 추적할 필요성을 느끼게 한다.

　　전통시기 혼인이 성립하기 위한 요건은 '혼서'와 '빙례'를 갖추는 것이었다. 혼인은 예에 기반을 둔 사회적 규범이었다. 혼인이 예에 기초한 사회적 규범이나 관습이 아닌 법의 형식으로 수렴된 것은 당률에서 처음이었다.[1] 그러나 당률 역시 '예'에 기초를 둔다고 규정하고 있다. 당률의 모든 규정은 전통적 예교론에 근거를 두고 있는 유가의 법전이었고, '예교'가 곧 입법의 원리'였다. 이러한 사고에서는

---

1) 張晉藩 주편, 한기종·김선주·임대희·한상돈·윤진기 옮김, 『중국법제사』, 소나무, 2006, p.444.

법률은 예의 부족을 보충하는 데 의미가 있었다. 따라서 당률은 예와 율의 양면적 성격을 띠고 있었다. 이는 고대 중국법의 사상과 제도적 측면의 일반적인 특징이기도 하다. 예에 의한 교화를 우선시하고 법률은 이를 보완하기 위한 수단으로 간주되었던 것이다.[2]

이에 따라 당대唐代에 율령체제가 갖추어지면서 혼인법은 예와 율로 이원화되었다.[3] 즉 강행 법규로 시행될 만한 중요한 내용은 율이나 령으로 규정하고, 이를 위반한 자에 대해서는 엄격한 형벌로 다스렸다. 예를 들어 양민과 천민의 혼인과 같은, 국가 통치이념이나 신분질서에 반하는 중요한 규정을 위반했을 때는 율령에 따라 엄격한 형벌을 가했다. 대신 덜 중요한 세부적인 내용과 형식 등은 민간의 일반 풍속에 맡겼다. 마찬가지로 혼인 절차나 방식도 '예'의 형식에 따라 민간의 풍속을 따르게 했다.

그런데 '예'는 인간의 행동을 규제하는 행위규범이라는 점에서는 법률과 다르지 않았다. 법률은 국가권력에 의해 추진되는 것이고, 예는 어떤 권력기구를 필요로 하지는 않지만 이러한 규범을 유지하도록 만드는 것이었다. 페이샤오퉁費孝通은 중국과 같은 숙인熟人사회에서 '예'는 사회질서를 유지하는 핵심 기제이고, 계속해서 이것을 지속하게 만드는 그것이 바로 '전통'이고 '관습'이라고 했다. 즉 사람들이 예를 따르는 것은 주동적인 행위라는 것이다.[4] 따라서 관련 법이 없는

---

2) 한기종, 「唐律에 있어서의 禮와 法」, 『경남법학』 21(2006), p.148.; 張晉藩, 「唐律中的禮法關係」, 『人民法治』, 2019-13, p.56; 김상범, 「淸末의 法律改革과 禮・法論爭」, 『역사문화연구』 27(2007), pp.225-227.

3) 김지수, 『中國의 婚姻法과 繼承法』, 전남대학교출판부, 2003, p.49.

4) 페이샤오퉁 저, 장영석 옮김, 『鄕土中國』, 비봉출판사, 2011, pp.100-110; 梁治

한, 집단에서 관습이 되어버린 '예'는 법과 같은 효력을 발휘했다. 이는 예법을 넘어서 하나의 실행법이었다고 해도 과언이 아니었다.

예의 속성은 의식이 번잡하고 신분에 따라 등급이 엄격하다는 것이 특징이다. 따라서 예의 성립은 최소 사대부 이상의 귀족계층을 위한 것일 뿐 민간에게는 미치지 않았다. "예禮는 서인庶人에 미치지 않고, 형刑은 사대부에 이르지 않는다"는 것은 이를 두고 하는 말이었다. 혼인의 예는 납채納采(정식 혼인 신청), 문명問名(여자의 사주팔자를 물음), 납길納吉(약혼), 납징納徵(혼인 예물을 보냄), 청기請期(혼인날짜 결정), 친영親迎(여자를 맞이함, 즉 혼인식)의 6례에 의해 진행되었다. 예가 서민들에게서 행해지지 않았던 점을 안타깝게 생각했던 송대의 주자朱子는[5] 민간에서도 보편적으로 실행할 수 있는 실용적인 예를 재확립하고자 했다. 이를 위해 완성한 것이 바로 「주자가례」이다. 「주자가례」의 보급으로 번잡하고 난해한 예가 간소화되어 민간에 보급되었다. 여섯 차례의 복잡한 예로 구성되어 있던 6례의 혼인 절차도 간소화되어 3례(납채, 납징, 친영)가 행해졌다.

분가할 때 분서가 작성되는 것처럼 혼인할 때는 혼서가 작성되었다. 혼서는 혼인할 때 '예'의 실천과정을 문서화한 것이다. 따라서 혼

平, 「從"禮治"到"法治"」, 『開放時代』, 1999-1, pp.79-80.

5) 주자는 형이상학의 이학체계를 완성한 사람이지만, 한편으로 그가 관심을 두었던 것은 하늘의 이치가 어떻게 사람과 연결되며 천리가 어떻게 세속적 사회에 관여하고 있는지에 관한 것이었다. 그가 예에 주목했던 것도 천리와 인간사를 연결시켜주는 가장 강력한 수단이 예라고 보았기 때문이다. 朱杰人, 「朱子家禮之婚禮的現代實驗」, 『博覽群書』, 2010-12, p.22. 이는 주자가 「주자가례」를 완성하여 민간에도 예를 보급시켰던 이유이기도 하다.

서는 원래 계약의 의미를 가진 '합동合同'의 형식을 취하지는 않았다. 명칭도 혼서에는 '계契'가 아니라, '계啓', '간柬', '첩帖' 등의 용어가 사용되었다.[6] 당시 토지매매, 계약, 분가, 대차 등 사회경제 활동에서 계약의 형식인 합동合同을 사용하는 것이 보편적이었지만, 예에 기반을 둔 혼서는 계약의 형식을 따르지는 않았다.

혼서는 남녀 양가의 가장 간에 작성되었다. 이는 가장에게 주혼권이 있다는 의미로, 혼인의 목적이 당사자들만의 개인적인 행위가 아니었기 때문이다. 따라서 혼인은 혼인 양가 간에 일정한 절차와 과정을 통해 성립되었다. 6례의 규범에 부합하는 혼서를 '예서禮書'라고 하는데 전통 혼인의 예서는 한 번에 완성되는 것이 아니었다. 예를 들어 납채할 때 남녀 양가에서 주고받는 청혼서와 답혼서가 일종의 예서이고, 납징할 때 신랑집에서 보내는 빙례 목록과 신붓집에서 보내는 장렴 목록이 모두 예서, 즉 정식 혼서에 속한다.[7] 그러나 민간의 혼서는 반드시 이러한 양식에 부합하지는 않았다. 오히려 혼인 당사자의 사주팔자를 적은 초팔자草八字, 경慶, 첩帖 등 간단한 양식의 문서를 먼저 주고받고, 나중에 정식 혼서를 작성하여 이것과 교환하는 경우가 많았다.[8] 따라서 혼서는 예를 갖춘 정식 혼서에서부터 민간사

---

6) 滋賀秀三, 『中國家族法の原理』, 創文社, 1981, p.470.

7) 郭松義, 定宜莊, 『淸代民間婚書硏究』, 人民出版社, 2005, pp.1-13. 6례에 부합하지 않거나 합법적이지 않은 혼인에서도 혼서라는 명칭의 문서가 작성되었지만, 이러한 혼서에는 대체로 권리 양도의 성격 등 계약의 특징이 나타나 있고, 심지어는 매매의 성격도 농후했다. 王躍生, 「婚書的功能及其演變」, 『中國圖書評論』, 2007-6, p.46.

8) 이러한 경향은 『民事習慣調査報告錄』에 잘 나타나 있다. p.615, p.737, p.739, p.744, p.747, p.757 등이다.

회의 약식 혼서까지 다양하게 사용되었다. 분명한 것은 민간사회에서도 혼인할 때 혼서를 사용하여 문서화하는 것은 하나의 보편적인 관습으로 자리잡았다는 것이다. 이러한 경향은 민국시기에도 지속되었다.

혼서 외에 혼인이 성립하는 데 또 하나의 중요한 조건이 있었다. 납징할 때 빙례聘禮(聘財)'를 갖추는 것이었다. 빙례는 신랑집에서 신붓집에 보내는 일종의 예물이었다. 빙례는 빙재聘財, 채례彩禮 등 여러 용어로 불렸다. 빙례에 대한 법적 규정은 「당률소의」에서 확인할 수 있다. 「당률소의」에는 "혼례는 우선 빙례로 신信을 삼는다", "그 다소多少의 제한은 없다"고 하고 있다.[9] 빙재를 보냄으로써 해당 혼사의 성사 여부가 보증된다는 의미이다. 그런데 이 빙례는 민간에서 상당히 중시되었다. 표면적으로는 예에 기반한 혼서가 중시되었지만, 그 실제 내용을 들여다보면 빙례가 혼서보다 더 중요시되었다고 해도 과언이 아니었다. 이러한 상황은 민국시기에도 예외가 아니었다.

예를 기반으로 했던 혼서는 이미 명청시기에 이르러 계약적인 성격이 농후해져서 합동의 형식을 취하기도 했다.[10] 혼인에서 빙례가 차지하는 비중이 상당히 중요해졌기 때문에 이를 확실하게 보증받기 위해서였다. 빙례의 규모가 커지는 현상은 이미 송대에도 발생했고

---

9) 岳純之 點校, 『唐律疏議』, 上海古籍出版社, 2013, p.213.

10) 郭松義, 定宜莊, 『淸代民間婚書硏究』, 人民出版社, 2005, p.102. 청말 閩東 지역에서는 혼서의 작성이 빙례단 위주가 되었고 점차 간략화 되었다. 周正慶, 「淸末民初閩東民間婚書的演變及原因初探 - 以新發現民間婚書爲中心」, 『嶺南學報』, 2019-2, p.112. 혼서에 빙례 물품 목록이 들어가는 경우, 첩이나 데릴사위 등을 들이는 경우에는 계약의 형식을 띠었다.

이에 상응하는 신부의 장렴粧奩 규모도 커지게 되어 사회적인 문제가 되었다.[11] 이러한 현상은 명청시기에 상업이 발달하고 사회경제적인 변동이 극심해지면서 더욱 확대되었다. 특히 명청시기는 '소송사회' 였다고 할 만큼 소송이 빈번하게 발생했다.[12] 여기에는 혼인, 토지매매, 분가, 대차 등 재물과 관련되는 것이 적지 않았다. 이는 분쟁이 사회경제적인 변화와 깊이 관련되어 있었다는 것을 의미한다. 더욱이 토지田地, 가옥房宅을 둘러싼 갈등은 인민의 생계에 직접적으로 관련되었기 때문에 대부분 '죽기살기식' 쟁의로 발전되었다. 여러 세대에 걸친 소송도 적지 않았다. 이러한 현상은 혼인에서도 나타나 혼인에 앞서 재산부터 따지는 '논재論財'의 풍토를 낳았다. 휘주를 예로 들면, 휘주는 예로부터 문벌을 중시하는 전통이 있었고 재물을 탐하는 것을 부끄럽게 여기는 풍속이 있었다. 그러나 '혼인에서 재물을 논하는'嫁娶論財 관습은 날로 커져 여자 가정이 딸의 배우자를 고를 때는 재부와 상업적 이익이 중요한 요소가 되었다.[13] 이는 '예禮' 의 요소보다 '이利'의 요소가 부단히 팽창했다는 것을 의미한다.[14]

빙례가 이렇게 중요하게 된 것은 바로 정혼제도 때문이었다. 중국

---

11) 이브리의 연구는 송대의 혼인에 대해 많은 것을 시사하고 있다. 중국인에게 혼인이 무엇인지 송대사회에서 혼인이 어떤 위치를 차지하는지 혼인과 사회경제의 변천과 발달이 어떤 관련성을 갖는지, 특히 여성이 결혼할 때 가져가는 粧奩에 대해 자세히 밝히고 있다. P.B.이브리 저, 배숙희 역, 『송대 중국여성의 결혼과 생활』, 한국학술정보(주), 2009 참조.

12) 오금성 외 지음, 『명청시대 사회경제사』, 이산, 2008, p.150.

13) 唐力行, 『明淸以來徽州區域社會經濟硏究』, 安徽大學出版社, 1999, pp.3-9; 朱琳, 「明淸徽州婚姻彩禮略述」, 『黃山學院學報』, 2005-5, p.14.

14) 郭松義, 定宜莊, 『淸代民間婚書硏究』, 人民出版社, 2005, p.80.

의 전통 혼인에서는 혼례를 행하기 전에 미리 정혼을 해두는 관습이 보편적이었다. 일단 정혼을 하면 정식 혼례를 올리기 전까지 해당 양가는 다른 가정과 정혼을 할 수 없었다. 이는 법으로 금지된 규정이었고, 정혼의 철회는 법률의 처벌 대상이었다.[15] 따라서 신랑집에서 신붓집에 얼마간의 예물을 보내는 빙례는 정혼의 구속력을 증대시키는 행위였다. 빙례는 다과를 불문하고 정혼의 필수적인 과정이었으며 일정하게 공시公示하는 작용을 했다. 정혼에서 정식 혼인까지 길게는 몇 년이 걸리기도 했기 때문에 빙례는 그 기간 동안 혼서보다 더 강력한 증거로서 상대방을 구속하기 위한 것이었다. 빙례는 정혼 성립의 증거라기보다는 정혼에 대한 신랑측의 계약 이행이라는 측면이 강했다.[16] 그러므로 빙례는 그 다과를 다투는 것이 중요한 것이 아니라 최소한 법률적인 절차상의 의미가 컸다.[17] 다만 빙례의 시행과정은 지역마다 각 가정마다 형편에 따라 상황에 따라 달리 진행되었다. 지역적으로 차이가 많고 관련 용어도 상당히 다양한 것이 특징이다.

이상의 혼서와 빙례에 대한 통일적인 법규정이 「당률소의」에서 처음 나타난 이후, 이를 위반했을 때의 형벌 규정이 조금씩 바뀌었을 뿐 송, 명, 청대에도 거의 동일한 법 조항이 지속되었다.[18] 예컨대

---

15) 『唐律疏議』에 "若更許他人者, 杖一百, 已成者, 徒一年半. 後娶者知情, 減一等. 女追歸前夫. 前夫不娶, 還娉財, 後夫婚如法"이라고 규정된(上海古籍出版社, 2013, p.214) 이래 역대 법률에도 동일한 규정을 두었다.

16) 滋賀秀三, 『中國家族法の原理』, 創文社, 1981, pp.470-471.

17) 王褘茗, 「傳統中國聘財制度的法文化－以唐律疏議爲中心」, 『南昌大學學報』, 2015-6, p.110.

18) 岳純之 點校, 『唐律疏議』, 上海古籍出版社, 2013, p.213; (宋)竇儀等 撰, 『宋刑統』, 中華書局, 1984, pp.212-213.

청의 법률인 「대청률례」 호률에는 혼인 성립요건을 다음과 같이 규정하고 있다.

> 남녀는 정혼 초에 (혼인 당사자의) 장애, 질병, (연령상의) 늙고 어림, (신분상의) 서출, 동종의 과방過房, 이성異姓의 걸양乞養(양자) 등 각종 사항을 명백하게 통보하여 인지해야 하고, (그럼에도) 원하는 자는 혼서를 작성하고 예에 의거하여 빙처聘嫁(처를 맞이함)해야 한다. 만일 혼서를 이미 보고했거나 사약私約을 맺은 자가 혼인을 철회하고자 하면 (여가女家의 주혼인을) 태형笞刑 50대에 처한다. 비록 혼서가 없어도 빙재聘財를 받은 자 역시 동일하다.[19]

그것은 혼인관계를 맺을 때는 혼서를 작성하여 구비해야 한다는 것, 빙례를 행하는 것도 동일한 효력이 있다는 것이다. 요지는 남녀 쌍방의 가장은 혼인 당사자의 신체, 신분 등 여러 상황을 숨기지 않고 상대방에게 알려야 하며 혼서의 작성은 양가 스스로가 원한 것임을 관부에 표명해야 한다는 것이다. 민국시기 전반기의 현행법이었던 「대청현행률」에도 이와 동일하게 규정되어 있다.[20] 즉, 민국시기 전반기에도 법적인 혼인 성립요건은 여전히 '혼서'와 '빙례'였다. 1915년 대리원 판례에서도 "이 둘 중 하나는 갖추어야 혼인이 성립되며, 그렇지 않으면 이미 성혼했다 해도 법률상 혼인의 효력은 발생하지 않는다"고 판결하고 있다.[21]

---

19) 上海大學法學院, 『大淸律例』, 天津古籍出版社, 1993, p.217. 괄호 속 내용은 필자가 넣은 것이다.
20) 懷效鋒 主編, 『淸末法制變革史料』(下卷), 中國政法大學出版社, 2010, pp.306-307.

또한 혼인 과정에는 반드시 중매인을 두어야 한다는 것이 당률에 명시된 이래[22] 역대 왕조의 법률에서 규정되었다. 이후 이것은 혼인 성립을 위한 또 하나의 법적 요건으로 민간에 인식되었다. 중매인은 매작媒妁, 매인媒人, 매증媒證 등으로 불렸다. 중매인의 용도는 빙례처럼 양가의 타협을 필요로 하는 일, 양가의 사정을 알리는 일, 빙례를 교부하는 일 등의 역할이었다. 부유한 가정이나 명문가에서는 혼서, 빙례, 중매인 이 세 가지를 다 갖출 것을 요구했다. 그러나 중등 이하 가정, 가난한 가정에서는 셋 중 혼서 없이 중매인의 소개와 빙례만 있으면 혼인이 성사되었다.

혼서 없이 빙례만 행하는 경우 중매인의 역할이 커진다. 중매인을 통해 약간의 빙례를 행함으로써 상대방의 혼인 의사를 확인하는 과정을 거치는 것이다. 혼인할 때 중매인에 의지하는 민간의 심리를 결정적으로 보여주는 것이 바로 공첩空帖의 교환이었다. 공첩은 아무 글자가 쓰여있지 않은 공백의 홍첩紅帖을 말한다. 중매인의 말에 전적으로 의지하는 이러한 관습은 향간에 식자가 적고 혼서를 구하는 것이 어려운 지역에서 '무자 홍첩無字紅帖'을 교환하는 것으로 증거를 삼았다. 산서성 방산현方山縣에서 이러한 관습이 보고되어 있다.[23] 산서성 석루현石樓縣에서는 일시에 빙례할 돈이 없는 경우, 중매인의 보증으로 공백 홍첩을 보내고 중매인으로 하여 대신 재례財禮를 교부

---

21) 上字 第1514號(1915), 郭衛, 『大理院判決例全書』, 成文出版社, 1972, p.228.
22) 『唐律疏議』를 비롯한 역대 왕조의 법률에는 "爲婚之法, 必有行媒"(『唐律疏議』, 上海古籍出版社, 2013, p.214)라고 규정되어 있다.
23) 前南京國民政府司法行政部編, 『民事習慣調査報告錄』, 中國政法大學出版社, 2005, p.666.

하게 하고, 나중에 공첩을 회수하여 혼첩으로 교환한다고 보고하고 있다.[24] 빙례가 마치 대출의 수단처럼 사용되기도 했다는 것이다.

이상을 정리하면 법률에서는 혼서 작성을 혼인 성립의 첫 번째 조건으로 규정했지만, 민간에서는 실제적으로 혼서보다는 중매인의 말과 빙례가 혼인 성립의 중요한 요건이었다. 민간에서 속칭 혼인은 '부모의 명과 중매인의 말父母之命, 媒妁之言'에 의해 성사된다는 말이 있는데[25] 이를 두고 하는 말이었다. 즉 혼인은 여전히 예의 이름 하에 행해졌지만 실제로는 빙례가 혼서보다 중요성을 띠었다. 주로 중하류 가정 혹은 빈한한 가정에서 그러한 경향이 더욱 두드러졌다. 현금을 주고받는 것은 매매혼처럼 보일 수 있기 때문에 명문 가정에서는 부끄럽게 여기는 행동이었다. 그러나 이에 대한 반응도 지역마다 일정하지 않았다. 산동성 평원현平原縣에서는 정혼할 때 의복이나 장신구衣飾만을 사용했고 현금錢財으로는 하지 않는데, 아무리 가난해도 정혼하면서 재물을 받는 것을 부끄럽게 여겼기 때문이라는 것이다.[26] 반면, 빙재를 다하지 않으면 '신부를 데려가는 것'迎娶이 불가능한 지역도 있었다. 흑룡강성 태래현泰來縣, 산서성 하곡현河曲縣에서는 빙재를 하지 않으면 여가女家는 영취迎娶를 거절할 수 있다고 보고하고 있다.[27] 이러한 관습은 '비루하지만 엄히 금해도 피할 수 없다'고

---

24) 『民事習慣調査報告錄』, p.668. 이밖에 공첩을 보고하고 있는 지역은 안휘성 蒙城縣(p.703), 섬서성 乾縣, 咸陽縣(pp.802-803), 섬서성 扶風縣, 乾縣(p.816) 등이다.

25) 王躍生, 「婚書的功能及其演變」, 『中國圖書評論』, 2007-6, p.46.

26) 『民事習慣調査報告錄』, p.658.

27) 『民事習慣調査報告錄』, p641, p.669.

보고하고 있다.

　그렇다면 민간에서는 왜 그렇게 빙례(빙재)를 중시했던 것일까. 여기에는 민간의 경제적인 요인이 상당히 컸다. 혼인 분쟁은 많은 부분이 빙례와 관련이 있었다. 빙례나 빙금은 자신들의 재산상황에 비해 규모가 컸고 평생 큰돈을 만져볼 수 없는 농촌 생활에서 경제적으로 큰 역할을 했기 때문이다.[28] 빙례가 민간에게 얼마나 중요한 것이었는지 알려주는 하나의 단서가 있다. 정혼과 정식 혼인 사이에 시간적인 간격이 있기 때문에 정혼을 한 후 아직 정식 혼인을 하지 않은 상태에서 혼인 당사자가 사망하는 경우가 발생하기도 했다. 이럴 때 보편적인 처리 방식은 신랑이 사망하면 신부측이 받은 빙례의 반을 신랑집에 환불하고, 신부가 사망하면 받은 빙례를 반환하지 않고 그대로 이 혼사를 끝내는 것이다. 민간에서는 이를 속칭 "남자가 죽으면 반을 환불하고, 여자가 죽으면 환불하지 않는다男死退一半, 女死全不換"라고 칭했다. 남자가 죽으면 반을 환불해야 한다는 규정은 암묵적인 의무조항으로 전해지고 있다.[29] 전국적으로 적지 않은 지역에서 이러한 관습이 보고되어 있다. 이러한 관습을 보고하고 있는 현은 안휘성 흡현歙縣, 당지현當池縣, 이현黟縣, 섬서성 위남현渭南縣 등이며,[30] 절강성 선평현宣平縣에서도 보편적으로 행해졌다. 선평현에서

---

28) 손승희, 「민국시기 혼인 성립요건의 변화 - 婚書를 중심으로」, 『중국근현대사연구』 90(2021), p.110.

29) 산서성 襄陵縣에서는 그 반대의 경우, 즉 신랑이 죽으면 여가가 환불하지 않고 신부가 죽으면 남가에 반을 환불한다고 보고하고 있다. 『民事習慣調査報告錄』, p.673.

30) 歙縣, 當池縣(p.695), 黟縣(p.702), 渭南縣(p.819), 모두 『民事習慣調査報告

는 이러한 관습이 이미 통용된 지 오래되어 그 유래를 알 수 없다고 보고하고 있다. 따라서 이 관습은 선평현 전역에서 용인되며 그 효력은 중등 이하의 가정에서 일반적으로 통용되어 이미 제도화되었다는 것이다.[31]

사실 예에 의하면, 남녀를 불문하고 혼인 전에 혼인 당사자가 사망하게 되면 이미 교부한 빙재는 돌려받지 않는 것이 관례였다.[32] 남의 가정의 불행을 보고도 돈을 환불하고자 하는 것은 사람의 도의가 아니라고 생각했기 때문이다.[33] 그러나 지역이나 가정의 사정에 따라 환불을 요구하는 경우도 많았다. 중하층 가정은 일상적인 빈곤에 시달렸기 때문이다. 미혼 신랑의 죽음도 슬픈 일이지만 이로 인해 정혼의 빙금을 잃게 되는 것은 가정의 재정상 '무한 고통'을 유발하는 일이었다.[34] 따라서 신부 가정이 받은 빙금을 신랑 가정에 돌려주는 것은 관습화되어 있었다. 해당 미혼 신부는 미혼 신랑이 사망했더라도 다른 남성과 정혼을 하고 다시 빙재를 받을 수 있기 때문이다. 전액이 아니라 반액만 반환하는 것은 나머지 반은 일종의 피해보상

錄』에 수록.

31) 『民事習慣調査報告錄』, p.721. 절강성 孝豊縣(p.735)에서도 이러한 관습이 보고되어 있다.

32) 「대명률」 대명령에도 규정되어 있다. 懷效鋒點校, 『大明律』 大明令, 遼瀋書社, 1990, p.239.

33) 흑룡강성 龍鎭縣에서는 남녀가 혼인 전에 사망했을 때 재례 반환에 대한 일정한 관례는 없지만 대체로 반환하지 않는다고 보고하고 있다. 그 이유는 이미 빙례를 받아 結親의 인연을 맺었는데 한쪽이 사망했다고 해도 그 親誼는 존재하는 것이며, 상을 당한 가정을 생각하면 이런 논쟁을 하는 것은 義가 아니라고 보았기 때문이다. 『民事習慣調査報告錄』, p.633.

34) 『民事習慣調査報告錄』, p.735.

의 의미였던 것으로 보인다. 그러나 반대의 경우, 즉 미혼 신부가 사망하면 미혼 신랑 가정은 이미 보낸 빙재를 돌려받지 않는 것이 일반적이었다. 왜냐하면 미혼 신부의 죽음으로 인해 신부 가정은 이제 어디에서도 다시 빙재를 받을 수가 없기 때문이었다. 빙재가 당시 민간에게 얼마나 중요한 역할을 했는지 짐작하게 하는 대목이다. 빙재는 단지 해당 혼인으로 끝나는 것이 아니라 해당 가정의 중요한 수입원이나 다름이 없었기 때문이다.[35]

중하층 가정에서는 빙재를 받아 사업 자금으로 쓰기도 하고 생활비로 쓰기도 했다. 따라서 빈곤에 시달리고 자금조달이 어려운 농촌 가정에서는 빙재를 통해 얼마간의 빈곤에서 탈피하고자 하는 경향이 있었다. 가난한 가정은 이 빙재에 의지하여 생을 도모했으며,[36] 그 가정의 남자는 왕왕 늙을 때까지 아내를 맞이할 수 없는 경우도 발생했다. 따라서 하남성 영보현靈寶縣에서는 아들을 낳는 것보다 딸을 낳는 것을 더 환영하는 것이 관습이 되었다고 보고하고 있다.[37]

---

35) 손승희, 「민국시기 혼인 성립요건의 변화 - 婚書를 중심으로」, 『중국근현대사 연구』 90(2021), p.111.
36) 딸의 장렴을 준비할 능력이 안 되는 가난한 가정에서는 남자 가정에서 받은 빙재를 가지고 장렴을 준비하기도 했고, 심지어는 해당 가정의 아들 혼인비용으로 충당하기도 했다. 王躍生, 「婚書的功能及其演變」, 『中國圖書評論』, 2007-6, p.48.
37) 『民事習慣調査報告錄』, p.653.

09 꽃가마 타고 오는 처, 계약서 쓰는 첩

　예로부터 중국의 혼인법은 신분질서를 유지하고 국가의 기강을 확립하기 위한 중요한 규정이었다. 중화인민공화국의 첫 법률인 「혼인법」도 사회주의 중국의 통치이념을 관철시키고 국가의 기강을 확립할 목적으로 제정되었던 것은 결코 우연이 아니다. 이미 1930년 국민당의 남경국민정부는 「민법」 친속편을 제정하여 축첩의 금지를 입법화했다. 그러나 실제 소송판결에서는 이를 묵인했기 때문에 공산당으로부터 비판을 받아왔다. 남경국민정부 사법부는 공식적인 해석에서 "첩을 취하는 것은 결코 혼인이 아니므로 중혼이라고 할 수 없다"는 입장을 선언함으로써 축첩은 이혼 사유가 되지 않는다고 보았던 것이다.[1]

　1950년 5월 1일 공포된 중화인민공화국의 「혼인법」에서는 혼인·이혼에서 남녀의 평등과 결혼 당사자의 의사가 존중되었고, 축첩제도나 전족, 조혼 등 악습의 폐지가 명기되었다. 「혼인법」이 발표되기 얼마 전인 1949년 9월에 통과된 '중국인민정치협상회의 공동강령' 속에는 이 「혼인법」의 기본방침이 드러나 있다. 즉, "중화인민공화국

---

1) 김지수, 『중국의 婚姻法과 繼承法』, 전남대학출판부, 2003, p.58.

은 부녀자를 속박하는 봉건제도를 철폐한다. 부녀자도 정치, 경제, 문화, 교육, 사회의 각 방면 생활에서 모두 남자와 평등한 권리를 가진다. 남녀 혼인의 자유를 실행한다"(공동강령 제6조)[2]는 것이다. 인구의 절반인 여성들도 산업일꾼으로서 독립적인 주체로서 남녀평등권을 명시한 이 「혼인법」은 당시로서는 매우 급진적이었다.

그러나 1990년대 등장하기 시작한 '바오얼나이包二奶' 현상은 어딘지 낯설지가 않다. '바오얼나이'는 배우자가 있는 남성이 금전이나 물질로 혼외 이성을 두거나 동거하는 행위를 속칭하는 말이다. 1990년대 중국 광주廣州에서 처음 등장한 이 새로운 용어는 '현지처' 혹은 '현대판 첩' 정도로 번역할 수 있다. 광주 일대에서 유행하기 시작하던 이 현상은 어느새 전국적으로 퍼져나갔다. 이것은 개인의 일탈이라고 하기에는 특정 부류의 사람들에게 하나의 유행처럼 번졌고, 그들이 동경하는 하나의 생활방식이 되었다는 점에서 심각성을 더했다. 심지어는 바오얼나이를 두는 것이 공공연히 사회적으로 '성공한 남자의 상징'처럼 되어 버렸기 때문이다.[3] 물론 그것은 분명히 「혼인법」에 어긋나는 불법적인 행위이다.

이러한 현상에 대한 대응으로 2001년 개정 「혼인법」에서는 '중혼重婚 금지'가 법적으로 명기되었다. 바오얼나이를 형법으로 다스려야 한다는 주장까지 제기되었다.[4] 그러나 그럼에도 불구하고 이후 바오얼나이 현상은 사라지지 않았고 지속적인 혼인분쟁으로까지 이어졌

---

2) 김지수, 위의 책, p.78.
3) 王保成, 「"包二奶"現象淺析」, 『當代法學』, 2001-3, p.30; 萬志鵬, 李增偉, 馮少輝, 楊岩峰, 「論"包二奶"應作爲重婚罪」, 『湘潭師範學院學報』, 2009-5, p.7.
4) 萬志鵬, 李增偉, 馮少輝, 楊岩峰, 위의 논문, p.8.

다.[5] 바오얼나이 현상이 중국 전통시기의 첩에서부터 유래했다는 것은 의심할 바 없다. 사회주의 중화인민공화국 성립 이후 역사의 무대에서 사라졌던 수많은 중국의 전통들이 개혁개방 이후 다시 부활하는 경우가 적지 않은데, 바오얼나이도 그중의 하나라고 할 수 있다. 다만 전통사회의 첩과 현재의 바오얼나이가 혼외의 배우자라는 점은 공통적이지만, 그 발생 원인이나 이들에 대한 사회적, 법적 인식은 다르다.

중국의 전통 혼인제도는 실제로 '일부다처'도 가능했지만, 법은 현재와 같이 엄연히 '일부일처'를 규정하고 있었다. 중국 법률의 근간인 당률에는 '일부일처'의 부부제도는 '바꿀 수 없는不刊 제도'라고 명기하고 있다. 남편은 해, 아내는 달에 비유되어 가정의 근간이 되었다. 달이 둘일 수는 없는 것이었다. 그렇다고 첩의 존재를 인정하지 않았던 것은 아니었다. 첩은 뭇별에 비유되었고 남성은 자유롭게 첩을 둘 수 있었다. 이는 첩이 중국의 전통 가족제도에서 필요불가결한 존재였다는 방증이다. 중국의 전통가정에서 여성은 남성에 비해 천시되었고, 여성 속에서도 처와 첩은 다른 신분, 다른 법적 지위를 가지고 있었다. 그렇다면 처와 첩은 얼마나 다르고 어떻게 구분되었을까.

우선 처와 첩이 한 집안에 들어오는 과정부터가 달랐다. 처는 정혼을 한 정실 아내였지만 첩은 한낱 노예와도 비슷한 처지였기 때문이

---

5) 바오얼나이 현상은 보편적인 사회 도덕규범을 해하고, 고위 간부들의 부패와도 연결되는 경우가 많았다. 또한 혼인가정 분쟁의 한 원인이 되고, 여기서 태어나는 자녀는 당시 국가의 계획생육에도 위배되었다. 董倩, 「"包二奶"問題的法律思考」, 『法制與社會』, 2010-2, p.81.

다. 처는 남자 집안에 시집을 올 때 꽃가마를 타고 온다. 꽃가마는 온통 홍색으로 장식을 하고 4인 혹은 8인의 인부가 들게 되어 있다. 꽃가마 주변에서는 북을 치고 나팔을 불고 요란한 소리를 내며 행진을 했기 때문에 누가 보더라도 시집가는 꽃가마 행렬이라는 것을 알 수 있었다.[6] 이런 식으로 남편 집에 들어가는 것은 여자가 정당하게 그 아내의 신분을 얻었음을 나타내는 것이었다. '꽃가마'는 예로부터 신부를 신랑집으로 데려오기 위해 사회적으로 통용되던 정당한 방법이었다. 1940년대 일본 만철주식회사의 화북지역 현지조사 결과물인 『중국농촌관행조사』에서도 혼인을 할 때 다른 비용은 다 줄이더라도 꽃가마에 태워 신부를 데려오는 것은 반드시 행해졌다고 보고하고 있다.[7]

그런데 첩은 이 꽃가마를 타고 올 수 없는 존재였다. 첩을 들일 때는 예를 갖추지 않았다. 다시 말하면 혼인의 여러 절차와 의식 즉 납채, 문명, 납길, 납징, 청기, 친영의 6례를 행하지 않았다. 『예기』 내칙內則의 말을 빌리면 "예를 갖추어 맞아들이면 아내가 되고, 예를 갖추지 않고 들이면 첩이 된다"聘則爲妻, 奔則爲妾는 것이다.[8] 「당률소의」에는 "처가 있는데 다시 처를 얻는 자는 도형 1년에 처한다"거나 "처로 첩을 삼거나 노비로 처를 삼는 자는 도형 2년에 처한다"는 규정을 두었다.[9] 처와 첩의 명분은 확연히 달랐기 때문에 만약 처를 첩으로 삼고 첩을 처로 삼는 일이 있다면 처벌대상이 되었다.[10]

---

6) 滋賀秀三, 『中国家族法の原理』, 創文社, 1981, p.473-474.

7) 滋賀秀三, 위의 책, p474.

8) 滋賀秀三, 위의 책, p.554.

9) 岳純之 點校, 『唐律疏議』, 上海古籍出版社, 2013, p.215.

심지어 첩은 계약의 관계였다. 중국은 일상생활에서 중요한 법률적 행위를 할 때 계약서를 쓰는 관습이 널리 퍼져 있었다. 토지를 매매할 때, 분가할 때, 양자를 들일 때, 데릴사위를 들일 때 등등, 첩을 들일 때도 마찬가지였다. '처'를 맞이할 때 작성되는 증서를 '혼서'라고 하는데 혼서는 예에 기반하고 있다. '첩'을 들일 때도 '혼서'라는 동일한 명칭의 문서가 작성되었지만, 실제로는 계약과 다름이 없었다.[11] 민국시기의 대리원 판례에서도 "가장과 첩의 관계는 부부관계로 논할 수 없다. 대개 첩을 들이는 것은 일종의 무명계약이다"라는 판례가 있다.[12] 첩을 들일 때는 계약을 하며, 정식의 혼인과는 성질이 다름을 명기하고 있는 것이다.

첩은 때로는 매매할 수 있는 존재였다. 당송시기에는 이미 첩을 들이는 과정에서 계약적인 특징이 농후해졌다. 송대의 첩을 들이는 과정은 노비나 비婢의 매매 방식과 다르지 않았기 때문이다. 노비를 매매할 때는 마치 상품을 거래하듯 아인牙人이라는 중개인이 있어 교역을 성사시켰는데, 첩을 들일 때도 정식 혼인의 중매인媒妁이 아닌 아인을 통해 계약을 했다.[13] 그런 의미에서 처와 첩은 원래 다른

---

10) 「대청율례」에도 동일한 조항이 있다. 즉 "처를 첩으로 삼는 자는 곤장 100대이며, 처가 있는데 첩을 처로 삼는 자는 곤장 90대이고, 이를 바로 잡는다. 만일 처가 있는데 다시 처를 들이는 자는 곤장 90대이고, 나중에 취한 처는 귀종하게 한다." 上海大學法學院, 『大淸律例』, 天津古籍出版社, 1993, p.219.

11) 첩을 들일 때 작성하는 '혼서' 속에는 매매한다는 문구, 가격, 계약의 효력, 銀主(사는 사람) 등의 표현이 나타나 있다. 郭洁, 「論淸代妾的民事法律地位」, 『金華職業技術學院學報』, 2007-5, p.5.

12) 上字 第106號(1919), 郭衛, 『大理院判決例全書』, 成文出版社, 1972, p.211.

13) 최해별, 「당송시기 가정 내 妾의 位相 변화」, 『동양사학연구』 113(2010), p.137.

신분이었고 처음부터 구별이 되었다. 처인지 첩인지는 처음에 여성이 남편의 집으로 들어올 때부터 이미 결정되어 있었기 때문이다.

그러므로 첩을 들이는 행위는 혼인 개념에 포함되지 않았다. 첩을 일부일처의 범위에 넣을 수 없기 때문에 첩을 두는 것은 '중혼重婚'이 아니라는 주장이 논쟁이 될 때마다 되풀이되었던 것도[14] 그러한 이유에서였다. 첩은 원래 여자 노예에서 유래했다. 여자 노예 가운데서 주인의 총애를 받아 규방으로 불러들여지기도 했는데, 이런 경우에도 주인의 시중을 드는 일반 여자 노예와 동일하게 '첩'으로 불렸다. 한 명의 처를 제외하면 모두 첩으로 불렸던 것이다.

중국 전통가정의 규율이나 서열관계는 종종 복제服制로 표현되는데, 이는 가족이 사망했을 때 혈연관계의 친소에 따라 상복을 입는 규율이었다. 예를 들어, 첩은 남편이 사망하면 3년의 상복을 입고 적처가 죽으면 1년의 상복을 입으며, 남편의 맏아들 및 아들들이 죽으면 역시 차등적으로 상복을 입었다. 그러나 첩이 사망했을 때는 첩의 아들을 제외한 누구도 상복을 입지 않았다. 첩의 친생자만이 3년의 복상을 했을 뿐, 적처의 아들들은 상복을 입지 않았던 것이다.[15] 첩과 남편은 법률적으로나 사회적으로 유효한 혼인관계가 성립되지는 않았기 때문이다. 따라서 첩의 친정은 남편의 가정과 친척관계가 성립되지 않았다.[16] 이는 첩이 종족 중에서 공적인 지위를 갖지 못했다는

---

14) 중국의 친속법 심사과정에서 '첩 문제는 규정할 필요가 없다'는 견해와 '첩 제도는 마땅히 금지해야 한다'는 주장이 늘 대립되었다. 김지수, 『中國의 婚姻法과 繼承法』, 전남대학교출판부, 2003, pp.58-59.

15) 滋賀秀三, 『中国家族法の原理』, 創文社, 1981, pp.552-553.

16) 郭浩, 「論淸代妾的民事法律地位」, 『金華職業技術學院學報』, 2007-5, p.5.

유력한 증거이다. 다만 첩의 친생자는 개인적인 모자관계이기 때문에 모자관계의 복상을 했을 뿐이다.

또한 복제상에서 첩은 남편을 '지아비夫'가 아닌 '군주君主' 혹은 '가장家長'으로 불렀다. 즉 주인이라는 의미이다. 당률에서는 첩도 처와 더불어 남편을 지아비로 칭하고 있지만,[17] 복제는 전통적으로 내려오던 관습이었기 때문에 여전히 지아비가 아닌 군주로 칭했던 것이다. 이렇게 보면 법보다도 관습이 더 견고했다고 할 수 있다. 그러나 그렇다고 해서 첩이 불법적이거나 법 밖에 있는 존재는 아니었다. 첩도 남편과 제도적으로 결부되어 있던 존재였다. 따라서 첩도 남편에 대한 정조의 의무가 있고 남편이나 가정의 화목에 대한 아내로서의 의무가 있었다.

다만 첩 소생 자녀의 신분에 대해서는 명확하게 차별이 있었다고 말할 수는 없다. 명대의 「대명령大明令」 호령戶令에는 작위나 관직을 세습할 때는 적서의 구별이 있었지만, 가산과 토지 등 재산분할에서는 처첩 비생婢生을 불문하고 아들의 수대로 균분한다고 규정하고 있기 때문이다. 이후 이 규정은 역대 왕조에서 계속되었다.[18] 조선의 경우에 재산분할에서도 적서의 차별이 극심했던 것과는 차이가 있다.

그렇다면 첩은 왜 필요했던 것일까? 중국의 전통가정에서 '종조계승宗祧繼承'을 빼놓고는 말할 수 있는 게 많지 않다. 종조계승은 바로

---

17) 滋賀秀三, 『中国家族法の原理』, 創文社, 1981, p.558.

18) (宋)竇儀 等, 『宋刑統』, 中華書局, 1984, p.197; 懷效鋒點校, 『大明律』, 遼瀋書社, 1990, p.48, pp.238-239; 上海大學法學院, 『大淸律例』, 天津古籍出版社, 1993, pp.201-202; 懷效鋒主編, 『淸末法制變革史料』(下卷), 刑法·民商法編, 中國政法大學出版社, 2010, p.302.

중국 가족제도의 근간이었기 때문이다. 종조계승의 입장에서 보면 혼인을 하는 이유도 남자 자손을 보기 위한 것이고, 첩을 들이는 이유도 적처 소생의 아들이 없을 것을 두려워했기 때문이다. 전통시기에는 영아 사망률도 높았기 때문에 '제사를 지낼 건강한 아들'을 확보하는 것은 어느 종족을 막론하고 가장 중대한 일이었다.

이런한 인식은 법으로도 반영되었다. 송대의 법률 「송형통」에는 "령令에 의거하여, 5품 이상은 몸종媵을 둘 수 있고, 서인 이상은 첩을 둘 수 있다"는 규정을 두었다.[19] 명대의 「대명률」 호률에서는 첩을 들이는 조건이 규정되어 있다. "백성의 나이가 40살이 넘었는데도 아들이 없는 경우 비로소 첩을 들일 수 있다. 이를 위반하는 자는 태형 40대에 처한다"는 것이다.[20] 이 조항은 청대까지 이어지다가 1740년(건륭5년)에 와서 삭제되었다.[21] 이는 법 규정과 현실 사이에 이미 차이가 존재했음을 말해준다. 당시 민간에서는 40살이 넘지 않았는데도, 혹은 엄연히 아들이 있음에도 불구하고 첩을 들이는 일이 많았기 때문이다. 그들은 주로 고관이나 부유한 상인들이었는데, 이에 따라 법률도 그에 상응하여 바뀌었다고 할 수 있다.

1940년대 화북 농촌관행조사에 의하면, 당시에도 첩을 두는 경우가 있었지만 일반 농민들 사이에서는 그리 흔한 일은 아니었다. 또 대를 잇기 위한 목적이 아니라 일종의 사치로서 첩을 얻는 사람에 대해서는 사회적인 인식이 그리 좋지 않았다.[22]

19) (宋)竇儀等撰, 『宋刑統』, 中華書局, 1984, p.254.
20) 懷效鋒點校, 『大明律』, 遼藩書社, 1990, p.58.
21) 郭浩, 「論淸代妾的民事法律地位」, 『金華職業技術學院學報』, 2007-5, p.4.
22) 中國農村慣行調査刊行會編, 『中國農村慣行調査』(4), 岩波書店, 1955, p.65.

전통사회에서 대를 이어야 한다는 생각은 중국인들에게 절대적인 명제였고, 이를 실천하기 위해 방도를 강구하는 것은 그들의 존재 이유였는지도 모른다. 이러한 수천 년간 지속되었던 가치관과 의식은 중국사회를 견고한 남성 중심의 사회로 만들어 놓았다. 지금의 시각에서 볼 때 종조계승의 사고방식이 옳건 그르건 상관없이 당시에는 첩을 둘 수 있는 '명분'이 제공되었던 셈이다. 오랜 전통을 깨고 1930년 국민당에 의해 남녀평등의 근대 혼인법이 제정되었지만 이러한 남성 중심의 가치관과 의식은 사라지지 않았다.

　국민당 정권을 몰아내고 성립한 중화인민공화국은 건국 직후 「혼인법」부터 반포했다. 이 근대적 「혼인법」을 홍보하고 실행하기 위해 국가가 나서서 강력하게 혼인법 캠페인을 벌였다. 그 결과 축첩, 전족, 조혼 등의 전통적 악습은 역사의 무대에서 사라지는 듯했다. 그러나 국가와 사회의 경직성이 약화되고 개혁개방으로 인한 상대적인 자유로움 속에서 전통시기의 첩과 비슷한 양상이 일부 부유층에서 다시 고개를 든 것이다. 1가구 1자녀 정책 시행 이후 대를 이어야 한다는 종조계승의 의미가 퇴색되어 버린 현재의 중국에서, '바오얼나이' 현상이 부활했다는 것은 여전히 남성 중심의 사고방식이 사회 곳곳에 남아 있다는 증거일 것이다. 사회는 빠르게 변화하고 있지만 인간의 사고와 의식은 이를 따라가지 못하고 있는 것이다.

10 전통시기 기이한 혼인 형태
: 초췌招贅, 초부招夫

    중국 가족제도의 근간은 종조계승이었다. 중국 가족의 역사는 종조계승과 함께 시작되고 끝난다고 할 수 있을 정도로 '대를 잇는 것'은 전통시기 중국인들에게 가장 중요한 임무이자 역할이었다. 고대 중국인들은 사후에도 영혼이 존재한다고 믿었기 때문에 정기적으로 제사를 지내 동물의 피를 조상에게 바쳐야 한다고 생각했다. 이것을 혈식血食이라고 하는데, 죽은 자와 혈통관계에 있는 남자자손이 해야 한다는 것이다. 따라서 어떤 경우에도 아들을 낳아 조상에 제사하고 혈통으로 가계家系를 이어야 했다. 아들이 없는 경우에는 여러 방법이 동원되었다. 그중 하나가 초췌招贅 혹은 초부招夫라는 관습이었다. 양자는 모두 전통시기에 행해졌던 혼인의 한 형태이다. 전통시기에는 혼인의 목적 자체가 제사를 완성하고 가계를 잇는 것이었기 때문에, 이에 따라 여러 혼인 형태가 나타났던 것이다.

    초췌라는 것은 아들이 없고 딸만 있는 경우, 딸을 출가出家시키지 않고 데릴사위를 들이는 것이다. '췌贅'라는 것은 원래 인질을 의미했다. 집안이 가난하여 신붓집에 빙례를 제공할 수 없는 남자가 처가에 몇 년간 봉사를 한 후에야 처를 데리고 갈 수 있었던 일종의 복무혼이었다. 즉 여자 계승의 한 방법이다. 일반적으로 빙례를 할 수 없는 남자가 빙가聘家에 봉사함으로써 이를 대신하는 것에서 유래되었다.[1] 전통 중국은 남성 중심 사회였지만 데릴사위의 사회적 지위는 상당히 낮았다. 일반 가정의 첩과 같거나, 심지어는 그보다도 못한 노예와 같은 처지였다. 그러나 중국에서 초췌에 대한 기록은 이미 『한서漢書』에 나올 정도로 오랜 역사를 가지고 있다.

전통시기 법률에서도 데릴사위를 금지하지 않았다. 청대의 법률인 「대청률례」나 「대청현행률」에서도 초췌를 금지하지 않았다. 「대청현행률」은 초췌에 대해 다음과 같이 규정하고 있다. "초서招婿는 반드시 중매인을 통해 명확한 혼서婚書를 작성하고 양로養老 혹은 출사出舍(출외거주) 연한을 기록한다"고 하여, 부모의 양로와 장사葬事를 책임지게 하고 일정한 재산 분급을 받는 것이 허용되었다. 다만 처가의 대를 잇는 종조계승은 할 수 없었다. 때문에 별도로 동종에서 항렬이 맞는 자를 사자로 세워 종조계승을 하게 했다. 이때 재산은 데릴사위와 사자가 반씩 나누어 상속하도록 규정하고 있다.[2] 당시 국가법이나 종족법은 성씨姓氏가 다른 사람이 대를 잇는 것을 엄격하게 금지하고 있었기 때문이다.

그러나 실제로 데릴사위가 처가의 대를 잇는 경우는 드물지 않았다. 초췌의 성을 바꾸어 종조계승을 하게 하는 경우, 초췌의 성은 바

---

1) 劉興唐, 「贅婚制的兩個形式」, 『東方雜誌』 33-15(1936), p.111.

2) 上海大學法學院, 『大淸律例』, 天津古籍出版社, 1993, p.218; 『大淸現行律』, 懷效鋒主編, 『淸末法制變革史料』(下卷), 中國政法大學出版社, 2010, p.307.

꾸지 않고 그가 낳은 아들로 모가母家의 성姓을 따르게 하여 종조계
승을 하는 경우, 여형제의 아들이 외삼촌의 종조를 계승하는 경우
등 다양한 방법이 있었다. 법적으로는 금지되어 있었지만 후계자를
세우고 재산상속을 하는 문제는 각 가정 내부의 일이었기 때문에 전
통시기라 하더라도 국가가 과도하게 간섭할 수는 없었다. 문제는 친
족들이었다. 데릴사위의 계승을 눈감아 주는 통상적인 방법도 없지
는 않았다. 성씨가 다른 자를 후계자로 삼을 수 없다는 명분을 들이
대는 친족들에게 재산의 일부를 분급하거나 종족의 사당에 기부금을
제공함으로써 이를 무마시키는 것이었다. 이를 통해 초췌를 족보에
올리고도 송사를 피해가는 일은 드물지 않았고, 사회적으로도 통용
되는 일이었다.[3]

　더욱이 데릴사위의 성씨를 바꾸어서 대를 잇게 하거나, 데릴사위
가 아니라 딸이 낳은 아들外孫로 계승한다면 혈통관계는 유지되는
것으로 간주되었다. 1920년 전후에 실시된 민사습관조사에 의하면
안휘성 당도현當涂縣, 귀지현貴池縣 등에서는 "동 부모 형제나 가까
운 친척 가운데 계승자를 할만한 자가 없을 때, 외생外甥이나 외손外
孫으로 계승하면 족중에서 더 이상 다른 계승자를 주장하지 않았다"
고 보고하고 있다. '동 부모 형제나 친척 중 계승자가 없을 경우'로
단서를 달기를 했지만 이 말은 주변사람들이 이에 동의하고 수긍했
다는 뜻이다. 그 이유는 딸의 아들은 친 여자 형제가 낳은 것이니
'혈통이 친밀하기 때문'이라는 것이다.[4] 초췌로 종조계승하는 것이

---

　3) 손승희, 「근대중국의 異姓嗣子 繼承 관행」, 『중국근현대사연구』 57(2013),
　　p.37.

묵인되었던 것은 남계주의에는 위배되지만 딸의 아들로 계승되는 것이므로 혈통주의는 준수되었다는 논리가 성립되기 때문이다. 따라서 사람들은 이것을 이상하게 여기지 않고 오히려 당연시했다. 절강성 안길현安吉縣, 용천현龍泉縣 및 금화부속金華府屬의 관습을 조사했던 한 조사원의 다음과 같은 말은 이를 증명해준다.

현행률에는 이성異姓으로 난종亂宗할 수 없고 종족으로 사자嗣子를 삼으며 이성으로는 입사立嗣하지 말라고 기재되어 있다. 지금 본종이 단절되어 아무도 사자를 삼을 수 없기 때문에 췌서贅婿를 아들로 삼아 성을 바꾸고 종조계승하게 하는 것이니, 일시적인 변통에서 나온 것이고 여계혈통女系血統에서 보면 혈통관계를 잃지 않은 것이니 명령螟蛉과는 차이가 있다.[5]

딸의 아들로 대를 잇는 것은 이성 사자를 의미하는 명령자와도 달리 보았다는 의미이다. 딸이 낳은 아들이 '혈통주의'를 이유로 합리화되고 정당화되었던 것은 그런대로 일리가 있다. 그러나 더 기이한 것은 초부招夫의 관습이었다. 원래 초췌는 딸만 있고 아들이 없는 경우에 통용되었던 방법인데, 초부는 아들이 있어도 결혼 후에 죽은 경우 시부모가 과부며느리寡媳를 통해 데릴사위를 불러들이는 방법이었다.

초부는 그 목적에 따라 크게 두 가지 형태로 나눌 수 있다. 하나는

---

4) 前南京國民政府司法行政部編, 『民事習慣調査報告錄』, 中國政法大學出版社, 2005, p.695.
5) 『民事習慣調査報告錄』, p.718.

남편이 죽고 남겨진 어린 자식을 과부 혼자 힘으로 부양하기 어려울 때 초부하여 자녀를 부양하게 하는 방법이다. 이때 초부는 자신의 본가를 버리고 과부의 집에 들어가는 것을 전제로 한다. 초부의 조건은 다양한데, 절강성의 선평현宣平縣, 금화현金華縣, 탕계현湯溪縣, 태순현泰順縣 등에서는 초부招夫는 전 남편前夫의 자녀가 성년이 될 때까지 부양하고, 전 남편의 자녀가 그 가정의 재산을 관리할 능력이 되면 과부를 데리고 초부의 본가로 돌아가는 것이 관행이었다. 절강성에서는 이러한 관습이 언제부터 형성되었는지 알 수 없을 만큼 오랜 관습이었다고 보고하고 있다.[6]

주로 중하류 사회의 관습이었지만 그 효력은 사회적으로 널리 통용되었다. 복건성 건구현建甌縣과 절강성 운화현雲和縣 및 그 주변 현에서도 비슷한 관습이 다음과 같이 보고되어 있다. "과부는 대개 초부하여 자녀를 무양撫養하고 만일 자녀가 없으면 초부를 들여 가산家産을 대리하게 하고, 나중에 두 명의 아들을 낳으면 장자는 전 남편의 성을 따르게 하고 차자는 초부의 성을 따르게 하여 각각 종조계승을 하게 한다. 만일 아들이 하나면 양성兩姓을 겸조兼祧(두 가정의 대를 잇는 것)하게 한다"는[7] 것이다.

---

6) 『民事習慣調査報告錄』, pp.721-725, pp.733.
7) 『民事習慣調査報告錄』, p.751, p.719. 과식이나 과부로 초부하여 자녀양육과 양로 등의 의무를 지게 하는 사례는 강서성, 호남성, 호북성, 산서성, 하남성, 하북성, 안휘성, 절강성, 복건성, 섬서성, 감숙성, 열하 등등 전국적으로 보고되어 있는 현상이었다. 다만 초부를 嗣子로 삼는 경우는 산서성의 長子縣에서 보고되어 있고, 초부하여 낳은 아들을 嗣子로 삼는 경우는 감숙성 武都縣 등이 있을 뿐, 췌서에 비하면 초부하여 종조계승을 하는 예는 상대적으로 많이 보고되어 있지 않다. 이는 초부의 지위가 췌서보다 더 낮았다는 것을 의미한다.

초부의 또 하나의 형태는 아들이 죽고 며느리마저 재가하고 나면 자신의 양로를 맡아줄 다른 가족이 없을 경우 시부모가 며느리를 통해 초부를 하여 양로를 맡기는 것이다. 강소성 구용현句容縣의 보고에 의하면, 시부모에게 다른 아들이 없어 아무도 부양할 수 없게 되자 며느리의 재가를 허락할 수가 없어 부득이하게 그렇게 했는데, "나중 사람들이 그 편리함을 알고 따라 하여 구용현의 관습이 되었다"라고 그 유래를 설명하고 있다.[8] '부득이'하게 했던 것이 "나중 사람들이 그 편리함을 알고 따라 했다"는 것은 민간사회에서는 그러한 곤란이 늘 존재했다는 의미이다. 부득이한 경우에 선택할 수 있는 차선책으로서 사람들이 '편리하다'고 인정했다는 것은 그것이 윤리나 도덕에 크게 위배되는 것이 아니라고 생각했다는 의미이다.[9]

이와 같이 초부는 남편이 죽은 경우에 선택할 수 있는 방법 중 하나였다. 그러나 심지어는 남편이 생존해 있는데도 남편이 질병이 있거나 자생능력이 없을 때 남편의 동의를 받아 초부하여 남편을 부양하는 형태도 존재했다. 절강성 상산현常山縣, 송양현松陽縣에서 보고되어 있는데,[10] 이런 경우 전 남편의 아들이 없으면 초부가 낳은 아들로 종조계승을 한다는 것이다. 섬서성 성고현城固縣, 자양현紫陽縣과[11] 복건성 고전현古田縣, 하포현霞浦縣, 병남현屏南縣등에서도[12]

---

8) 『民事習慣調查報告錄』, p.689.

9) 손승희, 「근대중국의 異姓嗣子 繼承 관행」, 『중국근현대사연구』 57(2013), p.39.

10) 『民事習慣調查報告錄』, p.720.

11) 『民事習慣調查報告錄』, p.800.

12) 霞浦縣, 古田縣, 屏南縣에서는 췌 기간을 3-5년으로 한정한다고 보고되어

보고되어 있다. 복건성에서는 이를 '방퇴幫腿'라고 불렀다. 이러한 초부의 관습은 전통시기에는 상당히 많았지만 근대에 와서 감소했고, 주로 하층 사회에서 성행했던 것으로 보고되어 있다.[13]

초췌나 초부를 들이는 것은 모두 계약에 의해 이루어졌다. 그 내용은 몇 년 동안 초부생활을 할 것인지, 재산상속은 어떻게 할지, 자녀 양육 혹은 부모 양로, 재산관리, 납세 등등 초부가 해야 할 특별한 임무가 무엇인지, 초부생활 중 태어난 자녀는 전부의 성을 따를지 혹은 초부의 성을 따를 것인지, 족보에 이름을 올릴지 어떨지 등등 초부招夫의 조건에 대해 협의하고 작성했다. 1902년(광서 28년)에 작성된 한 초부양자招夫養子 계약서를 예로 들어보자.[14]

초부양자招夫養子 계약서를 작성하는 곽씨 집안의 소씨는 아봉阿鳳이라는 아들이 있어 처를 삼으니 이름은 화매和妹이다. (화매가) 남편을 일찍 여의고 자녀가 어리고 빈한貧寒하니 비두埠頭 아래집 사상원謝相源의 중매를 통해 증첨관曾添官을 불러들여 (화매를 그의) 처로 삼고자 한다. 중매인이 면전에서 언명하기를, 자제를 양육하고 노모가 연로하니 장사지내는 일까지 맡으며 이 두 가지를 기꺼이 하기로 함에 양편이 모두 강요하지 않는다. 증거가 없을 것을 염려하여 출초양자出招養子 계약을 작성하여 증거로 삼는다.

있다. 심지어 福鼎縣과 莆田縣에서는 과부가 초부하여 전 남편의 자식과 초부의 자녀를 혼인시키는 풍습이 중하류 사회에서 많이 행해진다고 보고되어 있다. 『民事習慣調査報告錄』, p.745, p.753-754.

13) 『民事習慣調査報告錄』, p.754.

14) 臨時臺灣舊慣調査會輯, 『臺灣私法人事編(下)』(臺灣文獻叢刊 117種), 1961 (電字版).

명시 一: 초자招字의 대가로 은銀 12원정을 수령하는 것을 인정
한다.

명시 二: 노모와 아들은 첨관添官이 부양하는 것을 인정한다.

명시 三: 본년 구舊 5월 초 6일 탄생한 아들, 즉 희생喜生은 증첨
관의 아들로 귀속시킬 것을 면전에서 언명했으니 다른
말을 할 수 없다는 것을 인정한다.

광서 28년 구舊 6월 25일　중매인 사상원謝相源
　　　　　　　　　　　　　　현장인 곽아임郭阿壬, 곽용생郭龍生
　　　　　　　　　　　　　　대필인 곽등랑郭登郎
　　　　　　　　　　　　　　초부자인 소씨蘇氏

　계약서를 작성한 자, 즉 초부를 한 사람은 시어머니인 곽씨부인
소씨이다. 과식(과부 며느리)을 대신하여 중매인 사상원謝相源을 통해
초부한다는 것이다. 초부는 과부 본인이 하는 경우도 있었지만 본
문건처럼 전부前夫의 부모가 하는 경우도 있었다. 과부의 주혼권이
전 남편의 부모에게 있었기 때문이다.[15] 곽씨부인 소씨는 과식을 재
가시키고 나면 손자의 양육이나 자신의 양로에 지장을 줄 것을 염려
하여 과식을 위해 자신이 직접 초부를 한 것이다. 초부의 조건은 자
녀양육 및 노모의 양로와 장례葬禮까지의 책임을 지는 조건이었다.
이에 대해 세 항목을 구체적으로 제시하고 있다.[16]

───────────────

15) 上字 第692號(1916), p.217; 上字 第969號(1917), p.219; 上字 第776號(1920),
　　p.224 모두 郭衛, 『大理院判決例全書』, 成文出版社, 1972에 수록.

16) 첫째, 초부의 임무를 다하는 조건으로 12원정을 수령한다. 둘째, 노모와 자녀
　　는 초부가 부양한다. 셋째, 5월 6일에 출생한 아들 喜生은 초부의 아들로 귀속
　　시킨다는 것이다. 계약을 작성한 날짜가 1902년 6월 25일이므로 5월 6일에

이러한 형태는 모두 아들이나 남편이 죽고 며느리마저 재가하고 난 후 남은 가족의 부양이 어렵게 될 때, 혹은 남편이 생존해 있어도 가장으로서의 역할을 할 수 없는 경우 부득이하게 채택하게 되는 혼인 방법이었다. 이러한 초부의 형태로 보아 초부는 혼인을 통해 한 가정의 가장으로서의 정당한 권리를 행사하기보다는 가정의 생계에 서부터 자녀의 양육, 노부모의 양로, 재산관리, 종조계승에 이르기까지 오히려 전 남편前夫의 부재를 대신하는 역할을 우선으로 했다. 자녀 양육, 양로, 재산관리, 가무家務 등 전부前夫 가정의 일체의 일이 순조롭게 이루어질 수 있도록 돕는 역할을 했던 것이다.[17] 그런 연후에 자신의 본가에 대한 종조계승이나 자신의 재산에 대한 주장도 할 수 있었다. 이러한 모든 것은 계약을 조건으로 했고 계약 조건에 따라 달랐지만 초부의 지위는 상당히 낮았다. 마치 일반 가정의 첩과 같은 지위이기도 했고 심지어는 그보다도 못한 노예와 같은 처지이기도 했다. 그렇기 때문에 왕왕 빈한한 가정의 자제가 초부가 되었다. 만일 초부가 계약서에 명기한 임무를 게을리하면 처벌받을 수도 있었다. 그렇게 되면 초부를 통해 얻을 수 있었던 일체의 모든 것을 잃어버리게 되었다.[18]

태어난 아들은 전부의 아들이었을 것으로 보이는데, 초부인 증첨관의 아들로 귀속시킨다는 것이다. 이미 前夫의 아들이 있기 때문에 전부의 종조계승은 전부의 아들이 하고, 5월 6일 태어난 아들로 招夫의 종조를 계승한다는 의미인 듯하다. 확실한 것은 알 수 없지만 이 경우에도 5월 6일 태어난 전부의 아들로 초부의 종조를 계승하게 함으로써 가족의 재산이 異姓에게 이전되는 것을 막는 하나의 방편이었을 가능성도 있다. 손승희, 「근대중국의 異姓嗣子 繼承 관행」, 『중국근현대사연구』 57(2013), p.42.

17) 손승희, 위의 논문, p.42.

이러한 초췌, 초부의 관습을 보면 민간의 종조계승은 조상에 대한 제사보다 양로나 자녀부양 등 현실적인 의미를 띠고 있었다는 것을 알 수 있다. 그런데 한 가지 의문이 생긴다. 초부는 과부 며느리를 통해 초췌하는 것으로, 아무리 전통사회의 사고와 논리라고 하더라도 어떻게 이것이 가능했을까. 딸은 혈통관계에 있지만 엄밀하게 말하면 며느리는 혈통관계는 아니기 때문이다.

데릴사위를 들여 딸의 아들로 대를 잇게 하는 것은 아들이 없어 대를 이을 수 없을 때 부득이한 것으로 인식되었다. 그것은 과부 며느리의 경우에도 마찬가지였다. 남편이 죽은 후 남겨진 어린 자녀의 양육이라든가 노부모의 양로와 같은 현실적인 문제는 생존의 문제와도 직결되었다. 그러므로 딸로 초췌하는 것이나 과부며느리로 초부하는 것은 동일한 행위로 간주되었다. 이 모두는 사회적으로 동의를 얻는 일이었다. 아들이 없거나 아들이 죽어 더 이상 대를 이을 수 없어 종족이 사라지는 것은 더욱 용인될 수 없는 일이었기 때문이다. 국가법을 따르는 것보다 더 가깝고 절실한 것은 종족의 생존과 유지였다. 딸에 의한 초췌보다 과부며느리에 의한 초부가 더 광범위하고 보편적으로 행해졌다는 것도[19] 바로 그러한 사실을 말해준다.

---

18) 張萍, 「明淸徽州文書中所見的招贅與過繼」, 『安徽史學』, 2005-6, p.87. 강서성 德安縣에서는 만일 초부가 게으르거나 도박을 좋아하면 해당 부인은 결혼을 물릴 수 있고 다시 다른 사람을 초부할 수 있다고 보고되어 있다. 『民事習慣調査報告錄』, pp.714-715.

19) 그래서 당시에는 용어도 招贅, 招婿, 招夫를 명확하게 구분하지 않고 혼용되었다. 본서에서는 혼동을 막기 위해 가능한 한 딸로 데릴사위를 삼는 것을 招贅, 招婿, 贅婿로, 며느리로 남자를 들이는 것을 招夫로 구분하여 사용했다.

이러한 관습은 명문가, 혈통을 중시하는 지역이나 가정 혹은 부유한 가정에서는 발생 가능성이 적은 일이었다. 그러나 중하류의 민간에서 주로 보고되었고 전국적으로 행해졌던 관습이었다. 민간 생활의 절박한 필요가 종종 혈통관념과 조상제사라는 종조계승의 본 의미를 변용시켰던 것이다. 따라서 초부하여 대를 이었다고 해서 민간의 종조관념이 결코 약했다고는 말할 수 없다. 다만 민간에서 추구하는 종조계승은 국가법이나 종족법에 나타나는 것 같은 '동일 종족이 아니면 제사를 받지 않기 때문'이라거나 '조상의 혈식은 중단할 수 없는 것' 같은 이유에서라기보다는, 오히려 실용적이고 실제적인 의미에서 실천되었다는 것이다.[20] 실제로 이러한 초췌나 초부가 주로 중류 이하의 가정에서 보편적으로 행해졌다는 것은 이것이 이성 사자 계승을 통한 민간의 종조계승의 한 형식이었다고 보는 것이 타당할 것이다.

데릴사위의 입장에서도 초부에 응하는 가장 큰 이유는 경제상의 문제였다. 빈곤한 가정에서는 자신의 아들을 초췌, 초부 등으로 보냄으로써 경제적인 이익을 구하고자 했다. 이성 사자도 같은 논리였다. 다음은 1905년(광서 31년) 안휘성의 이성 사자 계약서로 그 내용은 다음과 같다.

> 입계서인立繼書人 사덕성査德聲이 낳은 아들 2명 중 차자를 본도本都 본비本鄙 반야산盤野山에 출계하여 주래순朱來順의 아들로 삼고 예물과 대양大洋 십 원정을 받는다. 이 돈은 몸값이다. 출계 후에 마음대로 이름과 성을 바꾸어 종지宗枝를 잇게 하는데 절대 다른

---

20) 손승희, 「근대중국의 異姓嗣子 繼承 관행」, 『중국근현대사연구』 57(2013), p.44.

말을 할 수 없으며, (자녀를) 교육시키고 혼인시켜 자손이 번성하게
해야 한다. 증거가 없을 것을 염려하여 이 계서繼書를 작성하여 증거
로 삼는다.

재서명再批 : 삼면三面(생모, 계서인, 중매인)이 정하기를 은량銀糧은
문호門戶가 능력껏 책임진다.

광서 31년 5월　　　계서 작성인 사덕성査德聲

중매인 오장생吳長生

작성 친필親筆

생모 호근애胡根愛[21]

　이 문건은 사덕성査德聲의 차자를 주래순朱來順의 가정에 출계出繼
(양자로 가는 것)한다는 내용의 계약서이다. 출계 후에는 이름과 성을
바꾸어 종조계승을 하게 할 수 있다는 내용이고 자녀의 양육과 혼인
을 맡아서 자손을 번영시켜야 한다는 조건이 달려 있다. 출계 후에는
본가에서 어떠한 이의도 제기할 수 없다는 것도 분명하게 제시되어
있다.

　안휘성의 또 다른 이성 사자 출계서를 보면 다음과 같다.

　　출계出繼 계약인 호가상胡加祥은 4명의 아들이 있는데 뜻하지 않
　게 기황饑荒을 당하여 의식衣食을 지탱하기가 어려워져 처 이씨李氏
　와 상의하고 자원하여 중매인을 통해 출계서를 작성한다. (아들을)
　주용귀朱容貴의 아들로 삼기를 원하니 종조를 계승하고 집안의 법도
　를 받아들일 것을 서약한다. 삼면三面(출계인, 수계인, 중매인)은, 아들

---

21) 中國社會科學院歷史硏究所收藏整理, 『徽州千年契約文書』(淸民國編), 卷3,
　　花山文藝出版社, 1994, p.395.

의 몸값으로 술값 정도를 받으면 즉시 아들을 보낼 것이며 기축己丑
년 7월 25일 출생한 아들의 이름을 연룡連龍이라고 개명할 것을 언
명한다. 혹, 명이 짧은 것은 각자의 천명天命에 맡긴다. 만일 한밤중
에 도주하게 되는 상황이 발생하면 주씨朱氏 집안과는 아무 상관이
없다. 증거가 없을 것을 염려하여 다음과 같이 계서繼書를 작성하여
영원히 보존하고자 한다.

도광道光 20년 7월   계서 작성인 호가상胡加祥
중매인 주추륙朱秋六[22]

이 문건은 출계 서약자 호가상胡加祥이 기황으로 인해 의식을 해결
하기 어려워지자 네 명의 아들 중 하나를 주용귀朱容貴에게 매매한
것이다. 아들의 몸값으로 받은 돈은 '술값酤水'이었다. 이는 아주 적
은 돈을 의미하는 것으로 푼돈에도 자녀를 매매할 만큼 생활이 절박
했던 것으로 보인다. 출계 이후에는 성은 물론이고 이름까지 개명한
다는 것과 출계자의 명은 하늘에 맡긴다는 것이 기재되어 있는데,
이는 어떤 경우에도 친부모가 간섭하지 않는다는 사실을 서약한 것
이다. 매매 이후 출계자와 친부모의 관계는 완전히 단절되는 것을
의미했다. 만일 출계자가 야반도주라도 하게 되면 주씨 집안과는 아
무런 관계없이 전적으로 출계자에게 책임이 있다는 책임소재도 분명
히 하고 있다. 이상 두 건의 문서는 모두 빈한한 가정의 자제가 종조
계승을 목적으로 출계되었던 매매계약서이다.
　당시 남녀의 비율은 남자의 수가 더 많았던 데다 부유한 집 남자의

---

22) 中國社會科學院歷史研究所收藏整理, 『徽州千年契約文書』(淸民國編), 卷2,
　　花山文藝出版社, 1994, p.419.

일부다처로 인해 빈한한 가정의 남자는 결혼하지 못하는 비율이 증가했다. "빈한한 가정에서 태어나 장가를 가지 못하는 처지로 인해 이러한 관습에(초췌 혹은 초부) 이르렀다"고 보고한 강소성 구용현 조사관의 말은[23] 빈곤한 가정의 남자가 결혼을 할 수 없는 당시 심각한 성비 불균형을 지적한 것이었다.

이상과 같이 현실적으로 장가를 가지 못하는 빈곤층 장정이 광범위하게 존재했고, 죽은 남편을 대신하여 자녀 양육과 부모 부양의 부담을 진 과식도 도처에 존재했다. 이러한 현실을 바탕으로 하는 각종 혼인과 양자 관습은 이성 사자 계승 관행을 존속시켰던 원인이었다. 즉 다양한 형태의 초부와 양자를 구하고자 하는 수요가 존재했고, 현실적으로 장가를 갈 수 없는 빈곤층 장정이 광범위하게 존재하는 한 이들은 언제든지 피초자의 잠재 공급원이 되었던 것이다.[24] 이는 양자 등을 동종同宗에서 구할 수 없는 이유이기도 했다. 즉 부유한 사람의 집으로 출계하고자 하는 사람은 있지만 빈한한 가정으로 출계하고자 하는 사람은 없었기 때문에 입사는 동종에서 구할 수 없어 이성異姓으로 대체하는 경향이 있었다.[25]

이러한 형태의 혼인방식은 결혼비용이 없는 가난한 가정의 남자가 결혼할 수 있는 방편이기도 했다. 전 남편에게 아들이 없는 경우, 일반적으로 초부 후 낳은 첫 아들은 전 남편의 대를 잇게 하고, 둘째 아들은 초부의 대를 잇게 할 수 있었기 때문이다.

---

23) 『民事習慣調査報告錄』, p.689.
24) 손승희, 「근대중국의 異姓嗣子 繼承 관행」, 『중국근현대사연구』 57(2013), p.46.
25) 呂寬慶, 「論淸代立嗣繼承中的財産因素」, 『淸史硏究』, 2006-3, p.52.

이상과 같이 초췌, 초부, 각종 양자 관습이 광범위하게 존재했던 것은 사회보장제도가 확립되지 않았던 전통시기에는 각 가정의 성원들이 각각 양로나 자녀부양을 전적으로 책임져야 하는 구조였던 것과 관련된다. 초췌, 초부 등을 통해 자신의 생양生養과 장사葬事까지 보장을 받고자 했기 때문이다. 즉 민간의 종조계승은 실용적인 면이 상당히 강했고, 이러한 사회적 필요가 기이한 혼인관습을 낳게 한 가장 큰 원인이었다고 할 수 있다.

11 중국의 어린 신부

: 동양식童養媳

　'소황제'와 더불어 '소공주'는 개혁개방시기 1가구 1자녀 정책의 상징이다. 부모들은 하나밖에 없는 혈육에게 아낌없는 정성을 쏟아붓고 행여나 다칠세라 유리그릇 다루듯 전전긍긍했다. 그래서 소황제와 소공주는 거침없고 이기적이며 참을성 없고 버릇없는 세대의 상징이기도 하다. 자녀를 하나만 낳다 보니 부모에게는 아들 못지않게 딸도 더없이 귀한 존재가 되었다. 다만 이러한 변화는 도시와 농촌의 경우가 다르게 나타난다. 조사에 따르면 도시에서는 여성 고학력자가 빠르게 증가한 반면, 농촌의 빈곤지역에서는 여전히 문맹이 존재하고 그중 약 3분의 2가 여아라고 한다.[1] 또 여아는 여전히 남아에 비해 차별을 받고 있으며, 이것은 이들의 교육권에까지 영향을 주고 있다. Lee Ming-Hsuan이 중국 9개 성 4,400가구의 아동을 대상으로 교육과 건강을 조사 분석한 결과, 남자 형제가 없는 가정의 여

---

1) 산간의 빈곤지역에는 여전히 문맹 인구가 소수 존재하고 있고, 그중에서 여성의 문맹률이 3분의 2를 차지한다. 「剩女是僞問題, 3千萬剩男才是眞問題」, 『廣州日報評論』, 2014.5.5.

아가 키가 더 크고 교육을 더 오래 받는다고 한다.[2] 이는 전통적인 남존여비 사상이 농촌에 여전히 뿌리 깊게 남아 있다는 증거일 것이다.

전통시기 여아는 집안에 별 도움이 되지 못하는 존재로 여겨졌다. 당시 여아에 대한 가장 극단적인 차별 현상은 여아 유기 혹은 살해였다. 남아만큼 농사에 힘도 쓰지 못하면서 '밥만 축내는' 여아는 가난한 가정의 골칫거리였다. 먹을 것이 넉넉하다면 딸의 입에 들어가는 양식이 아까울 리 없겠지만 늘 가난한 것이 문제였다. 소중한 어린 생명을 죽이지 않고 양식도 축내지 않으면서 얼마간의 돈을 부모 손에 쥐어주는 것, 그것은 딸을 남의 집에 동양식童養媳으로 보내는 것이었다. 곧 어린나이에 시집을 보내는 것으로, 우리나라의 민며느리제와 비슷한 관습이다. 딸은 자신이 태어난 가족의 지위 상승이나 재산의 축적, 노부모 공양 등에 전혀 기여하지 못한다는 것이 차별 이유였다. 여자로 태어난 아기는 양동이 물속에 빠뜨려져서 죽임을 당할 수도 있고 또 무사히 살아남는다 해도 3-4세에는 노예로, 12-14세에는 매춘부나 첩으로 팔릴 수도 있었다.[3] 동양식도 그러한 여러 선택지 중의 하나였다.

혼인할 때는 신랑집에서 빙례聘禮라고 하는 얼마간의 예물이나 금

---

2) Ming-Hsuan Lee, "The One-Child Policy and Gender Equality in Education in China : Evidence from Household Data", *Journal of Family and Economic Issues* 33, 2012, .pp.41-52. 이 조사는 1989, 1991, 1993, 1997, 2000, 2004, 2006년도 China Health and Nutrition Survey(CHNS) 자료를 활용했다고 밝히고 있다.

3) 마저리 울프 지음, 문옥표 엮음, 『지연된 혁명 - 중국사회주의하의 여성생활』, 한울, 1988, pp.12-13.

전을 신붓집으로 보내온다. 어린 나이에 시집을 가는 것이니 이 빙례의 비용은 저렴했다. 보통 신랑측에서 보내온 혼인비용의 범위 내에서 신부측에서는 장렴粧奩이라고 하여 일종의 혼수를 준비하게 되는데, 어린 신부는 혼수비용도 적게 들었다. 동양식으로 가는 여아는 대체로 아동기의 여아지만 심지어는 두세 살의 영아인 경우도 있었다.4) 동양식은 7, 8년이 지나면 웬만한 집안일을 거들 수 있고, 신랑이 신부보다 어리다면 신랑을 업어서 도맡아 키우기도 했다. 여아의 부모로서는 적지만 얼마간의 빙례를 챙길 수 있었고, 신랑측에서는 저렴한 빙례를 지불하고 소소한 집안일에 부릴 수가 있었기 때문에 어린 신부를 환영했다.

동양식은 전통시기 전국적으로 행해졌지만, 특히 근대에 이르기까지 강서성, 복건성, 대만성, 광동성 등 북부 내륙지역보다는 남부 연해지역의 빈곤층에서 상당히 보편적으로 유행했다. 특히 복건성에서는 이러한 양상이 두드러지게 나타났다.

복건성은 대규모 이주로 이루어진 사회이다. 특히 해상무역을 통해서 경제생활을 유지하고 발전시켰던 곳이고, 인구증가로 인한 종족별 계투械鬪가 치열했던 곳이기 하다. 즉 복건성은 늘 종족의 계투와 해상무역의 위험성이 도사리고 있었기 때문에 건장한 청년을 필요로 하는 사회구조를 가지고 있었다. 토착민과 끊임없이 계투를 통해 자신의 터전을 확보해야 했던 광동지역 객가의 이민사회도 이러

---

4) 구 자료에 의하면 梅縣 大美村, 耕和村, 添溪村의 동양식 연령은 1세 미만이 가장 많은 40%를 차지했다. 房學嘉, 「關於舊時梅縣童婚盛行的初步思考」, 『嘉應大學學報』, 2003-1, p106.

한 상황은 마찬가지였다. 따라서 늘 건장한 청년을 확보하기 위해 양자를 들였다. 중국 전통사회에서는 3세 이하의 유기된 소아를 데려다 양자로 키우는 것이 여유 있는 계층에게는 일종의 관습이었고 법으로도 규정되어 있었다.[5]

　유기된 어린 남아뿐 아니라 어린 여아를 양녀로 들이는 관습도 널리 퍼져있었다. 상술했듯이 중국 전통시기 가난한 가정에서는 여아를 거래의 대상으로 남에게 팔기도 하고, 익사시키거나 유기하기도 했다. 명청시기 가난한 가정에서 여아를 유기하는 현상은 중국 남부 연해지역에서 많이 나타났다. 이로 인해 남녀 성비의 불균형이 초래되어 심각한 사회 불안정 요인이 되었다. 여아 유기로 인한 심각한 남초 현상은 혼인 적령기의 신부를 구할 수 없는 지경에까지 이르렀다. 따라서 복건성에서는 동양식이 안정적으로 신부를 공급받기 위한 하나의 방편이기도 했다.[6] 어린 여아를 양녀로 키우다가 성장한 후 자신의 아들과 혼인을 시킴으로써 장래에 대를 잇고 양로나 부양 등의 문제를 해결하는 가정이 많이 생겨났던 것이다. 이것이 복건성에서 동양식이 하나의 보편적인 관습으로 자리 잡게 된 이유이다. 만일 아들이 없다면 양녀를 들이고 양녀가 혼인할 나이가 되면 양녀를 통해서 데릴사위를 들일 수 있었다.

　이에 따라 청말민초 복건의 장정長汀, 상항上杭 및 안계安溪 일대는

---

5) 이 규정은 남송시기 령으로 추가되어 각 왕조에서 이어졌다. 「대청률례」나 「대청현행률」에도 동일한 규정을 두고 있다. 上海大學法學院, 『大淸律例』, 天津古籍出版社, 1993, p.196.

6) 손승희, 「근대중국의 異姓嗣子 繼承 관행」, 『중국근현대사연구』 57(2013), pp.48-49.

동양식이 민간 혼인 비율의 10%를 차지하기도 하고 심지어는 30%에 달하기도 했다고 보고되어 있다.[7] 이러한 사실은 『민사습관조사보고록』 중 복건성의 여러 현에서도 보고되어 있다. 예를 들면 복건성 순창현順昌縣에서는 "아들이 없는 경우 우선 묘식苗媳(동양식)을 포양抱養하고, (자신의) 장자長子 혹은 초췌이성招贅異姓(데릴사위)으로 남편을 삼아 자신의 아들로 한다"고[8] 보고되어 있다. 민중閩中 하류 일대 중류 이하의 가정에서는 동양식養童媳을 들여 키우는 경우가 많다고 보고되어 있다.[9] 보전현에서도 "아들딸이 있건 없건 이성 혹은 동성의 어린 여자아이를 사서 양녀養女나 양식養媳으로 삼는다. 성장을 기다렸다가 양녀를 삼으면 그 양부모는 자기가 아들이 있건 없건 이성 혹은 동성의 남자를 택하여 초췌 혹은 사자로 삼는다"고[10] 보고하고 있다. 동안현同安縣에서도 "어릴 때부터 묘식을 포양하고 성장하면 합방合歡하게 하거나 여자 집에 돌려보내 신부로 다시 맞이하게 하는데, 빈한한 집이 대부분 그렇게 하니 향촌에 무척 많다"라고[11] 결혼 관습을 묘사하고 있다. 이것은 여자의 부족으로 결혼을 하지 못해 종조계승을 할 수 없을 것을 염려하여 이를 보장하기 위해 행했

---

7) 陳支平, 『近五百年來福建的家族社會與文化』, 中國人民大學出版社, 2011, pp.108-110.

8) 前南京國民政府司法行政部編, 『民事習慣調査報告錄』, 中國政法大學出版社, 2005, p.742.

9) 漳平縣, 『民事習慣調査報告錄』, p.748.

10) 『民事習慣調査報告錄』, pp.741-742.

11) 民國 『同安縣志』, 卷22(禮俗). 숭안현에서도 '향간에 養童媳을 撫養하여 성혼시키는 것을 完房이라고 한다'고 하여 동양식이 유행했음을 묘사하고 있다. 民國 『崇安縣新志』, 卷6(禮俗, 慶弔).

던 것으로 주로 중하류층에서 보편적으로 나타났던 관습이었다.

이러한 양상은 광동성도 마찬가지였다. 2000년 초 광동성 매현梅縣의 동양식을 현지조사했던 팡쉐자房學嘉의 연구에 의하면, 광동성 매현梅縣(大美村, 耕和村, 添溪村)에서 65-100세 연령을 대상으로 동양혼 비율을 조사한 결과 상당히 높은 73.11%로 나타났다.[12] 1960년대 현지조사를 바탕으로 한 아더 울프Arthur P. Wolf의 연구에서도 광동성 객가 사회에서는 결혼 전에 동양식을 거쳤던 부녀의 비율이 80-90%인 현도 있었음을 밝히고 있다.[13] 빈곤한 가정에서는 자신의 아들이 장래에 장가를 가지 못할 것을 염려하여 어린 여자아이를 양녀로 삼아 나중에 아들과 혼인을 시키고자 했다. 이렇게 하면 신부를 맞이하는 데 드는 비용을 절감할 수 있고 미래의 노동력을 확보할 수 있었기 때문이다. 따라서 동양식을 수양함으로써 장래의 종조계승을 보장하고자 하는 가정이 많이 생겨나면서 하나의 보편적인 관습으로 자리 잡게 되었다.

2019년 광동성 하원시河源市 화평현和平縣의 객가인을 대상으로 현지조사를 진행한 한 연구에서는 1949년 중화인민공화국 수립 직전의 동양식 상황을 다음과 같이 전하고 있다. 해당 인터뷰에 응했던 한 중년부인은 "해방이 되기 직전, 많은 사람들은 해방이 되면 아내를 얻지 못해 장가를 못 갈까 염려하여 서둘러서 어린아이를 포양하거나, 장가를 갈 사람은 가고 양녀를 들일 사람은 들였다. 그래서 그

---

12) 房學嘉,「關於舊時梅縣童婚盛行的初步思考」,『嘉應大學學報』, 2003-1, pp.104-105.

13) Arthur P. Wolf and Chieh-shan Huang, *Marriage and Adoption in China, 1845-1945*, Stanford University Press, 1980, pp.1-15.

때 동양식이 무척 많았다"고 술회하고 있다.[14] 당시 화평현은 너무 가난해서 화폐를 사용하는 것도 드물었고, 대다수 사람들은 물건을 구매할 때 곡식을 가져와서 교환했다. 결혼할 때도 남자쪽에서 양식을 가져와서 아내를 취했다고 한다. 따라서 여자쪽에서 보면 자신을 양식을 받고 판 것이나 마찬가지였다. 화평현에서는 보통 여아가 15-16세가 되면 그런 식으로 팔려나갔고, 20세를 넘지 않았다고 한다. 또 어릴 때 포양한 가정에서는 어린 여아가 문자를 알게 되면 혹시라도 도망갈 것을 염려하여 글도 배우지 못하게 했다.

중국학자 비엔리卞利에 의하면, 복건성 뿐 아니라 명청시기 휘주에서도 동양식의 관습이 보편적이었다고 한다. 휘주의 '등랑식等郎媳'이라는 한 가요에는 동양식으로 인한 현실적 고통과 친정어머니에 대한 원망의 마음이 절절하게 담겨 있다. 가사는 "어머니, 어머니, 정말 황당한 일을 하셨네요娘啊娘, 做事眞荒唐"라는 탄식으로 시작된다. 이어지는 가사는 " … 내가 그보다 열 살이 많으니 어떻게 가르쳐야 할까요? … 업혀서 소변본다고 보채고, 울면서 사탕 달라고 보채네요. 낮에는 그를 데리고 놀아주고, 밤에는 업어서 재워주고, 이른 아침에는 그에게 옷을 입혀주고, 신랑이 클 때까지 기다리다 나 역시 늙어가지요. 자식이 생기기를 기다리는 것 또한 마찬가지예요等到郎大我又老, 等到有兒又同樣"라고 탄식하고 있다. 이는 동양식이 얼마나 괴로운 생활환경하에 놓여 있었는지를 가감 없이 보여준다.[15]

---

14) 胡群英, 曹水旺, 「最後的婚歌 : 關於和平縣客家新娘歌的田野調査」, 『嘉應學院學報』, 2020-2, p.17.

15) 陳政, 「休寧民間歌謠談」, 『海陽漫話』, 第3輯, 第1版, 安徽美術出版社, 1989, p.216, 비엔리(卞利), 「명청시기 휘주의 혼인 풍속 연구」, 『호남문화연

동양식의 혼인방식은 혼인 당사자들에게는 그다지 좋은 혼인생활이 되지 못했다. 1960년대 후반 대만 농촌을 현지조사했던 인류학자 마저리 울프Margery Wolf는 동양식을 경험했던 여성들에 대한 인터뷰를 통해 그들이 얼마나 고통스러운 생활을 했는지를 심도있게 연구한 바 있다. 그에 의하면, 동양식은 동양식으로 간 가정의 다른 딸들에 비해 먹는 것, 입는 것, 교육, 가정 내에서의 위치 등에서 차별을 받았으며, 사회적으로도 멸시를 당했다. 또한 동양식으로 맺어진 부부는 대개 불행했다고 한다. 두 사람이 훗날 혼인할 사이라는 것을 어린 신랑, 신부가 이해할 리도 없고, 어렸을 때 함께 자란 이들은 남매나 다름없었다. 근친 간에는 이성으로서의 신비감이나 성적 감정이 희박하기 때문에, 어느 날 갑자기 부모가 합방을 하라고 하면 이를 거부하고 신부가 도망하는 일이 자주 발생했다.[16]

이와 비슷하게 19세기 말 웨스트마크Edvard Alexander Westermark는 형제자매들의 경우와 같이 함께 자란 남녀는 서로 성적인 매력을 갖지 못한다고 주장한 바 있다. 가족이나 친족은 함께 생활하기 때문에 서로 성적 관계의 대상으로 생각하지 않게 된다는 것이다.[17] 동양식의 경우도 당시 사회적 관습에 의해 어쩔 수 없이 받아들인다고

구』 49(2011), p.85에서 재인용.

16) Margery Wolf, *Women and The Family in Rural Taiwan*, Stanford University Press, 1972, pp.171-190.

17) 이스라엘의 키부츠(집단농장)에서 어릴 때부터 함께 자란 남녀는 혼인하는 경우가 거의 발견되지 않았다는 것이다. Westermark, Edvard, 1894, *The History of Human Marriage*, London : Macmillan, 이전, 「혼인가족제도에 관한 인류학적 접근」, 『사회과학연구』 28(2010), p.9에서 재인용.

해도 이들은 상당한 감정적인 혼란을 겪었던 것으로 보인다.

동양식을 연구한 다수의 인류학자들은 동양식이 유행했던 원인으로 혼인과 양육에서 발생하는 비용을 줄이기 위한 경제적인 요인을 지적한다. 그러나 한편 고부간의 갈등을 최소화하는 효과가 있었다는 의견도 제기되고 있다. 어릴 때부터 딸처럼 키운 며느리가 성장하여 시어머니와의 사이에서 발생할 수 있는 갈등구조를 미연에 방지함으로써 가정의 평화를 유지할 수 있었다는 것이다. 또한 동양식으로 맞이한 며느리는 혈연관계가 아니기 때문에 금지되지 않았고, 오랫동안 함께 생활하면서 역시 가정의 화합을 유지할 수 있게 했다는 것이다. 따라서 동양식은 근친결혼을 금지하는 하나의 방식이라는 견해도 제기되었다.[18] 이러한 견해들은 결과론적인 별도의 효과일 수 있지만, 동양식이 광범위하게 행해졌던 근본 원인이라고 보기에는 한계가 있어 보인다. 빈곤한 가정에서 아들이 없을 때 딸을 동양식으로 삼아 나중에 그의 아들과 혼인을 하게 하는 것이나, 전편에서 언급한 딸이나 과부 며느리를 통해 초췌, 초부를 들이는 것은 모두 남자 가계의 계승을 위한 선택이었다. 그 이면에는 빈곤한 가정에서 양로와 자녀부양 등 현실적인 문제를 해결하기 위한 방편이었다는 사실도 간과할 수 없다.

향후 이러한 인류학이나 사회학의 연구성과를 바탕으로 당시의 시대적 사회경제 상황이나 자연환경, 민족적 정체성 등을 고려한 역사 연구도 진행된다면 더욱 풍성한 연구가 될 것으로 기대된다.

---

18) 房學嘉, 「關於舊時梅縣童婚盛行的初步思考」, 『嘉應大學學報』, 2003-1, p.108.

⑫ 전통시기 '이혼'의 다른 이름, 출처出妻·기처棄妻

　현재 중국 혼인법의 근간이 되는 것은 1950년에 제정, 공포된 중화
인민공화국 「혼인법」이다. 이 「혼인법」은 남녀평등의 보편이념에 기
초하여 혼인 당사자의 혼인과 이혼에 대한 완전한 자유를 선포한 것
이다. 이를 통해 가정 내 억압의 대상이었던 많은 여성들이 이혼을
제기하는 계기가 되었다. 전통시기 여성의 이혼 제기가 거의 불가능
했던 것을 감안하면 일정한 행정절차를 거쳐 이혼이 가능하게 되었
다는 것만으로도, 여성의 입장에서는 획기적인 입법이었다. 이는 역
으로 전통시기에 여성의 이혼이 어려웠음을 짐작게 한다.

　중국의 전통시기는 남존여비의 사회였고 여성의 지위가 무척 낮았
다는 것은 익히 아는 사실이다. 그러나 우리가 알고 있는 것은 단편
적인 것일 뿐, 구체적으로 그것이 어떤 것이었는지 그것이 어떻게
가능했는지에 대해서는 잘 알지 못한다. 어쩌면 그것은 우리가 상상
하는 그 이상의 것이었는지도 모른다. 1991년 개봉된 장이머우張藝謀
감독의 「홍등」이라는 영화는 상당히 충격적이다. 영화 「홍등」은 남성
중심의 전통적인 가족구조 속에서, 근대 교육을 받은 신여성이 겪게
되는 갈등과 비극을 실감나게 묘사한 작품이다. 특히 영화 속 남편이
부인(첩)을 여럿 두고 이들을 한낱 노리개로 취급하면서도, 셋째 부인

이 외간 남자와 부정을 저질러 발각되자 자살을 빙자해 살인하는 모습에서는 경악을 금치 못한다. 그것은 노신魯迅이 신랄하게 비판했던 '사람을 잡아먹은 예교'를 연상시키기 때문이다. 그러나 관련 문헌을 뒤적이다 보면 영화가 전혀 과장된 것이 아니었음을 알게 된다. 이혼의 경우만 보더라도 중국 전통시기 이혼을 의미하는 용어는 바로 출처出妻 혹은 기처棄妻였기 때문이다. 아내는 내쫓거나 버릴 수 있는 존재였던 것이다.

'이혼離婚'이 '혼인관계를 청산한다'라는 의미라면 전통시기에도 이혼제도는 존재했다. '이혼'이라는 말이 사용되지는 않았지만 '리離', '리지離之', '리이離異'라는 말로 혼인의 무효 혹은 해소를 가리켰다.[1] 그러나 전통시기의 이러한 용어들과 현재 우리가 말하는 '이혼'을 동일한 것이라고 할 수는 없다. 오히려 당시 가장 많이 사용되었던 것은 기처棄妻, 출처出妻, 축처逐妻, 유처遺妻, 휴처休妻, 출유黜遺, 휴기休棄 등이었다.[2] 이러한 것들은 이미 한대 법률에서 규정된 이후 계속 법률 용어로 사용되었다.[3] 이 용어들이 모두 아내를 '버림'의 대상으로 삼고 있다는 점에서, 이혼의 주도권은 남편측에 있으며 아내는 이혼의 권리가 없는 존재였다는 것을 알 수 있게 한다.

고대의 예禮를 기록한 『예기·혼의禮記·昏義』에는 '혼례는 예의 근본'이라는 말이 있다. 즉 혼인은 당사자들의 개인 행위를 넘어 중요한 사회행위이며, 혼인제도는 사회제도의 근본이라는 의미이다. 따라

---

1) 陶毅, 明欣著, 『中國婚姻家庭制度史』, 東方出版社, 1994, p.244.
2) 陶毅, 明欣著, 위의 책, p.252.
3) 史鳳儀, 『中國古代婚姻與家庭』, 湖北人民出版社, 1987, p.145.

서 부부는 애정으로 연결되어 있을 뿐 아니라, 의義로 맺어진 관계였다. 종법제 사회에서 혼인의 주요한 목적은 '위로는 종묘를 섬기고, 아래로는 후세를 잇는 것'이었기 때문이다.[4] 그런 연유로 주혼권은 혼인 당사자가 아닌 가장家長에게 있었다. 혼인 당사자가 자유혼을 말할 수 없고 여자가 이혼의 권리가 없는 사회에서, 이혼제도란 바로 '아내를 버리는 것'과 다름이 없었다. 그 이유는 '남편은 하늘이고, 아내는 땅'이기 때문에 땅이 하늘의 '의'를 거스를 수 없다는 것이었다. 따라서 『백호통·가취白虎通·嫁娶』에는 "남편이 악행이 있다 해도 아내는 (그를) 버릴 수 없다"고 하고 있다.[5] 그러나 그 반대의 말은 존재하지 않았다. 오히려 아내가 자기 의지대로 남편을 떠나게 되면 징벌을 받았다. 「당률소의」에는 "처첩이 마음대로 (남편을) 떠나버리는 자는 징역 2년에 처하고 이로 인해 개가하는 자는 2등을 가중한다"고 되어 있다.[6] 명청시기의 율례 규정에도 "만일 아내가 남편을 배반하고 도망하는 자는 곤장 1백 대에 처하고 남편 집에서 (아내를) 팔아버린다. 도망하여 개가하는 자는 교살한다"고 규정하고 있다.[7]

물론 아무리 '기처'가 합법적이라고 하더라도 합당한 명분은 필요했다. 그 근거가 바로 7출七出이었다. 7출은 아내를 버릴 수 있는 7가지 법적 조건이었다. 7출은 원래 예제상의 규범인데 『대대례大戴禮』

4) 陶希聖, 『婚姻與家族』, 商務印書館, 1934, 『民國叢書』第3編(15), 上海書店, 1991. p.37.
5) 陶毅, 明欣著, 『中國婚姻家庭制度史』, 東方出版社, 1994, p.252.
6) 岳純之 點校, 『唐律疏議』, 上海古籍出版社, 2013, p225.
7) 上海大學法學院, 『大淸律例』, 天津古籍出版社, 1993, p.225.

에 처음 등장한다.[8] 즉 부모에 순종하지 않거나, 아들이 없거나, 음란하거나, 질투하거나, 불치병이 있거나, 말이 많거나, 절도를 했을 경우가 이에 해당된다. 부모에 순종하지 않는 것은 도덕에 위배되는 것이고, 아들이 없는 것은 대를 끊는 것이고, 음란한 것은 종족을 문란케 하는 것이고, 질투하는 것은 가정의 평화를 깨는 것이고, 불치병이 있는 것은 제사를 지낼 수 없기 때문이라는 것이다.[9]

이러한 7출의 조건은 법적으로는 정당한 이유였지만 실제로 이를 적용할 때는 그 기준이나 해석에 모호한 점이 많았다. 상당히 자의적인 해석을 배제할 수 없었다는 것이다. 그러나 이 7출에 해당된다고 하더라도 아내를 버릴 수 없는 경우三不去가 셋 있었다. 돌아갈 친정이 없는 경우, 부모의 삼년상을 함께 치른 경우, 처음의 가난을 극복하고 부유하게 된 경우가 그것이다. 전통시기 중국의 예는 일반적인 도덕규범일 뿐 아니라, 실제로는 법과 동일한 효력을 가지고 있었다. 이러한 조항들은 관습적으로 민간에서 통용되다가 당대에 와서 법률로 규정되었다. 그 상황은 최소한 청대까지 동일했으며, 남편쪽이 주동적이고 아내쪽은 완전히 피동적인 대등하지 않은 규정이었다.[10]

이상의 '기처'나 '출처'는 중국 전통시기의 가장 일반적인 이혼의

---

8) 史鳳儀, 『中國古代婚姻與家庭』, 湖北人民出版社, 1987, p.146. 『禮記』는 공자가 하은주 삼대를 중심으로 정리한 200여 편의 禮에 대한 기록을 한대 예학자인 戴德과 戴聖이 집대성한 것이다. 대덕이 편집한 것이 대대례이고, 대성이 편집한 것이 소대례이다. 강현선, 「『儀禮』에 나타난 고대 중국인의 복식 고찰」, 성균관대학교석사논문, 2011, pp.11-12.
9) 史鳳儀, 『中國古代婚姻與家庭』, 湖北人民出版社, 1987, p.146.
10) 郭松義, 定宜莊, 『淸代民間婚書研究』, 人民出版社, 2005, p.286.

형식이었다. '기처'가 일방적으로 남편측이 제기하는 것이라면 '협의에 의한 기처'도 존재했다. 문헌에서는 '화리和離'로 표현되어 있는데,[11] 지금으로 말하면 합의이혼쯤으로 해석할 수 있다. 그러나 전통시대의 '리지離之'가 현대의 '이혼'과 동일하게 취급될 수 없는 것처럼, '화리'와 '합의이혼'을 동등하게 말할 수 없다. 왜냐하면 '화리'는 앞에서 언급했던 7출의 조건하에서 남편측이 기처를 제기하면 이에 대해 아내측 가정이 수긍하고 법적인 이혼에 동의한다는 정도의 의미였다. 이는 아내를 공개적으로 쫓아내지 않고 조용히 처리한다는 의미였을 뿐, 현재와 같은 쌍방의 자유로운 의사표시와 합의에 의한 이혼은 아니었기 때문이다. 이혼을 할 때 작성하는 문서를 휴서休書라고 한다. 혼인할 때 작성하는 혼서와 마찬가지로 휴서에는 이혼을 하게 되는 원인과 권익의 재분배 등 쌍방에게 중요한 내용들이 기재되는 것이 일반적이었다.[12]

전통시기의 또 하나의 이혼형식은 '의절義絶'이었다. 상술했듯이 부부의 결합은 '의'로 맺어졌다고 보았기 때문에 부부간에 어떤 심각한 사정이 발생했을 때 이미 의가 단절된 것으로 간주되었다. 따라서 이 경우 법률적으로 혼인관계를 해제해야만 하기 때문에 '의절'은 법적인 강제 이혼에 해당된다. 즉 이혼을 하지 않으면 징벌을 받게 된다는 것이다. 중국 전통시기에는 민사법이 존재하지 않았고 관련 규정은 형률로 규정되었다. 의절에 대한 「당률·호혼」의 규정에는 "모든 의절을 범한 자는 리지離之할 수 있고 위반자는 징역 1년에 처한

---

11) 陶毅, 明欣著, 『中國婚姻家庭制度史』, 東方出版社, 1994, pp.268-269.
12) 郭松義, 定宜莊, 『淸代民間婚書硏究』, 人民出版社, 2005, p.284.

다"고[13] 하고 있다. 명청률의 조문에도 "만일 의절을 범하고도 떠나지 않는 자는 곤장 80대에 처한다"고 규정하고 있다.[14]

그렇다면 의절은 언제 하게 되었던 것일까? 의절의 조건은 당률의 규정에 의하면 "남편이 아내의 조부모, 부모를 구타하거나 아내의 외조부모, 백숙부모, 형제, 고모, 자매를 살해했을 때, 아내가 남편의 조부모, 부모를 구타하거나 남편의 외조부모, 숙백부모, 형제, 고모, 자매를 살상했을 때, 아내가 남편의 시마總麻 이상의 친족과 상간하거나 남편이 아내의 모친과 상간했을 때, 아내가 남편을 해하려고 했을 때"이다.[15] 이는 모두 친속간의 상해, 살인, 상간 등이 여기에 해당된다. 그러나 의절 조항을 가만히 들여다보면 역시 남편측에 유리하게 되어 있다. 특히 아내가 남편을 해하려고 하는 것은 의절에 속하지만, 남편이 아내를 해하려고 할 때 어떻게 처리한다는 조항은 아예 빠져 있기 때문이다. 이상과 같이 전통시기 가정 내에서의 아내의 지위는 남편에 종속적이었다.

이러한 전통법은 명청시기까지 이어지다가 근대에 와서 도전을 받게 되었다. 1930년 중화민국 정부에 의한 「민법」 친속편의 제정은 이러한 계기를 마련해주었다. 「민법」에서는 남녀평등, 혼인과 이혼의 자유를 보장했기 때문이다. 같은 시기 공산당의 각 혁명근거지에서 제정된 「혼인조례」도 기본적으로 남녀평등에 입각한 것이었다. 이러한 법들을 종합적으로 참고하여 제정한 것이 1950년의 「혼인법」이었다.

---

13) 岳純之 點校, 『唐律疏議』, 上海古籍出版社, 2013, p.224.

14) 上海大學法學院, 『大淸律例』, 天津古籍出版社, 1993, p.225.

15) 陶毅, 明欣著, 『中國婚姻家庭制度史』, 東方出版社, 1994, pp.266-267.

중화인민공화국 성립 직후 반포되었던 이「혼인법」으로 자유혼인, 일부일처제, 남녀평등의 권리를 기반으로 한 새로운 체계가 성립되었다.[16] 무엇보다 전통시기에는 이혼을 제기할 수 없었던 아내들이 이혼을 제기하는 계기가 되었다. 이「혼인법」이 '이혼법'이라 불렸던 것도 그런 이유이다. 전통시기처럼 부모나 중매인에 의해 결정되는 혼인이 아니라 법은 혼인 당사자의 의지에 따라 결정하도록 규정했다. 이 법이 실행되자 자기 의사에 의한 혼인으로 승인받은 결혼이 97.6%를 차지하는 성과를 보였다. 구체적으로 전국의 각급 인민법원이 1953년부터 1954년 상반기까지 처리한 새「혼인법」에 의한 결혼 및 이혼 사안이 100만 건가량 되었다.[17] 이러한 사실만 보아도 당시의 혁신적인 면모를 볼 수 있다. 국가가 나서서 새로운 혼인법을 홍보하고 계몽시킨 결과였다.

이「혼인법」은 1980년에 개정되었고, 2001년에도 수정 입법 형식으로 개정되었던 바 있지만 그 기본 골격은 계속 유지되었다. 시기별로 개정된 혼인법의 방향은 전통시기 가정에 속박되어 종속적인 입장이었던 여성들의 권익을 보호하고 재산권을 확대하는 것이었다.

---

16) 혼인 연령도 여자가 18세, 남자가 20세로 정해졌고 가족재산의 소유와 경영에서도 아들과 딸의 동등한 권리가 보장되었다. 부모의 자식교육과 양육의 의무뿐 아니라 부모를 부양할 자식의 의무도 확인되었다. 가장 획기적인 것은 남녀 모두에게 이혼 요청의 권리가 주어졌다는 것, 그리고 자녀와 재산에 관련된 상호의무와 권한이 명시되었다는 것이다. 마저리 울프 지음, 문옥표 엮음, 『지연된 혁명 - 중국사회주의하의 여성생활』, 한울, 1988, p.165.

17) 김지수, 『中國의 婚姻法과 繼承法』, 전남대학교출판부, 2003, pp.82-83; 김미란, 「중국 1953년 혼인자유 캠페인의 안과 밖 : 관철방식과 냉전하 문화적 재구성」, 『한국여성학』 22-3(2006), p.104.

예를 들어 1980년 개정「혼인법」에서는 부부간의 약정 재산권이 추가되었다. 2001년의 개정「혼인법」에서는 혼인의 무효와 철회 조건이 증설되었으며, 중혼과 이혼에서 과실 없는 배우자의 손해배상청구권이 신설되었다.[18]

그러나 지속적으로 추진된 법적, 제도적 변화에도 불구하고 현재 중국 여성들이 체감하는 현실은 현재의 혼인제도가 여전히 여성에게 불리하다고 인식하고 있다는 것이다. 최근 독신여성의 증가가 이와 무관하지 않다는 인식이 팽배해지면서, 여성의 권리를 적극적으로 보장하도록 제도화해야 한다는 주장이 제기되고 있다. 그러나 독신여성을 바라보는 사회적 인식은 상당히 부정적인 듯하다. 독신여성을 의미하는 '잉녀剩女(남은 여자)'라는 용어부터가 젠더차별적인 인식이라고 비판을 받고 있기[19] 때문이다.

2010년 무렵부터 사용되기 시작한 이 용어는 전통적인 여성상과는 거리가 멀다는 의미에서 독신여성에 대한 부정적인 인식을 내포하고 있다. 현재 사회문제 중의 하나로 거론되고 있는 남녀성비 불균형은

---

18)「《婚姻法》70年帶您了解它的歷史變遷」,『半月談雜志』, 2020.5.1. 특히 2001년 개정 혼인법에서는 가족 내 재산권에 관한 조항이 신설되었다. 즉 부부의 재산이 결혼등기 시점을 기준으로 언제 형성되었는지에 따라 재산권의 귀속문제를 판단하도록 명시했다. 그러나 결혼 전에 신랑과 신부가 공동으로 주택을 구입하는 경우, 여성에게 불리하다는 주장이 제기되고 있다. 2011년 중국 최고인민법원은 결혼 등기시점을 기준으로 개인재산과 공동재산을 구분한다는 기존 조항의 법률적 효력을 재차 확정했다. 이에 대해 여성단체의 반발이 커지고 있는 상황이다. 김영구·장호준,『중국의 사회와 문화』, 한국방송통신대학교출판문화원, 2016, pp.46-47.

19) 이응철,「현대 중국 도시 젊은이들의 결혼과 비혼」,『아시아연구』 22-2(2019), pp.167-171.

오히려 계획생육이라는 국가정책과 남아선호라는 전통관습이 결합하여 만들어 낸 현상이다.[20] 그러나 그럼에도 불구하고 잉녀라는 말 속에는 남녀성비 불균형으로 인해 배우자를 찾는 것이 어려운 남성들의 문제에 대한 책임을 여성에게 전가하는 모습을 보이고 있다. 마치 '여성들이 이기적으로 자기 삶과 경력에 집착하고 있기 때문'이라는 인식이 내포되어 있는 것이다.[21] 현재 독신여성의 증가로 인해 배우자를 찾지 못하는 독신남성의 증가율이 상승하고 있고, 이는 심각한 사회문제로 비화할 우려가 커지고 있지만[22] 여성들의 혼인에 대한 불신은 여전히 현재 진행형인 듯하다.

---

20) 2020년 제7차 전국인구조사에 의하면 남성은 7.2억, 여성은 6.9억으로 각각 51.24%, 48.76%를 차지했다. 남녀의 성비(여성이 100일 때 남성 비율)는 105.07로 나타났으며 이것은 2010년 제6차 전국인구조사보다 약간 올라간 수치이다. 「第七次全國人口普查公報 : 男性占51.24%, 女性占48.76%, 總人口性別比105.07」, 『新浪財經』, 2021.5.11.

21) 이응철, 「결혼 권하는 사회 : 현대 중국의 결혼, 배우자 선택, 그리고 남은 사람들」, 『아태연구』 21-4(2014), pp.229-232.

22) 매매혼, 인신매매, 성범죄 등이 급증하는 한편, 결혼적령기 인구가 정상적인 혼인과 가정생활을 누리지 못할 경우 혼외연애나 혼외성관계 등이 급증할 것으로 예상되고 있다. 「剩女是僞問題, 3千萬剩男才是眞問題」, 『廣州日報評論』, 2014.5.5.

혼인 관습

13 사라진 혼인 관습, 곡가哭嫁

혼인은 가정의 형성과정에서 발생하는 보편적인 절차이다. 지구상의 거의 모든 민족이 채택하고 있다는 혼인제도는 각 집단이 처한 자연환경 및 각종 사회경제 환경에 영향을 받는다. 따라서 혼인하는 과정은 집단마다 고유한 방식을 계승해왔고, 이 때문에 혼인 관습은 그 집단의 정체성과도 밀접한 관계를 갖는다. 혼인 관습을 통해 그 사회가 어떤 사회인지 그에 속한 사람들은 어떤 가치관과 철학적 사유를 보유하고 있는지 이해할 수 있기 때문이다. 이러한 상황은 가족과 종족이 사회의 기초로서 향촌사회에서 강력하게 작용해왔던 전통 중국에서는 말할 것도 없다.

중국의 전통 관습 중 지금은 사라진 것이 적지 않다. 그중 혼례와 관련된 대표적인 것으로 곡가哭嫁를 빼놓을 수 없다. 말 그대로 "시집가는 것을 슬퍼한다"는 의미이다. 이는 결혼을 앞둔 신부가 결혼 한 달 전 혹은 보름 전부터 울면서 노래를 부르는 관습이다. 이때 부르는 노래를 곡가가哭嫁歌 혹은 곡가哭歌라고 한다. 역사적으로 토족土族, 토가족土家族, 모난족毛難族, 포이족布依族, 백족白族, 회족回族, 납서족納西族, 묘족苗族, 동족侗族, 강족羌族, 요족瑤族, 살랍족撒拉族, 장족藏族, 이족彝族, 태족傣族 등 소수민족 중에서 많이 행해졌기 때문에 곡가를 소수민족의 고유하고 독특한 전통 관습 정도로 알고 있는 경우가 많다. 특히 토가족의 곡가 습속이 가장 전형적이라고 알려져 있고, 지금도 곡가는 토가족의 대표적인 민속으로 주목받고 있다.[1] 그러나 전통시기에는 한족 사회에서도 널리 퍼져있던 관습이었다. 한 연구에 따르면, 중국 31개 성 자치구 중 15개 자치구의 지방지에 곡가의 기록이 있다. 그 지역은 사천, 귀주, 운남, 티벳, 하북, 산서, 섬서, 청해, 신강, 산동, 상해, 절강, 안휘, 복건, 대만 등[2] 주로 서남부 지역에 분포하고 있다. 이들 지역에서 곡가는 여자가 출가하기 전에 반드시 행해야 하는 혼인 의식이었다. 이 밖에 광동, 광서, 호북, 호남, 강서 등에서도 곡가가 행해졌음이 전해지고 있다. 따라서 곡가는 소수민족뿐 아니라 한족에게서도 보편적으로 행해졌던 관습으로 보는 것이 타당할 것이다.

그러나 곡가의 관습은 지역과 민족에 따라 동일하지 않은 형태로 나타났다. 명칭부터 다르고 곡가를 하는 방법에서도 차이가 있다. 예를 들어, 절강 일대에서는 곡가哭嫁, 사천 일대에서는 작좌가作坐歌, 광동 일대에서는 개탄정開嘆情, 복건 일대에서는 제비절啼悲切, 호북·호남 일대에서는 곡교哭轎라고 불렀다.[3] 곡가를 진행하는 방식에서도 각 지역이나 민족에 따라 차이점이 존재한다. 곡가는 결혼을 앞둔

---

1) 토가족의 곡가는 改土歸流 당시 이미 상당히 유행했는데, 토가족은 고유 문자가 없어 다수의 문화 습속이 이러한 독특한 전통 구전으로 지금까지 전해지고 있다. 李玲鑫, 江鈺瑩, 陳希, 史少君, 「符號學視覺下的土家族哭嫁文化研究」, 『傳媒論壇』, 2019-11, p.153.
2) 潘旦, 「哭嫁習俗探微」, 『溫州師範學院學報』, 2003-6, p.30.
3) 潘旦, 위의 논문, p.30.

신부가 찔끔찔끔 울면서 탄식을 내뱉는 것으로 시작된다. 곡가에 참여하는 사람은 신부와 신부의 모친, 오빠의 올케, 자매 등 가족이 일반적이지만, 신부의 친구나 동네 아낙들까지 참여하기도 했다.

곡가의 시작은 보통 결혼 전 한 달, 혹은 보름, 혹은 며칠 전부터 시작된다. 그러나 빠르면 반년 전부터 시작하기도 하고, 늦으면 결혼 당일에 시작하는 경우도 있었다. 이 역시 민족과 지역에 따라 다르게 나타난다. 그렇게 시작한 곡가는 마치는 시간도 제각각이다. 신부가 신랑집으로 가기 위해 대문을 나서면서 곡을 마치는 경우, 신부가 꽃가마에 오를 때 울음을 그치는 경우, 혹은 꽃가마를 타고 가면서도 내내 울다가 신랑집에 도착할 무렵에 곡을 마치는 경우도 있다. 곡가의 형식도 노래 없이 곡만 하는 경우, 곡을 하면서 노래를 하는 경우, 노래만 하고 곡을 하지 않는 등 다양하다. 또 그 민족이 얼마나 곡가를 중히 여기는가의 정도에 따라서도 곡가의 내용과 형식 및 그 규모가 달라진다.

이러한 다양한 차이에도 불구하고 몇 가지 공통점도 나타난다. 그것은 결혼을 앞둔 신부가 곡가의 주인공이라는 것, 민족과 지역을 막론하고 곡가에 참여하는 사람은 모두 여자라는 것, 또한 곡가의 시작과 끝은 다를지라도 신랑집에 들어가기 전에는 반드시 곡가를 마친다는 사실이다. 신랑집에 들어가서도 신부가 계속 울면 그 결혼이 불길한 것으로 간주되었기 때문이다.[4]

신부가 곡가를 잘한다는 것은 총명하고 예절을 아는 여자라는 것을 상징했다. 반대로 곡가를 잘하지 못하는 것은 아둔하고 효성이

---

4) 潘旦, 「哭嫁習俗探微」, 『溫州師範學院學報』, 2003-6, p.31.

없는 것으로 간주되어, 주변 사람들의 놀림을 받았다. 광동성 화평현和平縣에서는 곡가를 잘하지 못하는 신부를 '돼지엄마猪嫲'라고 놀렸다고 한다. 곡가를 잘하지 못하면 신부 스스로도 부끄럽게 여겼다. 따라서 출가하기 전에 친척이나 마을에서 출가의 경험이 있는 모친, 친자매, 동네 아낙 등으로부터 곡가를 배우고 학습하는 것이 보편적이었다.[5]

그렇다면 곡가의 관습은 왜 행해졌던 것일까? 정든 집과 부모를 떠나 새로운 생활을 꾸려야 하고 형제, 자매들과의 동거생활을 더 이상 할 수 없다는 아쉬운 심정은 일면 이해가 되기도 한다. 그러나 아무리 전통사회라도 그것이 보름, 혹은 한 달 이상을 울어야 하는 이유였을까? 곡가의 가사 내용을 들여다보면 그 해답의 실마리를 어느 정도 짐작해볼 수 있다.

신부가 울면서 내뱉는 슬픈 노랫가락은 사람이 상喪을 당했을 때 하는 곡조와 비슷하다고 한다. 토가족土家族, 이족彝族, 대만 배만족排灣族 등의 곡가가를 들어본 학자들은 그것이 상당히 비극적인 곡조를 띠고 있고, 단일 음조를 계속 반복하는 형식이라고 지적한다.[6] 더구나 곡가가 지속적이고 체계적이며 상당히 풍부한 내용의 가사를 담고 있다는 사실을 알게 되면 적잖게 놀라게 된다. 곡가는 민간의 개별적인 행위가 아니라, '관습'이라는 이름으로 행해진 당시의 제도적이고 합법적인 혼인 절차 중의 하나라고 하는 게 맞을 것이다.

---

5) 胡群英, 曹水旺, 「最後的嫁歌 : 關於和平縣客家新娘歌的田野調查」, 『嘉應學院學報』, 2020-2, p.18; 匡天齊, 「四川漢族民間婚禮與婚嫁歌(續二)」, 『音樂探索』, 1995-2, p.35.

6) 胡群英, 曹水旺, 위의 논문, p.17.

곡가의 내용은 주로 신부 자신의 결혼에 대한 원망을 토로하는 것으로 가득 채워져 있다. 남의 집에 자신을 시집보내는 부모에 대한 원망, 신랑집에서 받은 돈(차이리彩禮)과 자신을 '맞바꿔버린' 오빠와 올케에 대한 질책, 온갖 감언이설로 부모를 '꼬드겨' 끝내 이 결혼을 성사시킨 중매인에 대한 한 맺힌 욕지거리, 매서울 것 같은 시집살이에 대한 두려움과 이에 대항할 수 없는 무기력한 신세 한탄 등이 그 주요 내용이다.[7] 곡가를 하는 과정은 일정한 순서에 따라 상당히 체계적으로 이루어진다.

흥미로운 것은 신부가 쏟아내는 곡가가 아무리 독기 서리고 등골 오싹한 저주를 퍼붓는 것이라 해도 지목된 당사자들은 이를 묵묵히 들어준다는 사실이다. 얼마간 이렇게 신부가 가슴 속에 있는 한을 울부짖음과 노래로 실컷 뿜어내고 나면 속이 조금이나마 풀리면서 체념의 단계로 넘어간다. 그제야 이제까지 자신을 키워준 부모에 대한 감사한 마음과 형제, 자매에 대한 애틋함이 떠오르게 된다. 따라서 곡가는 부모에 대한 감사와 효심, 그리고 형제, 자매, 친우들에 대한 고마움과 아쉬움으로 석별의 정을 나누면서 마무리가 된다. 즉 곡가는 출가하는 여자가 처한 상황과 그에 따른 심리 상태를 그대로 보여준다. 따라서 곡가는 각지의 풍속이나 관습과도 밀접하게 관련되어 있다.

관련 연구에 의하면, 장강 삼각주의 남회南匯에서는 신부가 집을 떠나기 전 3일 동안 애도를 한다고 한다. 이 과정은 모친이 딸에게 곡가의 순서와 방법, 시가에 들어가서의 도리나 마음가짐, 아내의 역

---

7) 匡天齊, 「四川漢族民間婚禮與婚嫁歌(續二)」, 『音樂探索』, 1995-2, p.34.

할 등을 지도하는 것인데, 그 과정에서 감정이 격화된 딸은 곡을 하며 울게 되는 것이다. 강서성 남부지역灘南의 객가 마을에서는 여자가 출가하기 3일 전에 신부가 친한 자매金蘭姊妹들을 모아 함께 곡가가를 불러 자신의 지인들과 헤어짐을 아쉬워하고 낯선 가정에 들어가는 두려움을 표현했다고 한다.[8] 광동성 화평현에서도 출가하기 전에 신부와 친한 자매가 집안에 모여 곡가를 연습하고 반복하고 교정했다. 사천성에서는 곡가를 잘하고 좋은 기운이 있는 기혼 부녀와 함께 기거하면서 배우기도 했다.[9] 그럴 때면 곡가뿐 아니라 출가할 때의 주의 사항이나 어떻게 해야 좋은 아내가 될 수 있는지 등도 일깨워주는 계기가 되었다. 그런데 광동의 화평현에서는 곡가는 통상 성인 신부에게 하는 것이고 너무 어린 신부는 간단하게 이별하는 의식을 하고 끝낸다고 한다. 꽃가마를 탈 필요가 없는 동양식이나 두번 혼인한 여성도 곡가의식을 하지 않는다는 것이다.[10]

이상의 사실에서 알 수 있는 것은, 곡가의 관습은 전통사회의 혼인제도의 불평등, 불합리성에 대한 일종의 탈출구 역할을 했다는 것이다.[11] 곡가의 가사에는 혼인제도에 대한 불만이 드러나 있기 때문이다. 이는 '곡가'라는 특수한 공간 내에서 혼인에 대한 불만을 공개적으로 표현할 수 있도록 허락을 받았다는 것을 의미했다.[12] 곡가의 관

8) 周曉平,「客家民間文學與客家婦女歷史地位的深層構成－以客家哭嫁歌爲研究新視覺」,『嘉應學院學報』, 2010-1, p.6.
9) 匡天齊,「四川漢族民間婚禮與婚嫁歌(續二)」,『音樂探索』, 1995-2, p.35.
10) 胡群英, 曹水旺,「最後的嫁歌 : 關於和平縣客家新娘歌的田野調査」,『嘉應學院學報』, 2020-2, p.18.
11) 匡天齊, 위의 논문, p.34.

습이 발생했던 주요한 요인은 혼인 당사자와는 상관없이 부모가 결정하는 강압적인 결혼 때문이었다. 또 하나 주요 원인으로 꼽을 수 있는 것은 혼인과 동시에 신랑집에 거주하는 친영제와도 무관하지 않았다는 것이다. 중국의 비교적 완전한 혼인제도는 주대부터 시작되어 몇 천 년 간 지속되어 왔다. 왕조가 바뀌고 사회가 발전하면서 혼례의식은 시간과 공간에 따라 변화했지만 6례를 기본으로 하는 규범은 시종 바뀌지 않았다. 6례(납채, 문명, 납길, 납징, 청기, 친영)는 간소화되어 3례(납채, 납징, 친영)로 축소되기도 했지만, 어쨌거나 가장 마지막 순서는 신부가 신랑집으로 가서 혼례를 치르고 바로 혼인생활을 시작하는 친영親迎의 단계였다. 이는 부계사회에서 주로 행해지는 부방거주제夫方居住制의 방식이다. 중국의 소수민족에서도 친영제는 보편적으로 행해졌다.

이는 혼인의 목적을 종조계승에 두는 중국 전통 가정의 핵심 가치에도 부합하는 것이었다. 전통 중국사회가 법적으로 일부일처제를 채택하고 있으면서도 첩제도를 용인하는 것이나 친생자가 없을 때 양자(사자)를 두거나 데릴사위제를 채택하는 것, 성비 불균형 지역에서 미리 신부를 확보하기 위해 동양식을 두는 것 등, 이 모든 행위의 뿌리에는 종조계승이 있었다. 물론 이것은 불합리한 제도를 합리화시켜 주는 것이기도 했지만, 명분은 언제나 종조계승이었다.

종조계승 사회에서 가장 불리한 사람은 딸이었다. 부모로부터 정규적인 상속을 받을 수 없고 결혼과 동시에 남편의 집에서 평생을

---

12) 胡群英, 曹水旺, 「最後的嫁歌 : 關於和平縣客家新娘歌的田野調查」, 『嘉應學院學報』, 2020-2, p.18.

살아야 하는 운명이었다. 정식으로 혼례를 올렸음에도 불구하고 대를 잇는다는 핑계로 남편이 첩을 두어도 말하지 못했고, 아들을 낳지 못해 축출되어도 눈물만 삼켜야 했다. 어린 신부로 남편 집에 들어가 죽도록 일만 하는 동양식이 되어도 그것을 운명이라 여겼다. 1960년 대 대만 향촌을 현지조사했던 마저리 울프는 겁 많고 소심한 어린 소녀들이 낯선 사람에게 시집갔을 때 처음 몇 주간 쇼크로 인해 늘 창백한 얼굴이었다고 증언했다.[13] 따라서 중국 전통의 혼인제도는 애초부터 딸에게는 말도 안 되게 불리한 제도였음에 틀림이 없다. 그러나 딸이 조용히 이러한 제도를 받아들이기만 하면 가정은 평화롭고 자자손손 대를 이어 조상에 대한 제사와 가계의 계승을 온전히 완성할 수 있었다. 그것은 전통가정의 최종적인 목표이자 목적이었다. 결국 곡가를 하는 것은 종조계승 사회에서 딸의 묵인을 전제로 유교적인 사회에 순응하기 위한 하나의 방편으로 관습화되고 제도화되었다고 하는 것이 타당할 것이다.

따라서 곡가는 딸이 이 모든 제도의 시작인 결혼에 대해 극단적인 저항을 하지 않도록 '합법적인' 저항의 방법을 제시한 것이라 할 수 있다. 곡가가 송나라 영녕永寧 공주가 시집갈 때 가전嫁錢 10만을 요구했지만 송 인종이 허락하지 않자 영녕 공주가 울면서 철야했던 것에서 유래했다는 설도[14] 이를 방증한다. 곡가와 함께 신부에게 가능한 한 혼수를 두둑하게 챙겨주고자 했던 것도 그런 이유였다. 곡가에

---

13) 마저리 울프 지음, 문옥표 엮음, 『지연된 혁명 – 중국사회주의하의 여성생활』, 한울, 1988, p.195.

14) 匡天齊, 「四川漢族民間婚禮與婚嫁歌(續二)」, 『音樂探索』, 1995-2, p.34.

여자만 참여했던 것도 이미 겪은, 앞으로 겪을 여자의 운명에 대한 공감과 위로의 과정을 거치는 것이었다. 상술했듯이 곡가의 시작 시점은 제각각 다를지라도 혼인에 대한 원망과 노래는 결혼 당일 최고조가 된다. 지역이나 민족에 따라 신랑집에 들어가기 직전까지 우는 경우도 있지만, 일반적으로는 가마에 오른 신부는 더 이상 곡가를 하지 않는다. 이때 신부는 세상에서 가장 예쁜 모습으로 꽃단장을 하고 꽃으로 화려하게 수놓은 가마를 타고 모든 운명을 받아들이면서 신랑집으로 향하는 것이다.

이러한 관습은 수천 년 이상 지속되다가 근대시기에 와서 두 공화국 정부에 의해 법적인 폐지의 절차를 밟게 되었다. 중화민국 남경국민정부에 의해 혼인과 관련된 악습의 폐지가 선언되었고, 강한 공권력을 앞세운 중화인민공화국에 의해 1950년 「혼인법」이 반포되어 혼인과 이혼의 자유, 혼인에 대한 제3자의 불개입 원칙 등이 수립되었다. 특히 1950년대 정부차원에서 추진되었던 혼인법 관철운동을 통해 전통적인 여러 악습이 사라졌다. 화려한 혼례는 금지되었고 신랑집에서 신붓집으로 보내는 차이리 관습도 최소한의 것으로 대체되었다. 혼수는 검소한 것들로 채워졌고 혼례는 간소화되었다. 「혼인법」공포 이후 전통 관습이 하루아침에 사라지지는 않았다 해도 전통시기와 같은 강압 혼인, 희생 혼인은 법적, 사회적으로 금지되었던 것이다. 게다가 토지개혁을 통해 여성에게 토지가 분급되는 등 여성의 권리가 신장되었던 것도 이러한 관습을 더 이상 필요치 않게 했다.

그러나 개혁개방으로 경제가 활성화되고 사회의 경직성이 완화되면서 억눌려왔던 전통시기의 여러 관습들이 부활하는 경향을 보이고 있다. 향촌사회에서는 종족의 사당이 세워지고 촌민위원회 선거에서

종족의 역할이 강화되었으며,[15] 축첩현상은 바오얼나이包二奶로 이름
을 바꾸어 등장했다. 혼인할 때 주고받는 차이리 관습 역시 부활했고
경제 성장과 더불어 그 규모도 급속하게 커지고 있다. 그러나 곡가의
관습이 전면적으로 부활하지는 않았다. 이는 그것을 필요로 하는 사
회적 현실이 남아 있지 않기 때문이다.

일반적으로 현대사회에서 전통 곡가의 방식은 더 이상 행해지지
않는다. 있다 하더라도 우는 시늉만 낸다든지 형식적으로 그치는 경
우가 많고, 곡가의 가사도 혼인에 대한 원망보다는 부모의 은혜와
가족에 감사하는 마음을 표현하는 것이 주류이다. 이러한 경향은 소
수민족 사회에서도 마찬가지이다. 다만 적어도 1950-60년대까지는
곡가가 향촌사회에서 상당히 행해졌고, 소수민족 지역에서는 지금도
행해지고 있다. 다만 곡가는 소수민족의 정체성을 찾기 위한 고유한
민속의 하나로서 보존되고 있는 중이다.

---

15) 송재하, 「現代中國의 家政經濟變化와 宗族勢力의 復活」, 『중국사연구』
11(2000), pp.153-160.

14 두 혼인제도와 상속

: 친영제親迎制와 남귀여가혼제男歸女家婚制

　　중국 전통시기 혼인의 형태는 상속제도에도 큰 영향을 주었다. 혼인의 형태에 따라 혼인 당사자 및 관련자들의 관계가 설정되고 이에 따라 자녀에게 돌아가는 재산분할의 몫이 달라졌기 때문이다. 뿐만 아니라 친족관계, 사회구조 등에도 적지 않은 영향을 주었다. 그 확연한 예를 전통시기 중국과 한국의 혼인 형태에 따른 상속제도에서 찾을 수 있을 것이다. 한국문화의 여러 요소 중 중국으로부터 수용되었던 것이 적지 않지만 혼인제도에 있어서는 각각의 고유한 특징들이 나타났다. 혼인제도는 자연환경, 민족, 역사, 전통, 사회, 경제, 문화 등 다양한 요소가 결합되어 형성되는 것이기 때문이다. 종법제에 기반을 둔 중국의 혼인, 상속제도가 고려와 조선에 전해졌지만, 그것은 중국의 혼인, 상속제도와는 다른 형태로 정착되었다.

　　중국은 전통적으로 친영제의 혼인제도가 보편적으로 실행되었다. 친영제는 신부를 신랑집으로 맞이하여 혼인식을 올리고 바로 시집살이를 시작하는 방식이다. 중국의 혼인은 원래 예에 기초한 사회적 규범이었다. 이는 서주시대의 종법제가 그 기반이 되었다. 종법제 사회에서 조상에 대한 숭배는 사회도덕의 근본규범이었고, 사회조직의 기본 원리였다.[1] 전통시기 중국의 혼인에 대한 규정은 삼례三禮, 즉 『주례』, 『의례』, 『예기』 중에 기록되어 있다. 그 내용은 주로 왕실, 제후, 사인계층 등 각각의 의례, 예절, 상례喪禮, 의용儀容 등 일상생활 속의 예를 기록한 것이다.[2] 특히 혼인은 납채, 문명, 납길, 납징, 청기, 친영의 6례에 따라 진행되었는데, '예'는 원래 의식이 번잡하고 신분에 따라 등급이 엄격한 것이 특징이었다. 따라서 이 삼례에 기록된 예는 최소한 사대부 이상의 귀족계층의 사회생활 규범이었을 뿐, 이것이 서인에게까지 미치지는 않았다. 이 삼례를 통합하여 포괄적인 예학 체계를 정립한 사람이 남송시기의 주자朱子이다.

주자는 사대부의 예에 한정된 의례를 개편하여 가례家禮에서 향례鄕禮로 다시 방국례邦國禮와 왕조례王朝禮로 나아가는 예를 확립하고자 했다. 제가齊家에 해당하는 가례는 물론, 치국治國에 해당하는 방국례, 황실과 조정의 예인 왕조례까지 통합하여 예학의 체계를 정립하고자 했던 것이다.[3] 특히, 민간에서 실행할 수 있도록 만든 「주자가

---

1) 康生, 「中國繼承制度的研究」, 『新生命』 1-11(1928), p.5.
2) 『周禮』는 주대의 관직제도와 그 직무를 기록한 책으로 일명 周官이라고도 한다. 주례의 체제는 六官 즉 天地春夏秋冬의 職制로 구성되어 있으며 정치사상이나 祭禮제도 등이 기록되어 있다. 『儀禮』는 『禮經』, 『士禮』라고 명칭되기도 하는데, 士 계급의 冠, 婚, 喪, 祭, 覲, 聘 등의 禮制를 상세히 기록한 책으로 총 17편으로 구성되어 있다. 『예기』는 공자가 하은주 삼대를 중심으로 정리한 200여 편의 예의 기록을 漢代 예학자인 戴德과 戴聖이 집대성한 것이다. 대덕이 편집한 『大戴禮』는 훼실되어 현재 39편만 전해지고 대성이 편집한 49편의 『小戴禮』가 전해진다. 그 내용은 각각의 의례, 예절, 喪禮, 儀容 등 세부적인 일상생활 속의 예에 관한 기록이다. 강현선, 「『儀禮』에 나타난 고대 중국인의 복식 고찰」, 성균관대학교석사논문, 2011, pp.11-12, p.18.
3) 주자의 예학에 관한 연구는 가례에 집중되어 있지만, 주자의 예학은 만년의

례」는 번잡하고 난해한 예를 간소화하여 일반계층에까지 보편화하는 계기를 마련해 주었다.

여섯 차례의 복잡한 예로 구성되어 있던 6례의 혼인절차도 납채, 납징, 친영의 3례로 간소화되었고, 이것이 민간에 널리 확대되었다. 이로써 불문의 관습과 풍속으로 전승되어 오던 혼인 규범이 강력한 사회규범으로서 자리잡게 되었던 것이다. 특히 명태조 주원장이 홍무원년(1365)에 "모든 민간의 혼취婚娶는 송문공가례宋文公家禮에 의거하여 따른다"고 반포했던 것 역시 예에 기반한 혼인이 민간에서 보편적으로 행해지게 된 계기가 되었다.[4] 이러한 혼인 방식과 절차는 명청시기를 넘어 민국시기에도 지속되었다. 그것이 6례이든 3례이든 가장 마지막 단계에서 신부가 신랑집에 귀속되는 친영제는 중국 전통의 혼인제도로 정착되었던 것이다.

이에 비하면 한국의 전통적인 혼인제는 남귀여가혼男歸女家婚이었다. 서류부가혼婿留婦家婚이라고도 부르는 이러한 혼인방식은[5] 고려와 조선전기까지 보편적으로 행해졌던 것으로 알려져 있다. 이러한 남귀여가혼은 고구려의 서옥제婿屋制에 연원을 두고 있다. 이는 혼인식 전날 신랑이 신붓집 앞에서 무릎을 꿇고 혼례를 청하면 받아들여

미완성 대작인 『儀禮經傳通解』로 집대성되었다. 이를 통해 기존의 정부 주도로 편찬된 예서를 거부하고 사대부 계층을 중심으로 한 새로운 예학의 체계를 세우려 했다. 주자는 가족에서 향촌으로, 향촌에서 국가와 천하로 나아가는 공간적 확대에 상응하는 예의 체계를 확립하고자 했다. 송재윤, 「가족, 의례, 선정 - 주희(1130-1200) 예학의 형성과정」, 『국학연구』 16(2010), pp.76-77.

4) 郭松義, 定宜莊, 『淸代民間婚書硏究』, 人民出版社, 2005, p.7.
5) 남귀여가혼과 서류부가혼에 대한 다양한 견해에 대해서는 김선주, 「高句麗 婿屋制의 婚姻 形態」, 『고구려발해연구』 13(2002), pp.1-4 참조.

혼례를 치르고 난 후, 신붓집 내 서옥婿屋에서 머물게 하고 신랑은 신붓집에 노동력을 제공해주고 생활하는 혼인 형태이다.[6] '장가든다 入丈'는 말은 여기서 유래했다. 이후 이 관습은 일정 기간이 지나면 신랑집으로 와서 생활하는 것으로 정착되었다. 신사임당이 친정인 강릉오죽헌에서 살다가 결혼 20년 만에 율곡 이이와 다른 자식들을 데리고 한양의 시댁으로 가서 살았던 것은 남귀여가혼의 한 예를 잘 보여준다.[7]

이러한 혼인방식은 고려시대에 광범위하게 행해졌고, 가부장적인 혼인제도가 도입되었던 조선시대 전기까지만 해도 보편적인 혼인 양식이었다. 이는 조선의 기본 법전인 「경국대전」에도 명문화되어 있다. 남귀여가혼에 의해 혼인 후에도 신부가 친정에 오래 머물게 되다 보니 혼인 후 가정 내의 여성의 지위가 혼인 전과 큰 차이가 없이 유지될 수 있었다. 조선전기까지만 해도 딸이 아들과 함께 균분상속을 받을 수 있었던 것은 바로 이러한 이유 때문이었다. 친영제를 채택했던 중국에서 신부가 친정의 상속에서 철저히 배제된 채 아들들에게만 균분상속이 행해졌던 것과는 확연한 차이가 있다. 종법제를 수용한 동일한 유교국가였던 중국과 한국에서 이런 차이는 어떻게 발생했던 것일까.

중국의 상속제도는 적서의 차별이 없이 제자들에게 평균적으로 균분하는 형제균분제도가 보편적으로 행해졌다. 딸은 이러한 정규적인 재산분할에는 참여할 수 없었다. 부모와의 친밀도에 따라 작분이나

6) 국사편찬위원회 편, 「혼인과 연애의 풍속도」, 두산동아, 2005, pp.20-21.
7) 국사편찬위원회 편, 위의 책, p.124.

장렴(혼수) 등을 받을 수 있을 뿐이었다. 재산분할이 가계를 계승하고 재산을 계승하는 종조계승에 의한 것이었기 때문이다. 종조계승에 참여할 수 없는 딸은 정규적인 재산분할에서 제외가 되었던 것이다. 친영제를 통해 딸은 혼인 후 바로 남편의 가정에 귀속되었다.

그러나 남귀여가혼의 혼인제도에서는 재산의 분할은 아들과 딸에게 동등하게 시행되었다. 제사에서도 아들과 동등하게 딸도 참여했다. 그 방식은 아들딸을 불문하고 모두가 조상의 제사를 번갈아가며 지내는 '윤회봉사奉祀'를 행하는 것이었다. 고려시대와 조선전기에는 재산의 균분상속과 함께 제사 역시 모든 자녀가 골고루 지냄으로써 재산상속의 권리와 제사 봉행의 의무가 모든 자녀에게 동등하게 주어졌다. 아들이 없고 딸만 있는 경우에도 별도로 아들을 입양하지 않고 딸들에게 재산을 균분하여 외손外孫으로 하여금 제사를 행하게 하는 것이 보편적이었다. 따라서 조선전기까지도 남귀여가혼에 의해 사위가 처가나 처가 주변의 처향妻鄕에 정착하는 것은 드문 일이 아니었다.[8] 조선전기의 상속제도는 중국의 종법제 가족제도와는 성격을 달리 했던 것이다.

그러나 조선에서도 변화가 발생했고, 그 변화는 16세기 중반부터

---

8) 문숙자, 『조선시대 재산상속과 가족』, 경인문화사, 2004, p.118. 고려말 이후 남귀여가혼과 자녀균분상속제가 지켜졌기 때문에 자녀의 결혼에서 딸을 출가시킨다는 의미보다 사위를 迎入(入丈)한다는 뜻이 강했다. 아들은 아내를 얻음과 동시에 처가로부터 처남과 동일한 양의 처가 재산을 분급받았다. 가옥, 토지, 노비 등을 포함하는 처가의 재산은 처가 소재지 혹은 연고지에 분포해 있었기 때문에 결혼과 동시에 妻鄕(家)으로 이주, 정착하는 것이 일반적인 경향이었다. 이수건, 「朝鮮前期의 社會變動과 相續制度」, 『역사학보』 129(1991), pp.39-40.

시작되었다. 변화의 계기는 조선 정부가 건국 후 정책적으로 추진했던 종법제와 유교주의 의례의 보급이었다. 종법제가 도입된 것은 고려 말이었지만 큰 효과를 보지 못하고 있었고, 남귀여가혼과 자녀균분상속제는 조선 초기에도 그대로 답습되었다. 조선 초기 주자학을 정교의 기본으로 채택한 조선왕조는 「주자가례」에 의거하여 관혼상제를 비롯한 예제와 의식을 정비하기 시작했다. 특히 태종과 세종은 고려의 유제인 가족 친족제도, 복제服制, 혼례, 상례 등을 주자학적 의례로 개혁해나가는 데 적극적이었다.[9] 이에 따라 조선에서도 중국의 6례에서 간소화된 의혼, 납채, 납폐, 친영의 4단계의 친영제가 행해지기 시작했다. "중국과 우리나라는 토양과 풍속이 다르므로 제도와 문물 또한 다르다"는 것을 이유로 친영제 수용을 반대하는 의견도 있었지만[10] 정부의 의지는 단호했다. 다만 국가적인 노력에도 불구하고 실제 이를 행하는 사회에서는 그러한 제도와 의례를 쉽게 받아들이지는 않았다. 그러나 동시에 변화도 시작되었다.

그 변화 중의 하나는 조선 초기인 16세기에 사위들이 처가에 대해 거리를 두는 현상이 나타나기 시작했다는 것이다. 16세기 전반기만 해도 사위들은 한 집안의 아들과 똑같은 재산상의 권리와 제사의 의무를 가졌다. 그러나 16세기 중반 이후 일부 가정에서는 사위들이 처가에서 상속받은 재산을 자진 반납하는 현상이 나타났다.[11] 그 이유는 처가의 봉사奉祀을 더 이상 하지 않으려는 기피의 표현이었다.

---

9) 이수건, 「朝鮮前期의 社會變動과 相續制度」, 『역사학보』 129(1991), p.44.
10) 『明宗實錄』(明宗9年 9月 乙丑條), 문형진, 「한국 혼인풍속에 미친 중국 법문화 영향」, 『중국연구』 48(2010), p.296에서 재인용.
11) 문숙자, 『조선시대 재산상속과 가족』, 경인문화사, 2004, p.103.

16세기부터 나타나기 시작하여 17세기 후반에 전면적으로 나타나는 이러한 상속제의 변화는 봉사의 문제가 가장 큰 요인으로 작용했다고 지적되고 있다. 대체로 16세기부터 각 가문에서 '봉사조奉祀條'라는 명목의 재산이 형성되기 시작했기 때문이다. 봉사조란 항구적으로 조상에 제사를 지낼 목적으로 재산을 상속할 때 별도로 분배되는 재산이었다. 봉사조는 현실적으로 제사가 단절되는 것을 막고 봉사자의 부담을 경감시키기 위해 설정된 것이었다. 재산을 모두 분할상속해 버리고 나면 사후에 후손들이 제사와 배묘를 하지 않을 것을 우려한 것이다.[12] 그러나 봉사조의 형성은 제사의 문제만이 아니라 가족제도의 변화마저 가져오는 계기가 되었다.[13]

이러한 상황은 남귀여가혼에서 친영제로 전환했던 조선 혼인제도의 변화와도 무관하지 않다. 「주자가례」를 보급하고자 했던 조선 정부는 정책적으로 남성 집안을 중심으로 한 혼인인 친영제를 시행했고 이를 장려했다. 오랜 남귀여가혼의 전통을 견지해오던 조선사회에서 친영제를 실시한다는 것은 단순히 혼례만을 치르는 문제가 아니었다. 신혼부부의 거처를 '처가 주변 거주妻方居住'에서 '남편의 친가 거주夫方居住'로 바꾸어야 하는 것이고, 그에 따라 생활방식이나 상속관습까지 조정하지 않으면 안 되는 것이었기 때문이다.[14]

관습이 하루아침에 바뀌지는 않았지만, 차츰 명종 때부터 중국의 친영제와 조선의 남귀여가혼을 절충한 방안들이 등장했다. 즉 반친

---

12) 정긍식, 「16세기 奉祀財産의 실태」, 『고문서연구』 9·10(1996), pp.141-142.

13) 문숙자, 『조선시대 재산상속과 가족』, 경인문화사, 2004, p.105.

14) 장병인, 「조선중기 사대부의 혼례형태-假館親迎禮의 시행을 중심으로」, 『조선시대사학보』 45(2008), p.222.

영半親迎의 기록이 보인다는 것이다. 반친영은 신붓집에서 혼례식을 치르고 혼인 당일에 신랑과 신부가 상견례를 하는 제도이다. 남귀여 가혼이 사흘째에 상견례를 했음에 비해 반친영은 혼인 당일에 하는 차이가 있었다.[15] 친영제에 따라 신부는 남편의 친가에서 혼인생활 을 하게 되면서 자신의 가족과 지리적으로나 심리적으로 거리가 멀 어지게 되었다. 이는 자연스럽게 딸에 대한 상속의 당위성을 약화시 켰다. 이후 딸은 친정의 상속에서 배제되었고 중국과 마찬가지로 아 들들만이 상속에 참여할 수 있게 되었다. 따라서 혼인 후 신부는 친 정과 단절된 채 남편에 의지하는 종속적인 입장이 되었다. 급기야 17세기 중엽 이후에는 가문에 관계없이 양반가의 분재기分財記(재산 분할문서)에는 딸을 균분상속에서 제외한다는 명문이 들어가기 시작 했다.[16]

그러나 딸이 친정의 상속에서 제외되었다고 해서 조선의 상속제도 가 중국과 동일한 형태를 보이지는 않았다. 중국은 상속에서 철저한 형제균분이 행해졌지만, 조선에서는 형제균분이기보다는 장자를 우 선시하는 원칙이 조선 후기로 갈수록 점차 확고해졌기 때문이다. 중 국에서는 서주시대의 적장자상속의 종법제가 진한대秦漢代 이후에는 점차 사라지고, 당대唐代에 와서는 형제균분의 상속 원칙이 법제화되

---

15) 친영제에서는 當日相見禮와 明日見舅姑禮를 조건으로 한다. 조선에서는 三 日相見禮를 행하던 서류부가혼(남귀여가혼)에서 친영제의 당일상견례만 채택 한 새로운 혼례(新俗禮) 방식이 행해졌다. 장병인, 「조선중기 사대부의 혼례형 태-假館親迎禮의 시행을 중심으로」, 『조선시대사학보』 45(2008), p.225.

16) 문숙자, 「조선후기 균분상속의 균열과 그 이후의 상속관행」, 『국학연구』 39 (2019), p.122.

었다. 다만 종법제의 잔재로 장자長子는 여전히 제사의 주재권이 있었기 때문에 얼마간의 재산을 더 얻을 수가 있었다. 그렇다고 해도 기본원칙은 형제균분이었다. 그러나 조선의 경우는 제사를 지낼 수 있는 사람이 모든 아들들에서 점차 장자長子로 한정되었다. 17세기 중엽 이후에는 장자에게 돌아오는 봉사조가 과도하게 지급되면서 장자 우선의 원칙이 뚜렷하게 확립되었다. 이에 따라 조선에서는 제사 승계에서의 부계적 혈통이 강조되었고 서서히 장자를 우대하는 경향이 나타났다.[17]

중국에서는 형제균분이 더 중요시되었고 그 외의 장자 몫이 책정되었지만, 조선에서는 봉사조를 우선 책정하고 나머지를 아들들이 균분하게 되면서 장자의 권한이 강화되었다. 여기에는 균분으로 인한 토지의 분산과 영세화를 막아야 한다는 조선사회의 사회경제 문제가 도사리고 있었다. 15세기 이후 인구는 증가했지만 토지가 부족하여 토지의 희소성과 경제적 가치가 증가하게 되었기 때문이다.[18] 그 결과 가문을 잇는 장자에게 봉사조가 집중되었다. 정리하면 조선의 재산상속 방식은 크게 자녀 균분에서 딸의 차별, 혹은 배제에 기반을 둔 제자균분諸子均分으로 바뀌었고, 이후 제자균분에서 적장자 우대상속으로 바뀌게 되는 과정을 거치게 되었다. 17세기 이후에는 장자를 우선하는 상속제도가 사회에서 용인되었던 것이다.

조선의 상속제도가 중국의 상속제도와 다른 점은 또 있었다. 조선

---

17) 정긍식, 「16세기 奉祀財産의 실태」, 『고문서연구』 9・10(1996), p142.
18) 윤진숙, 「조선시대 균분상속제도와 그 의미」, 『법철학연구』 16-2(2013), pp.283-284.

은 재산상속법상 상속재산의 대상이 부모 각자가 단독 소유하는 고유재산이었다. 중국은 가족의 공유재산이 인정되었고 재산분할에서도 가족 공동재산의 분배라는 개념이 있었지만, 조선은 가족 중 개인의 재산이 인정되었다. 따라서 상속의 대상이 되는 재산은 대부분 부모가 개인 소유한 노비와 토지였다.[19] 또한 「경국대전」에서 원칙적으로 자녀의 균등분할 상속이 규정되었지만 서자에 대해서는 현저하게 낮은 상속분을 주었다는 것도[20] 중국의 상속제도와는 다른 부분이다. 중국의 형제균분은 적서를 불문하는 제자諸者에 대한 균분이었기 때문이다.

여기서 두 가지 흥미로운 사실을 발견할 수 있다. 첫째는 한국의 전통적인 혼인과 상속은 '자녀균분' 방식이었다는 점이다. 또 하나는 조선이 종법제라는 중국의 법과 철학을 수용했음에도 불구하고 결과적으로는 중국과 동일한 형태의 '형제균분'이 아니라 '장자 우대상속'이라는 새로운 문화가 창출되었다는 점이다. 이것은 문화의 속성을 잘 보여준다. 문화는 사람들의 이동과 함께 퍼져나가고, 전파된 지역의 각종 요인과 결합하여 변용된다. 관습은 법과는 별개로 어떤 집단이나 민족이 처한 자연환경 혹은 사회, 경제, 문화적 환경의 영향을 강하게 받기 때문이다. 따라서 지구상의 거의 모든 민족에게서 나타난다는 혼인제도는 민족에 따라 지역의 환경적 요인에 따라 다르게 나타나는 특징을 보인다는 것이다.

---

19) 이수건, 「朝鮮前期의 社會變動과 相續制度」, 『역사학보』 129(1991), p.45.
20) 서자도 어머니가 양인인가 천인인가에 따라 차별을 받았다. 윤진숙, 「조선시대 균분상속제도와 그 의미」, 『법철학연구』 16-2(2013), p.282.

국가와 가족

15 근대 상속법의 제정

　중국사회에서 큰 변화 없이 수천 년간 지속되어 온 민간의 관습을 변화시킨 강력한 계기 중의 하나는 국가권력의 개입이었다. 이것은 곧 근대시기 관련 국가법의 제정과 시행으로 나타났다. 관련 입법은 「대청현행률」의 완성으로 시작되었고, 동시에 근대법의 제정도 진행되어 1911년에 「대청민률초안」이, 1925-1926년에 「민국민률초안」이, 1928년에는 「법제국민법초안」이 완성되었다. 그러나 이 세 초안은 실제로 시행되지 못했다. 「대청민률초안」은 청의 멸망으로 실행되지 못했고, 「민국민률초안」은 북경정부의 몰락으로 실행되지 못했다. 남경국민정부가 성립된지 1년 만에 완성되었던 「법제국민법초안」도 정식 민법기관(입법원)이 재정비되면서 그쪽으로 이관되어 결과적으로는 실행되지 못했다. 다만 「법제국민법초안」은 1929-30년 중화민국 「민법」 제정의 밑거름이 되었다. 「민법」이 제정 공포됨으로써 근대법이 비로소 실행되기에 이르렀다. 그 역사적 과정을 살펴보면 다음과 같다.

　중국의 전통법률은 당률이 제정된 이래 그 기본적인 형식이나 법리에는 큰 변동이 없이 천년 이상 유지되었다. 근대시기에 와서 서구의 법률개념과 이론이 도입되면서 개편 작업이 시작되었다. 그 첫 작업이 형법의 개정과 함께 「대청률례」를 수정하는 것이었다. 그것은 1910년 「대청현행률」의 완성으로 나타났다. 그러나 「대청현행률」은 「대청률례」에서 현실에 맞지 않는 법조항을 우선적으로 개정하는 것에 목표를 두었기 때문에 전통시대의 법 조항을 그대로 답습했다. 그럼에도 불구하고 「대청현행률」이 중요한 것은 「민법」이 제정되기 전까지의 민국시기 전반기의 실제적인 현행법이었다는 데 있다.

「대청현행률」의 개편과 동시에 민률의 제정을 위해 노력했는데, 그 첫 결실이 「대청민률초안」이었다. 이 법안은 1896년 공포된 일본 민법의 영향을 받은 것이고, 그 편제는 독일 민법을 모방하여 총칙總則, 채편債編, 물권편物權編, 친속편親屬編(혼인법), 계승편繼承編(상속법)의 5편으로 구성되었다.[1] 특히 친속편과 계승편은 현재의 가족법에 해당하는 것으로, 중국 전통의 예교와 민속을 흡수하면서도 법률의 근대화를 목표로 했다. 그 결과 상속에서도 서구적인 상속개념을 도입하여 상속이 피상속인의 사망으로 발생한다는 것을 중국 역사상 처음으로 명시했다. 그러나 여전히 정규 상속인의 범위에서 딸은 제외되었고, 아들이 없는 경우에만 다섯 번째 순서로 딸이 상속을 받을 수 있도록 규정했다.[2]

신해혁명 이후 성립된 중화민국 북경정부는 「대청민률초안」 친속편과 계승편을 기초하여 「민국민률초안」을 완성했다. 편제는 「대청

---

1) 독일 민법은 프랑스 나폴레옹 법전의 개인주의를 흡수하면서도 사회를 중시하는 정신이 표현되어 있었다. 이러한 점은 중국이 프랑스 법전보다는 독일 법전을 그 본보기로 채택했던 가장 큰 이유였다. 冉宗柴, 「中國民法與德瑞法民法之比較觀」, 『震旦法律經濟雜誌』 3-9(1947), p.116.

2) 『大淸民律草案』(繼承編) 제1466-1468조.

민률초안」과 동일하게 5편으로 구성되었지만, 그 내용에서는 「대청 민률초안」에 비해 보다 근대적인 면모를 띠고 있었다. 예를 들어 「대청민률초안」에서도 가족의 특유재산을 인정하고 있지만, 「민국민률초안」에서는 이를 더욱 강화하여 계승편 제6장 전체를 가족의 특유재산 규정에 사용하고 있다는 것이다. 이는 가족의 공유재산을 규정하고 있는 전통법에 대한 근본적인 변혁이라고 할 수 있다.[3] 그러나 실질적인 내용에서는 여전히 전통법의 요소를 상당 부분 유지하고 있었다. 특히 계승편에서는 제2장을 하나의 장章으로 독립시켜 종조계승과 사자嗣子에 대한 규정으로 할애하고 있으며 그 내용도 상당히 상세하다.[4] 전통시기의 종조계승과 사자 규정을 근대법 속에 넣어서 법제화 하고자 했던 것이다. 「대청민률초안」과 마찬가지로 아들이 없는 경우에만 딸이 마지막 순서인 다섯 번째로 상속받을 수 있다고 규정하고 있는 점도 전통법의 영향이 남아 있다는 방증이다.

북경정부의 몰락으로 「민법」의 제정은 다음 정부인 남경국민정부의 과제로 넘겨졌다. 남경국민정부는 정부 수립 직후 입법을 위해 우선 1927년 6월 법제국法制局을 설치했다.[5] 청말, 북경정부에 의해 실행을 보지 못했던 민률초안을 참고하여 신속하게 「민법」을 제정하

---

3) 康生, 「中國繼承制度的硏究」, 『新生命』 1-11(1928), p.16.

4) 손승희, 「相續慣行에 대한 國家權力의 타협과 관철 – 남경국민정부의 상속법 제정을 중심으로」, 『동양사학연구』 117(2011), p.318.

5) 국민정부는 1927년 남경을 수도로 정하고 中央法制委員會를 설립, 동년 5월 7일 中央法制委員會組織條例를 공포하고 9명의 위원을 두었다. 9인은 胡漢民, 丁惟汾, 伍朝樞, 戴傳賢, 鈕永建, 陳肇燊, 吳倚滄, 羅家倫, 戴修駿이었다. 그 후 法制局으로 개칭되었고 王世杰이 局長이 되었다. 楊幼炯, 『近代中國立法史』, 商務印書館, 1936, p.345.

고 전면적으로 시행할 필요가 절실했기 때문이다. 이에 법제국에서는 1928년 여름에 친속편과 계승편의 기초에 착수하여 1928년 10월에 초안을 완성했다.[6]

법제국이 완성한 친속, 계승편은 이전의 「대청민률초안」이나 「민국민률초안」에 비해 전통적인 요소를 많이 제거한 상태였다. 혼인과 상속에서 남녀평등의 원칙이 확립되었기 때문이다. 예를 들어, 친속편에는 가족조직의 규정이 없어지고, 친속의 범위는 남계친男系親 위주가 아닌 '혈친血親' 및 '혼인婚姻'을 표준으로 했다. 계승편에서는 상속은 남녀를 불문한다고 명문화하여 종조계승을 부정했다. 그러나 이 초안도 공포 시행되기 전에 법제국이 폐지되어 효력이 발생하지 않았다. 곧이어 남경국민정부가 행정원, 입법원, 사법원, 고시원, 감찰원의 오원체제五院體制를 갖추자 이 초안은 입법원立法院으로 이송되었다. 1929년 1월 29일에는 입법원이 민법기초위원회를 설치하고

---

6) 이 초안은 법제국에서 작성되었기 때문에 1929-30년 입법원에서 제정된 「민법」과 구분하여 「법제국민법초안」으로 부른다. 그중 이 초안 친속편의 중요한 원칙은 남녀평등의 승인, 종족 건강의 증진, 친속의 互助를 장려하고 의뢰성을 제거한다는 것이었다. 친속편은 통칙, 혼인, 부부관계, 부모와 자녀 관계, 부양, 감호, 친속회의의 7장, 83조로 구성되어 있다. 계승편의 요점은 1. 봉건유제의 종조계승을 폐지한다. 2. 남녀의 법률상의 지위가 완전히 평등함을 승인한다. 3. 유족의 생활비를 제외하고 피계승인은 유촉으로 그 재산을 자유롭게 처분할 수 있다. 4. 상속인은 재산상속 한도 내에서 피계승인의 채무에 대해 청산할 책임이 있다. 5. 국고에서 유산을 승수할 수 있는 기회를 증가시켜 지방공익사업의 발전을 촉진한다. 6. 배우자의 유산계승의 순서는 직계비친속보다 뒤로 하지 않는다. 계승편은 통칙, 계승인, 계승인의 효과, 계승인의 應繼分, 유산의 분할, 누구도 승인하지 않는 계승, 유촉, 특유분의 8장, 64조로 구성되어 있다. 「親屬法及繼承法」, 『申報』, 1928.10.19.

부승상傅乘常, 초이당焦易堂, 사상관史尙寬, 임삼林森, 정육수鄭毓秀 5
인을 기초위원으로 임명했다. 입법원 원장은 호한민胡漢民이었으며,
사법원장 왕총혜王寵惠, 고시원장 대전현戴傳賢과 프랑스인 Padoux
가 고문으로 초빙되었다. 이들은 「법제국민법초안」을 토대로 「민법」
제정의 기초 작업에 착수했다.

　「민법」의 제정에서 특히 주목할 만한 사실은 그 입법의 과정이다.
법전의 실제 편찬기구는 입법원 민법기초위원회였지만[7] 입법의 방향
성을 제시하고 입법을 실질적으로 지도했던 것은 중국국민당(이하 국
민당) 중앙정치회의(이하 중정회)였기 때문이다. 1924년 성립된 중앙
정치회의는 원래 국민당 집행위원회 하부조직이었는데, 1925년 6월
국민정부의 건립이 결정되면서 국민혁명의 핵심 지도기구로 부상했
다. 이후 1928년 국민당의 훈정이 결정되자 중정회는 훈정에 대한
일체의 기본방침을 결정하고 실행하는 최고의 기구가 되었다.[8] 중정
회는 실제 훈정시기 기본방침에 대한 결정권을 장악하고 있었고, 당
중앙과 정부 사이에서 당의 지휘를 받고 그 권능을 실제로 운용하는
역할을 했다.[9] 따라서 훈정시기 중정회의 직권은 건국강령, 입법원칙,
시정방침施政方針, 군사대계軍事大計를 기획하고, 국민정부위원, 각

---

7) 중국인 기초위원은 대부분 일본, 독일, 프랑스 등의 국외 유학생 출신이었다.
　　특히 王寵惠은 미국 예일대학 박사출신으로 영국 변호사 자격이 있었고,
　　胡漢民은 일본에서 법률을 배우고 소련에 유학한 경험이 있었다. 李秀淸,
　　「20世紀前期民法新潮流與『中華民國民法』」, 『政法論壇』, 2002-1, p.135.

8) 王奇生, 「中政會與國民黨最高權力的輪替(1924-1927)」, 『歷史硏究』, 2008-3,
　　pp.69-70.

9) 「第3屆中央第2次臨時全會決議案」(1931.11), 『中國國民黨歷次代表大會及
　　中央全會資料』(下), 光明日報出版社, 1985, p.9.

원장院長, 부원장 등 주요 관리의 인선 등에까지 미치고 있었다.[10]

입법원 민법기초위원회는「민법」총칙, 채편, 물권편을 먼저 완성하여 공포한 후, 친속 계승편에 대한 초안 작성에 착수했다. 친속편과 계승편은 국민당의 당강이나 국가정책과도 밀접한 관계를 갖고 있었기 때문에 입법원은 친속, 계승 양편에 대한 입법원칙을 우선 결정해 줄 것을 중정회에 요청했다.[11] 따라서 가족제도와 관련하여 논란이 되는 모든 문제는 우선적으로 국민당 중정회에서 의결된 입법원칙에 따라 논의되었다. 중정회가 가장 중시했던 것은 국민당의 정치이념인 삼민주의를 입법에 반영하는 것이었다. 국민당이 국가건설에서 최고의 원칙과 지도이념으로 삼았던 것은 손문의 삼민주의였는데, 입법에서도 예외가 아니었다. 훈정시기 중 각종 법률의 입법원칙은 '총리의 유교遺敎를 따르지 않은 것이 없다'고 할 정도였다.[12] 중정회라는 국민당 중앙의 핵심기구가 입법을 지도했다는 것은 입법이 곧 국민당 이념의 구현을 위한 하나의 방편이었음을 짐작케 한다.

---

10) 『革命文獻』第22輯, 彭厚文,「國民黨中央政治委員會的演變述略」,『湖北大學學報』, 1993-4, p124에서 재인용. 중정회의 모든 결의안은 직접 국민정부에 교부되어 집행되었기 때문에 중정회는 말하자면 '태상정부'였다. 林桂圃,「中國國民黨的中央政治會議」,『國衡半月刊』第1卷 第12-13期(1935.10-11), 王奇生, 위의 책, p.155에서 재인용.

11)「討論親屬繼承原則」(1930.6.20);「中政會審查親屬編」(1930.6.26);「親屬編審查已竣事」(1930.6.27);「中政會法律組審查會」(1930.7.3);「親屬編先決点整理已告完竣」(1930.7.18);「中政會討論親屬編」(1930.7.24) 이상은 모두『申報』에 수록되어 있음. 중정회의 입법과정에서의 역할과 참여는 손승희,「相續慣行에 대한 國家權力의 타협과 관철 – 남경국민정부의 상속법 제정을 중심으로」,『동양사학연구』117(2011), pp.24-26 참조.

12) 孫科,「訓政時期之立法」,『中央日報』, 1937.4.28.

「민법」 계승편도 「법제국민법초안」과 마찬가지로 혼인과 상속에서 남녀평등의 원칙을 확인했다. 다만 「민법」 계승편은 「법제국민법초안」보다 온건한 면이 있었다. 「법제국민법초안」 전문에는 '종조계승'이라는 말은 언급되어 있지 않지만, '상속은 직계혈친비친속(친 자녀)에게 하되 남녀를 불문한다'는 명문이 있다.[13] 이는 종조계승을 부정한다는 의미였다. 「법제국민법초안」 설명서에도 '종조계승을 폐지한다', '남녀가 법률상에서 완전히 평등하다'라고 분명하게 언급되어 있다.[14]

이에 비해 「민법」 계승편 전문에는 직계혈친비친속에 여자를 포함한다는 언급이 없다. 「민법」이 공포되기 직전인 1930년 12월 4일 『신보申報』에 실린 「계승편의 특징」에는 '유산계승은 종조계승을 전제로 하지 않는다', '상속은 남녀가 평등하며 딸은 기혼 미혼을 불문하고 모두 상속권이 있다'고 언급하고 있다. 의미상으로는 상속은 남녀가 평등하며 종조계승을 폐지한다는 내용이다. 그러나 '종조계승을 폐지한다'고 분명한 입장을 밝힌 「법제국민법초안」보다는 '유산계승은 종조계승을 전제로 하지 않는다'라고 한 「민법」의 태도가 좀 더 소극적이고 온건했다는 것을 알 수 있다.[15] 아무튼 「법제국민법초안」이나 「민법」의 전문에는 모두 논란의 여지가 있는 '종조계승'이라는 말은 언급을 회피하고 재산의 상속만을 규정하고 있다. 이는 재산상속은

---

13) 『法制局民法草案』(繼承編) 제8조.
14) 『女子繼承權詳解』, 著者, 出版社, 出版年度 未詳(1929년 전후로 사료됨 - 필자), pp.26-29.
15) 손승희, 「相續慣行에 대한 國家權力의 타협과 관철 - 남경국민정부의 상속법 제정을 중심으로」, 『동양사학연구』 117(2011), p.342.

더 이상 종조계승을 전제로 하지 않는다는 것이고 재산상속과 종조계승은 별개의 것이라는 사실을 의미했다.

「법제국민법초안」과 「민법」 계승편에는 종조계승 뿐 아니라 사자嗣子에 대한 규정도 없다. 「민국민률초안」 제2장 종조계승에서 사자의 의미, 자격, 순서 등을 상세히 규정하고 있는 것과도 대조적이다. 이는 종조계승을 규정하지 않는 한 사자도 규정할 필요가 없었기 때문이다. 이는 민간의 상속 관습과의 충돌을 피하기 위한 목적이었을 것으로 생각된다. 종조계승은 중국의 오랜 전통이었기 때문에 이를 폐지한다고 명문화할 경우 이해 당사자들 사이에 야기될 수 있는 여러 가지 문제점을 원천적으로 차단하고자 했던 것이다. 「민법」에서는 재산상속만을 규정하여 종조계승을 이유로 혈친이나 배우자가 아닌 사람이 상속을 받는 것을 금지한 것이다. 다만 민간에서 대를 잇는다는 명목으로 사자를 세우고자 한다면 이를 금지하지는 않았다. 아들이 없어 사자를 세우는 것은 개인의 권리 문제이지 더 이상 법이 정할 수 있는 문제가 아니라고 인식했던 것이다.[16] 다만 「민법」에서 이미 재산상속과 종조계승을 분리한 이상, 사자에게는 재산상속의 권리가 없었다.

이상과 같이 「민법」의 시행으로 여자도 기혼 미혼을 불문하고 남자 형제와 동등한 재산상속권을 부여받았다. 다만 부모에 대한 부양의 의무도 남녀가 동등하게 지게 되었고 피상속인의 채무에 대해서도 마찬가지였다. 「민법」에는 상속인이 상속으로 인한 유산에 한하여

---

16) 손승희, 「相續慣行에 대한 國家權力의 타협과 관철 - 남경국민정부의 상속법 제정을 중심으로」, 『동양사학연구』 117(2011), p.347.

피상속인의 채무를 상환해야 한다고 규정하고 있기 때문이다.[17] 또한 상속을 받을 수 있는 사람은 혈친과 배우자 위주로 규정되었다. 전통 상속 관습은 직계혈친비친속(친아들)에게 재산을 상속했고 해당자가 없으면 동종同宗으로 사자를 삼아 계승하게 했다. 그렇게 될 경우 평생의 일상을 같이한 배우자나 친딸, 부모 등이 배제되고 오히려 혈친이 아닌 사람에게 재산이 상속되는 구조였다. 그러나 「민법」의 상속권은 서양 입법의 예에 따라 직계비속(자녀), 부모, 형제자매, 조부모의 상속권을 인정했다. 이는 혈친과 배우자에게만 상속인의 자격을 부여한 것이었다. 그 밖의 유산은 국고에 귀속시킨다는 것을 분명히 했다. 이러한 법정 순서의 상속제도는 「민법」이 제정되기 전 중국 사회에서는 존재하지 않았다.

「민법」에서는 딸의 재산상속권은 물론이고 배우자의 상속권도 명확하게 규정하고 있다.[18] 전통시기 처의 상속권이 없었던 것과 비교하면 큰 변화였다. 전통사회에서는 남편인 피상속인이 사망했을 경우 그 상속은 직계혈친비친속에 한했고 처는 상속인이 될 수 없었다. 다만 재산의 관리권이 있을 뿐이었다. 아들들에게 재산을 분할하기 전까지의 재산관리권이 있었던 것이다. 따라서 부친 사후 아들들은 유산 분할을 청구할 수 있는데, 모친이 생존해 있다면 반드시 모친의 허락을 받아야 했다. 이는 「대청민률초안」과 「민국민률초안」에서도

---

17) 『中華民國民法』(繼承編) 제1154조.
18) 만일 1순위인 직계혈친비친속이 상속인이 되면 배우자는 유산을 그와 균분하고, 2·3순위인 부모나 형제자매일 경우는 유산의 2분의 1을, 조부모인 경우는 유산의 3분의 2를 차지한다고 규정하고 있다. 상속인의 순서가 뒤로 갈수록 배우자의 상속분이 많아지는 구조였다. 『中華民國民法』(繼承編) 제1144조.

규정하고 있는 사항이다.[19] 그러나 「민법」의 시행으로 처는 상속권을 갖게 되었고, 재산관리권은 더 이상 유효하지 않게 되었다.[20]

「민법」에서는 배우자의 상속권을 인정했고 부부별산제夫婦別産制를 채택하고 있기 때문에 상속분은 배우자 개인의 재산으로 인정되었다. 따라서 남편 사망 후에 처가 재가再嫁를 할 경우 남편에게서 받은 상속분을 재가하는 집에 가져갈 권리도 있었다.[21] 동거공재 하에서 사실상 남편에게 종속되었던 아내의 개인재산이 이제는 아내의 소유로 인정되었고, 아내는 자유롭게 자신의 재산권을 행사할 수 있게 되었던 것이다. 이는 소유권개념의 변화를 의미하기도 했다. 이러한 부부별산제는 「민국민률초안」에서 처음 인정된 이후 「법제국민법초안」에서도 규정되었던 바 있다. 그러나 실제로 시행되기 시작한 것은 「민법」에서 명문화한 그 이후부터였다. 이때 제정된 중화민국 「민법」은 몇 차례의 수정을 거쳐 현재 대만에서 여전히 현행법으로 시행

---

19) 『大清民律草案』 제1463조; 『民國民律草案』 제1379조.

20) 이에 대해 Kathryn Bernhardt는 민법 시행 후 과부가 모두 동등한 권리를 향유한 것은 아니라고 주장한다. 한 여자의 남편이 그 부친 사망 이후에 죽은 경우(寡妻)와 부친 사망 이전에 죽은 경우(寡媳)가 다르다는 것이다. 전자의 경우 처가 남편의 재산을 상속받을 수 있었지만, 후자는 시아버지로부터 어떤 재산도 받을 수 없었기 때문이다. 이는 「민법」의 본의는 아니지만 「민법」 시행 이전에는 家産은 共財였기 때문에 죽은 남편의 몫이 있었지만, 「민법」에서는 개인의 재산을 인정하여 재산은 곧 시아버지 개인의 독점적 재산이기 때문에 부친 생전에 아들이 사망하면 寡媳(과부 며느리)의 몫은 없다는 것이다. Kathryn Bernhardt, *Women and Property in China, 960-1949*, Stanford University Press, 1999, pp.117-132.

21) 院字 第851號(1933.1.31), 司法院指令湖南高等法院, 『司法院解釋例全文』, p.692.

되고 있다.22)

한편, 현재 중화인민공화국에서는 중화민국 「민법」과는 계통을 달리하는 상속법이 시행되고 있다.23) 정부 수립 직후인 1950년 「혼인법」을 먼저 제정 반포한 것은 잘 알려진 사실이다. 「혼인법」은 전통시기에도 국가의 통치이념이나 이데올로기를 포함하여 국가의 기강을 바로잡기 위한 기본 체제였다. 따라서 중화인민공화국 정부도 국가 수립 직후 서둘러서 「혼인법」을 제정 반포한 것이다. 그러나 상속법은 그렇게 시급한 국가사회 정책은 아니었기 때문에 상대적으로 덜 중시되었고 전통시기의 호혼률처럼 혼인법 속에 포함되어 규정되었다. 더구나 사회주의 국가에서 개인의 사유재산을 인정하는 개별 가정의 상속을 적극적으로 규정하는 것도 모순이었다. 따라서 그 방향은 자본주의 국가와 같지는 않았다. 실질적인 내용은 중화민국 「민법」 계승편보다 더 전통법의 정신이 많이 남아 있었다.24) 이후 유산 분쟁을 법적으로 해결하는 과정에서 판결의 경험이 축적되었고, 1985년에는 독립된 중화인민공화국 「계승법」이 공포되어 시행되기 시작했다.

---

22) 김지수, 『中國의 婚姻法과 繼承法』, 전남대학교출판부, 2003, p.275.
23) 중화민국의 「민법」이 독일, 프랑스, 스위스 등 서구 국가들의 민법을 참고한 것이라면, 중화인민공화국의 상속법은 소련의 상속법에 기초로 한 것이다. 李秀淸, 「新中國婚姻法的成長與蘇聯模式的影響」, 『法律科學』, 2002-4, pp.77-81.
24) 김지수, 위의 책, pp.278-279, pp.286-287.

16 지난했던 딸의 상속권 확립

　전통적인 종조계승 관념과 남녀평등의 근대 상속법이 충돌하기 시작한 것은 1926년 중국국민당 제2차 전국대표대회 부녀운동결의안에서부터였다. 1924년 개조를 선포한 중국국민당(이하 국민당)이 통치에 대한 기본강령으로 '법률상, 경제상, 교육상, 사회상 남녀평등의 원칙'을 확정한 것에[1] 따른 조치였다. 이 결의안에서 여성 상속권이 처음 인정되었고, 남녀평등의 법률 제정, 결혼·이혼의 절대 자유, 일부다처제 반대 등의 내용이 포함되었다.

　그러나 당시 대다수의 지역은 북경의 군벌정부 통치하에 있었고, 1925년 광주에서 국민정부가 성립된 이래 광동, 광서, 호남지역은 국민정부의 통치하에 있었다. 따라서 1926년 10월 국민정부 사법행정위원회는 국민정부 관할 지역에 통령을 내려 이 결의안을 시행하도록 조치했다. 내용은 사법행정위원회가 보낸 통령이 각 성省에 도착한 날부터 이 부녀운동결의안을 시행하고, 통령이 도착한 날 아직 국민정부에 예속되지 않은 성은 예속된 날부터 시행한다는 것

---

1)　榮孟源主編, 『中國國民黨歷次代表大會及中央全會資料』, 光明日報出版社, 1985, p.22.

이었다.[2] 「민법」이 정식으로 제정될 때까지 판결의 근거가 되는 원칙을 우선 선포한 것이다. 따라서 이 결의안은 국민정부의 관할 아래 있던 광동, 광서, 호남지역에서부터 유효한 법적 효력을 발휘했다. 북벌이 진행됨에 따라 적용되는 성의 범위도 확대되었다. 이 결의안은 부모 재산의 다과나 자녀의 수에 관계없이 균등하게 분배한다는 것으로, 재산상속에서 남녀의 평등을 실현한다는 것이었다. 그러나 이 결의안은 민간에 널리 퍼져있던 상속관습과는 상당한 괴리가 있었다.

국민당의 부녀운동결의안이 공포되자 재산상속권을 찾기 위한 딸들의 소송이 줄을 이었다. 그 첫 판례가 1927년 청조 관리 성선회盛宣懷의 미혼의 두 딸이 자신의 형제를 상대로 제기한 상속소송이었다. 상해 임시법원에 기소된 이 소송은 성선회의 두 딸도 아들과 똑같이 상속을 받아야 한다고 판결했다. 두 딸이 승소하자 성선회의 아들이 항소했으나 역시 패소했다. 이 소송의 진행 과정은 당시 세상을 떠들썩하게 했고,[3] 판례는 남녀 상속문제에서 중요한 참고가 되었다. 1927년 국민정부 수립 후 설립된 최고법원最高法院 판례에서도 비슷한 사례가 잇달았다. 즉 출가하지 않은 여자는 동일 부모의 아들과

---

2) 『女子繼承權詳解』, p.8.
3) 『女子繼承權詳解』, pp.57-61. 처음 제기된 것은 1927년 盛宣懷의 딸에 의한 소송이었는데, 민법 제정 이후에는 성선회의 손녀에 의해 다시 상속소송이 제기되었다. 이는 당시 『申報』에도 상세히 보도될 정도였다. 「盛宣懷已嫁孫女又提析産之訴」(1930.6.5); 「盛氏呈請發還遺産之院批」(1931.1.18); 「盛氏已嫁孫女控追盛艾臣遺産」(1931.8.12); 「盛宣懷外孫希圖分析遺産」(1931.12.3); 「盛宣懷外孫爭産案停止審判」(1931.12.12), 이상 모두 『申報』에 수록되어 있음.

동등하게 재산상속권을 갖는다는 것을[4] 인정했다. 그러나 "출가하지 않은 여자는 그 친형제가 동의하건 안 하건 동등하게 상속권이 있지만, 출가한 여자는 그 주장을 할 수 없다"[5]고 하여 기혼여성의 재산상속권은 인정하지 않았다.

이러한 판결은 일견 남녀평등이라는 국민당의 당강을 우선으로 한 것처럼 보이지만, 한편으로 이러한 법 해석은 전통적인 종조계승의 원리에 따랐다고 볼 수 있다. 딸에 대한 상속권 인정도 사실은 전통시기에 딸이 재산을 분할 받을 수 있는 경우에 근거하고 있기 때문이다. 예를 들어 전통시기에도 피상속인 사망 시 미혼의 딸이 있다면 혼수비용(장렴)을 승수할 수 있었다. 다만 그 액수는 피상속인 사망 시 미혼의 아들이 받을 수 있는 빙재(혼인비용)의 절반이었다. 또한 피상속인이 딸을 무척 총애한 경우도 적당한 양의 유산상속을 받을 수 있었다. 그 액수 역시 동 부모의 형제가 상속하는 양보다는 적어야 했다.[6] 호절戶絶(아들이 없는) 가정의 경우에도 동종同宗으로 항렬에 맞는 친족이 없을 때 사자를 위한 재산을 제외하고는 일반적으로 딸이 재산을 상속받을 수 있었다.[7] 따라서 최고법원의 판결에서 미혼여성의 상속권이 인정되었다고 해도 그것은 남녀평등의 원칙에 준했

---

4) 解字 第34號(1928.2.28), pp.52-53; 解字 第35號(1928.2.28), pp.54-56; 解字 第7號(1927), p.10 모두 最高法院復廣西司法廳函, 『最高法院解釋法律文件匯編』 第1集, 上海法學編譯社出版, 1931에 수록되어 있음.
5) 解字 第47號(1928.3.23), 最高法院復浙江高等法院函, 『最高法院解釋法律文件匯編』 第1集, pp.75-76.
6) 上字 第761號(1918), 郭衛, 『大理院判決例全書』, 成文出版社, 1972, p.288.
7) 解字 第163號(1928), 『女子繼承權詳解』, p.11.

다기보다는 전통시기의 예외적인 판례에 준하여 판결했다고 하는 것이 더 정확한 표현일 것이다.[8] 기혼 딸의 상속권은 인정할 수 없었던 것도 전통시기에 그러한 예가 없었기 때문이다.

최고법원의 판결은 딸이 출가하기 전에는 동 부모 형제와 동등하게 재산을 상속받을 수 있다고 규정했다. 그러나 미혼 딸에게는 다음과 같은 조건이 있었다. 만일 딸이 출가하여 상속분을 남편의 집으로 가지고 가려고 할 경우, 혼수를 제외하고 반드시 모친 혹은 동 부모 형제의 동의를 얻어야 했다. 만일 동 부모의 형제가 없다면 그 유산의 일부를 제산祭産과 사자嗣子의 상속분으로 남겨두어야 했다. 이때에도 유산을 남편의 집으로 가져가려면 혼수를 제외하고 사자의 동의를 얻어야 했다. 만일 사자가 미성년자이면 그 감호인이나 친족회의 동의를 구해야 했다.[9] 이는 딸이 자신이 받은 상속분을 남편의 집으로 가져가려 할 때 모친, 형제, 사자, 사자의 감호인 등이 동의하지 않으면 가져갈 수 없다는 의미였다. 따라서 이러한 법 해석에 의하면 딸이 온전히 부모의 재산을 상속받으려면 결혼을 하지 않는 경우였다.

또한 부녀운동결의안에 의해 미혼의 딸이 동 부모의 아들과 똑같이 재산을 균분할 수 있게 되었지만, 미혼 딸의 종조계승 문제는 해결되지 않은 채 남아 있었다. 당시 상속 관련 판례를 보면 여전히 종조계승에 근거하여 판결하고 있었기 때문이다. 전통적으로 재산상속은 종조계승을 전제로 했기 때문에 이제 미혼여성의 재산상속권이

---

8) 손승희, 「相續慣行에 대한 國家權力의 타협과 관철 – 남경국민정부의 상속법 제정을 중심으로」, 『동양사학연구』 117(2011), p.322.

9) 解字 第92號(1928), 『女子繼承權詳解』, pp.10-11.

인정된 이상 미혼의 딸도 종조계승권이 있는지의 여부에 대해 최고 법원이 답변해야 할 차례였다. 1928년 강소고등법원江蘇高等法院이 최고법원에 여자도 종조계승권이 있는지의 여부를 물어왔다. 이에 대한 최고법원의 답변은 여자가 종조계승권이 있는지 없는지의 입법 문제는 국민정부가 아직 이에 대한 법을 반포하지 않았기 때문에 해석할 수 없다는 것이었다.[10] 이는 종조계승을 폐지하지 않는 한 여성의 재산상속권을 인정한다는 것은 모순이었던 것이다. 제정될 「민법」은 이 문제를 해결하지 않으면 안 되었다.

이상과 같이 당시 상속 관련 판례를 보면 여전히 종조계승에 근거하고 있었다는 것을 알 수 있다. 이러한 판결은 오랜 전통 관습과의 충돌을 최소화하기 위한 법 해석이라고 할 수 있다. 이는 엄격하게 말하면 "여자도 재산상속권을 가진다"고 하는 국민당의 부녀운동결의안에 위배되지는 않았다. 여기서 말하는 '여자'가 기혼인지 미혼인지 설명이 없었기 때문이다. 따라서 법관의 판결은 전통 관습을 중시하여 미혼 딸의 재산상속권만을 인정했던 것이다. 미혼 딸의 상속권도 전통시기 딸이 상속받을 수 있는 경우에 준하여 이를 확대시킨 것에 불과했다. 즉, 판결은 민간의 상속관습을 크게 위배하지 않는 방향으로 조정되었다. 아직은 국민정부가 전국 정권을 확립한 것도 아니었고 지역에 대한 장악력도 확고하지 않았기 때문에 사법부의 독립적인 판결이 가능했던 것으로 보인다.[11]

---

10) 解字 第87號(1928.5), 最高法院復江蘇高等法院函, 『最高法院解釋法律文件匯編』 第2集.
11) 손승희, 「相續慣行에 대한 國家權力의 타협과 관철 - 남경국민정부의 상속법 제정을 중심으로」, 『동양사학연구』 117(2011), p.323.

부녀운동결의안에서 여성상속권이 인정되었음에도 불구하고 엄밀하게 말하면 전통시기에 여성의 상속을 인정하지 않았던 것과 별반 다르지 않았다. 이러한 판결은 전통적 관습을 중시한 것이었지만 남녀평등의 실질을 확보하지는 못했다. 그러나 20세기 초기 각국의 민법은 남녀평등 원칙의 확립이 일종의 조류가 되어 있었다. 중국도 5·4신문화운동의 영향으로 남계男系 중심의 가족제도에 대한 비판과 여성의 권리를 주장하는 여론이 조성되고 있었다. 당시 『신조新潮』나 『신청년新靑年』 잡지 등에 중국의 종조계승제도가 남녀평등의 세계적 조류에 위배됨을 지적하거나 여성의 재산상속권을 요구하는 문장들이 많이 발표되었다. 특히 호적胡適이 『신조新潮』에 「이초전李超傳」을 게재하면서 알려지게 된 이초의 죽음은 지식인 사회에 큰 반향을 불러일으켰다.[12] 호적은 이초의 죽음을 통해 중국의 가족제도를 고발했고, 진독수陳獨秀도 이초의 죽음을 계기로 남계 중심의 사회제도에 대한 의문을 제기하며 종조계승을 비판했다.[13]

북벌을 완성한 남경국민정부는 군정의 종식을 고하고 1928년 훈정 시기의 도래를 선포했다. 곧이어 정부는 행정원, 입법원, 고시원, 감찰원과 더불어 1929년 1월 사법원司法院을 설치했다.[14] 사법원은 여

---

12) 李超 집안에 아들이 없었는데 아버지가 사망하자 전통적 상속관습에 의해 이초는 재산상속에서 배제되고 嗣兄이 후계자가 되었다. 李超는 근대사상에 영향을 받은 신여성이었기 때문에 유학을 가고자 했고 그 비용을 결혼 비용 대신 받고자 했다. 그러나 嗣兄은 이초가 결혼하지 않을 것을 염려하여 이를 거부했다. 이초는 어렵게 돈을 마련하여 북경 국립고등여자사범학교에 입학했지만 가난으로 인해 병을 얻어 사망했다. 胡適, 「李超傳」, 『新潮』 2-2(1919.12), pp.266-275.
13) 陳獨秀, 「隨想錄82 : 男系制與遺産制」, 『新靑年』 7-2(1920), pp.158-160.

자의 재산상속권에 대한 분명한 원칙을 마련할 필요가 있었다. 1929
년 4월 27일 사법원은 최고법원 원장과 각 법정法庭의 정장庭長 회의
를 소집했다. 여기서 기혼 미혼을 구분하지 않고 남녀에게 동등한
재산상속권이 있다는 것을 확인하고 이를 소급적용할 것을 의결했
다.[15] 이후 최종결정권이 있는 국민당 중앙정치회의에 제출하여 심의
를 거쳐 통과되었다. 이에 따라 1929년 5월 15일 국민정부 사법행정
위원회는 기혼여성에 대한 상속권을 인정하는 소급시행세칙을 공포
하고 각 성에 통령을 보냈다.

　이 세칙의 목적은 기혼여성에게 재산상속권을 부여하는 데 있었기
때문에 부녀운동결의안이 결의된 시기까지 소급하도록 했다. 이 시
행세칙이 적용되면 미혼 기혼을 불문하고 여성에 대한 재산상속권이
인정되는 것이었다. 이미 재산분할을 했거나 상속이 이루어진 경우
에는 해당 기혼여성이 6개월 이내에 다시 재산분할이나 상속을 요구
할 수 있었다. 이 세칙은 공포한 날부터 시행되었다.[16] 시행세칙에
의하면 남녀평등의 권리와 의무는 일률적이기 때문에 기혼의 딸에게
도 부모의 채무를 상환해야 하는 의무가 있다고 규정했다. 만일 상속
된 재산으로 부채상환을 할 수 없는 경우는 채무에 대해 동 형제와

---

14) 司法院은 남경국민정부 최고의 사법기관으로 사법 심판, 사법 행정, 관리징계
　　및 행정심판의 직권이 있었다. 사법원은 사법행정부, 최고법원, 행정법원, 공
　　무원징계위원회로 구성되었다. 侯欣一, 「黨治下的司法 – 南京國民政府訓
　　政時期執政黨與國家司法關係之構建」, 『法學論壇』, 2009-3, p.11.

15) 『女子繼承權詳解』, pp.12-13.

16) 『已婚女子追溯繼承財産施行細則』(1929.8.19 公布) 第3條, 『女子繼承權詳
　　解』, p.21.

균등하게 부담을 지고, 다른 형제가 없을 경우에는 혼자서 채무를 감당해야 한다고 규정했다.[17)]

그러나 이 세칙은 시행과정에서 혼란이 발생했다. 우선 상속의 개념 차이로 인해 발생하는 혼선이었다. 상속의 시작과 시행세칙의 적용 시기가 복잡하게 얽혀 있었기 때문이다. 아직 국민들이 서구식 '상속'의 시작과 중국 전통 '분가分家'의 의미를 제대로 이해하지 못하고 있었던 것이 원인 중 하나였다. 전통 중국의 재산상속은 부(혹은 모) 생전이나 사후를 불문하고 이루어졌지만, 시행세칙은 서구법에 기원을 두었기 때문에 상속의 기준은 철저하게 피상속인의 '사망'이었다. 만일 부모 생전에 재산을 그 자녀에게 주었다면 이는 상속이 아니라 증여에 속한다. 만일 피상속인이 1926년 부녀운동결의안 이전에 사망하여 상속이 이미 이루어졌다면 법률불소급의 원칙에 따라 딸은 재산상속권이 없었다. 말하자면 부모의 사망이 부녀운동결의안 이후라야 비로소 딸에게 상속권이 인정되었다.

그러나 무엇보다 논란이 가장 치열했던 것은 이 시행세칙이 언제까지 소급되느냐의 적용시기 문제였다. 이 세칙을 소급해서 적용할 경우 아직 국민정부가 전국적인 통치권을 확립한 시기가 아니었다는 문제가 있었다. 피상속인의 사망이 국민정부에 예속되기 전이라면 이 소급시행세칙에 적용을 받지 않고 이전의 관례에 따른다고 규정되어 있었기 때문이다. 피상속인 사망 당시 해당 성회省會가 국민정부에 예속되기 전이고 재산이 이미 아들에게 상속되었다면 그

---

17) 院字 第405號(1931.1.19), 司法院指令江蘇高等法院, 『司法院解釋例全文』, p.312.

재산의 분할 여부를 불문하고 기혼여성이나 미혼여성 모두 상속권이 없었다.[18]

이와 같이 소급시행 원칙을 정했음에도 불구하고 소급시행 날짜를 둘러싸고 혼선은 피할 수 없었다. 시행세칙에 의하면 국민정부에 예속되지 않은 성은 국민정부에 예속된 날부터 시행하도록 되어 있었다. 그런데 하북성河北省 같은 경우는 그 기준을 언제로 정해야 할지 애매했다. 하북성의 각 도시가 국민정부에 예속된 날이 동일하지 않았기 때문이다. 예를 들어 북경은 1928년 6월 8일, 천진은 6월 12일, 대명大名은 5월 1일, 보정保定은 5월 3일, 기타 창려昌黎, 임유臨楡 등 현의 국민정부 예속시기는 그 뒤였다.[19] 다음은 각 성이 국민정부에 예속된 연월을 표시한 것이다.

---

18) 院字 第174號(1929.11.19), 司法院復山東高等法院電, 『司法院解釋例全文』, pp.138-139; 院字 第275號(1930.5.12), 司法院復遼寧高等法院電, 『司法院解釋例全文』, pp.212-213.

19) 또한 이 시행세칙의 적용날짜를 省 예속으로 해야 하는지 아니면 縣이 예속된 날짜에 시행해야 하는지 모호했다. 하북성은 원래 直隸省과 京兆를 합병한 것으로 直隸는 天津이 省會이고 京兆는 大宛이 首區인데 성 정부가 이미 북경에 移設되어 있었다. 따라서 북경이 예속된 날짜로 해야 하는지 아니면 천진이 예속된 날짜로 해야 하는지 河北省 고등법원원장이 사법원에 해석을 요구해왔던 것이다. 이에 대한 사법원의 답변은 해당 정부가 현재 북경으로 이설되었다고 하더라도 예속시 해당성 省會가 원래 천진에 있었기 때문에 천진이 국민정부에 예속된 날부터 기준으로 해야 한다는 것이었다. 院字 第197號(1930.1.8), 司法院指令司法行政部, 『司法院解釋例全文』, p.154. 비슷한 문제 제기는 院字 第410號(1931.1.21), 司法院指令江蘇高等法院, 『司法院解釋例全文』, p.316 참조.

省別	年月	省別	年月
廣東	1925.7	浙江	1927.2
廣西	1925.9	貴州, 安徽, 江蘇	1927.3
湖南	1926.7	河南, 山西, 寧夏	1927.6
甘肅, 靑海	1926.9	雲南	1927.12
湖北	1926.10	山東	1928.5
江西, 陝西	1926.11	河北	1928.6
福建	1926.12	新疆	1928.7
四川	1927.1	東三省	1928.12

출처 : 銓敍部編, 『銓敍年鑒續篇』, 南京大陸印書館1934年版, pp.439-440, 王寄生, 『黨員,
黨權與黨爭 : 1924~1949年中國國民黨的組織形態』, 上海書店出版社, 2003, p.151에
서 재인용.

　　국민정부에 예속된 연월이 성마다 각각 다르니 그에 따른 법 적용
도 달랐을 것이다. 또한 상속분쟁이 각 안건마다 천태만상이라는 점
을 감안하면 그 복잡성은 가히 짐작할 수 있을 것이다. 이와 같이
복잡한 법을 국가권력의 의지대로 관철시킨다는 것은 쉽지 않았던
것이다. 그러나 종국에는 「민법」이 제정, 공포되어 법적으로 딸도 재
산상속권을 인정받게 되었다.

17 「민법」의 제정과 가장권의 변화

    중국의 가족제도가 몇천 년을 유지할 수 있었던 것은 이를 뒷받침하는 물질적 요인이 있었기 때문이다.[1] 그 물질적 기초가 바로 제사계승을 전제로 하는 가산의 분할이었다. 즉 중국 가족제도의 물질적 기반은 가산제家産制였고, 가산제는 종조계승에 의해 지속되었다. 전통시기 가정을 통솔하는 사람은 가장이었다. 가장의 가장 중요한 임무는 가족 성원들의 동거공재의 운영과 과정을 통솔하며 종조계승에 의한 가산의 분할을 공평하게 진행하여 가족의 영속을 도모하는 것이었다. 그런데 중국의 가족제도에서 가산이 가정의 공동소유일지라도 명의상 가장의 재산이라는 관념이 있었다.[2] 가장은 토지의 매매나 가산분할에서 가산을 처분할 수 있는 권리가 있었기 때문이다.

    가장은 일반적으로 부친이나 조부가 되었다. 대외적으로 가장의 권한이 가장 분명하게 드러날 때는 가산을 처분할 때였다. 가장은 가족집단의 대표로서 가산을 처분하거나 가산과 관련된 계약을 체결

---

[1] 康生, 「中國繼承制度的研究」, 『新生命』 1-11(1928), p.11.
[2] 손승희, 「중화민국 민법의 제정과 전통 '家産制'의 변화」, 『동양사학연구』 151(2020), p.186.

했다. 이때 가족 구성원의 동의가 있건 없건 가장은 가산에 대한 처분권을 행사할 수 있었다. 가장 이외의 아들, 손자, 조카, 형제 등등은 가장의 동의 없이 타인과 계약을 맺거나 가산을 처분하는 등의 일이 허용되지 않았다. 이들이 동거공재의 가족 성원으로서, 혹은 부자일체의 관계로서 가산에 대한 공유권을 가지고 있기는 했지만 가산에 대한 처분권이나 관리권은 가지지 못했다. 이 때문에 실제로 당시 사람들은 가산을 '부친의 것'으로 간주하는 경향이 있었다.

가산을 부친의 것으로 생각하는 현상은 전통시기는 물론이고 1940 년대 이루어진 화북 농촌관행조사에서도 확인되는 부분이다. 하북성 순의현順義縣의 경우 가산은 '가장의 것', '부모의 것'이라고 말하고 있는 것이다. '분가하기 전까지는 부친의 것'이라고 답한 경우도 있었다.[3] 이는 동거공재의 관계에서 가산은 부친의 것이고 분가와 동시에 재산분할을 하게 되면 비로소 아들의 것이 된다는 의미이다. 이렇게 말할 수 있는 결정적인 근거는 아들들은 동거공재에 의해 가산에 대한 공유권을 잠정적으로 가지고 있기는 했지만, 가산에 대한 처분권이나 관리권이 있었던 것은 아니었기 때문이다. 그러므로 가장은 가정 내에서 법률적으로 강력한 지위를 가지고 있었다. 가장이 임의로 가산을 처분했다고 해도 다른 가족 성원들이 이를 무효로 하거나 고소할 방법은 없었다.[4] 실질적으로 아들은 가산의 처분에 관한 한 아무런 권한이 없었기 때문이다. 다만 이때에도 중국의 가장이 로마의

---

3) 中國農村慣行調查刊行會編, 『中國農村慣行調查』(1), 岩波書店, 1952, p.298.
4) 니이다 노보루(仁井田陞) 지음, 박세민·임대희 옮김, 『중국법제사연구(가족법)』, 서경문화사, 2013, p.91.

가장만큼 절대적인 권한을 가진 것은 아니었다.

그러나 한편, 가산은 명실상부하게 부친과 아들들의 공산이라고 할 만큼 가산을 처분할 때 자녀와의 합의가 중시되기도 했다. 이 경우 토지 매매계약서에 자녀와 합의에 의한 결정이라는 것을 명시했다. 예를 들어 계약서에 가장이 가족, 특히 '아들과 상의하여 결정했다'父子合口商議는 문구를 집어넣는 것이다.[5] 이러한 경향이 일부 지역이나 개별가정에서 보이는데, 가산의 처분권은 가장에게 있었지만 가장이 단독으로 처리하지 않고 아들과 상의했으며, 이러한 과정이 매매문서에 남아 있는 것이다. 그러나 아들의 서명이 있고 없음에 따라 부친이 단독으로 결정했다거나 아들과 상의했다고 단정할 수는 없다. 일반적인 토지 매매계약서에 아들의 서명이 반드시 들어가야 하는 것은 아니었기 때문이다. 따라서 가족 간의 화목을 위해 동거공재의 성원들과 협의가 필요했다는 것으로[6] 이해할 수 있을 것이다.

그러나 반드시 가족 성원의 동의를 필요로 할 때도 있었다. 만일 부모가 모두 사망한 후 형제가 아직 가산분할을 하지 않고 동거하는 경우에 가장인 형이 가산을 처분한다면 그때는 다른 형제의 동의를 구해야 했다. 즉 가산에 대한 가장의 권능은 가장이 부모인지 아니면

---

5) 니이다 노보루(仁井田陞) 지음, 위의 책, p.88.
6) 니이다 노보루에 따르면, 부친과 가산처분을 '함께' 협의하고 계약서상에 공동매도인으로 되어 있는 아들을 '眼同子'라고 부른다. 眼同이라 함은 '함께 공동으로'라는 뜻으로 공동행위를 지칭한다. 안동자는 아들이 부친과 함께 거래하는 자리에 참석하고 거래의 주체가 되는 것을 말하며 부자 공동행위의 표현이다. 니이다 노보루(仁井田陞) 지음, 박세민·임대희 옮김, 『중국법제사연구(가족법)』, 서경문화사, 2013, p.200.

형제인지를 구별해서 생각했다는 것이다. 남송시기의 판결문에는 "형제가 아직 가산분할을 하지 않고 있다면 형제는 공동으로 계약서를 작성해야 한다"고 적시하고 있다.[7] 가산을 처분할 때 부친이 가장이라면 가족의 연서가 필요조건은 아니었지만, 형이 가장이라면 형제 모두의 동의가 필요했다는 의미라고 할 수 있다.

이상과 같이 전통시기에는 가장에게 가산의 처분권이 있었다. 그러나 1930년 「민법」 친속편의 제정으로 이러한 가장에 대한 권한에 변화가 발생했다. 동거공재의 전통 가산제는 근대 토지소유권 개념으로 전환되었고, 가장의 가산처분권도 개인의 처분권으로 대체되었다. 그러한 법적 변화는 어떻게 이루어졌으며 변화 양상은 어떻게 나타났는지 살펴보기로 하자.

근대소유권은 점유, 사용, 수익, 처분권을 의미하는데, 동거공재의 가산제에서 가장 문제가 되었던 것은 가산의 처분권이었다. 가산이 가족 성원의 공동소유였기 때문에 가족을 대표해서 가장의 가산처분권도 인정되었다. 상술했듯이 전통법에서는 가장이 아닌 아들, 손자, 조카 등 아랫사람卑幼이 가산을 임의로 처분하는 것을 금지했다. 아랫사람이 가산을 처분한다는 것은 곧, 가산이 동족이 아닌 다른 성씨에게 이전된다는 것과 동일시되었기 때문이다. 그러나 중국의 첫 근대법인 「대청민률초안」에서는 개인의 특유재산을 인정하고 있다. 이 법안은 실제로 반포된 정식 법전은 아니었지만, 민국초기 대리원 판례에서는 시대에 맞지 않은 당시의 현행법인 「대청현행률」을 대신하여 이를 원용했다. 즉 가장의 동의 없는 가산의 처분은 여

---

7) 滋賀秀三, 『中国家族法の原理』, 創文社, 1981, p.163

전히 금지되었지만 그 재산이 아랫사람 개인의 특유재산인 경우에는 임의로 처분하는 것을 금하지 않았다.[8] 이는 자기 소유의 재산을 자유롭게 처분할 수 있는, 즉 근대의 사적 소유권을 인정한다는 의미였다.

예를 들어, 1915년 대리원 해석례解釋例에서는 아랫사람이 사사로이 얻은 재산에 대해 그가 이미 성년이면 자유 처분이 가능하다고 보았다.[9] 이는 가정의 재산과 개인의 재산을 분리한 것으로, 성년이 된 아들은 스스로 판단능력이 있다고 보고 자신의 특유재산에 한하여 가장의 동의 없이 독자적으로 처분하는 것을 인정했던 것이다. 그러나 가산이 아랫사람의 개인재산이 아니고 가족의 공동재산인 경우 가장의 동의 없이 처분하는 것은 여전히 인정되지 않았다. 이러한 행위는 효력이 없다는 것도 분명히 했다.[10] 그 이유는 가족 성원의 공동생활로 인해 가산은 공동의 재산이며 가산은 본래 아랫사람의 소유가 아니기 때문이라는 것이다. 이는 가산처분권의 행사는 여전히 가장의 권리임을 간접적으로 시인하는 것이었다. 다만 사전에 가장의 동의가 있거나 사후에 가장이 추인하는 조건에서는 아랫사람이 본가의 공유재산을 처분할 수 있다고 한 1919년의 판례도 있어[11] 주목된다. 가장의 동의 없는 계약이 '절대 불가'에서 '사후 추인'으로까지 그 기준이 완화되고 있는 것을 볼 수 있다.[12]

---

8) 上字 第1459號(1915), 郭衛, 『大理院判決例全書』, 成文出版社, 1972, p.208.

9) 統字 第228號(1915), 『大理院解釋例全文』, 成文出版社, 1972, pp.149-150.

10) 上字 第178號(1914), p.207; 上字 第148號(1919), p.211, 두 편 모두 郭衛, 『大理院判決例全書』, 成文出版社, 1972에 수록.

11) 上字 第148號(1919), 郭衛, 『大理院判決例全書』, 成文出版社, 1972, p.211.

또한 당사자가 동의하지 않은 상태에서는 개인의 특유재산이 가족의 공동재산으로 포함되지 않는다고 판결하고 있다. 즉 1916년의 대리원 판례에서는 "가속이 자기 명의로 얻은 특유재산은 당사자가 동의하는 경우를 제외하고 공동재산으로 귀속시켜 일률적으로 균분할 수 없다"고 하고 있다.[13] 전통사회에서도 공전公田이라든지 특수하게 개인의 특유재산을 인정한 경우가 없지는 않았지만,[14] 민국 초기부터 개인의 특유재산을 인정해야 한다는 인식이 점차 확고해졌던 것으로 보인다. 「대청민률초안」에 이어 「민국민률초안」에서도 이것은 법 조항으로 명문화되었고, 「민법」에서도 이어졌다. 「민법」 시행 이후 최고법원의 판결도 "분가 전 자기 명의로 얻은 재산은 자체가 특유재산이므로 당사자의 동의 없이는 공유재산으로 삼아 강제로 분할할 수 없다"고 분명히 하고 있다.[15]

---

12) 그러나 만일 가족 중 한 사람의 개인재산일 경우에는 타인에게 양도하는 것 자체는 금지되지 않았다. 혹은 일가의 재산을 공동으로 상속한 경우 상속자가 다른 분권자에게 자신이 받은 재산을 양도하는 행위 또한 금지되지 않았다. 이는 재산이 타인에게 넘어가는 것이 아니라 가족성원의 것으로 귀속되는 것이므로 본가의 재산이 밖으로 새나가는 것이 아니기 때문이다. 上字 1459號 (1915), 郭衛, 『大理院判決例全書』, 成文出版社, 1972, p.208.

13) 上字 第475號(1916), 郭衛, 위의 책, p.209.

14) 金元시기에 가족성원 중 한 명이 관직이나 軍務의 보수로 획득한 재산, 혹은 홀로 가정을 떠나 외지에서 장사로 돈을 번 경우 그 취득한 재산은 분할대상에서 제외되었던 사례들이 있다. 滋賀秀三, 『中國家族法の原理』, 創文社, 1981, pp.344-345.

15) 「特有財産之解釋」上字 第1901號(1932), 『最高法院民事判例匯刊』9(1934), pp.48-50; 「特有財産弟無過問權」, 『天津益世報』, 1937.5.15; 「特有財産可自保有」, 『天津益世報』, 1935.12.19; 「關於父母處分子女特有財産的權限」, 『民衆生活週刊』45(1933), pp.26-27. 다만 "아들이 부친을 대신하여 家務를

개인의 특유재산으로는 아내의 지참재산을 빼놓을 수 없다. 전통 사회의 가산은 가족성원 전체의 것으로 기본적으로 개인재산은 인정 되지 않았다. 모든 가족성원의 수입이 가정의 회계 속에 포함되어 가산분할 때 균분의 대상이 되었다. 그러나 여기에 포함되지 않는 것이 있었다. 바로 아내의 지참재산이었다. 아내의 지참재산이란 장 렴粧奩 등 아내가 혼인할 때 아내의 친정 부모로부터 받은 일용 의복, 장신구, 토지 등을 말한다. 혼수 외에도 외손이 태어난다든지 혼인 후 아내의 친정에서 별도로 아내에게 주는 재산도 여기에 포함되었 다. 이때 받는 토지는 장렴전粧奩田, 연분지臙粉地(혹은 胭粉地), 첨기 지覘己地, 사방지私放地 등의 여러 명칭으로 불렸는데, 이는 모두 부 부의 특유재산으로 인정받았다. 즉 아무리 액수가 많더라도 이 지참 재산으로 인해 남편이 원래 받아야 하는 가산의 몫에서 제외되는 일 은 없었다.[16] 지참재산은 가산으로 인한 이윤도 아니고 노동의 대가 도 아닌 무상으로 들어온 재산이기 때문이다. 따라서 지참재산에 대 한 처분이나 관리는 모두 해당 부부에게 속하며 가정에서는 아무런 참견이나 제약을 가할 수 없었다. 전통시기 가산제 하에서 유일하게 개인재산으로 인정되었던 것이 아내의 지참재산이었던 셈이다.

그런데 부부생활의 재정적 기초는 남편과 아내의 지참재산으로 구 성되었다. 남편은 자신의 가정 내에서 동거공재의 관계에 있기 때문 에 자신의 개인재산이란 존재하지 않았다. 남편의 노동력 자체도 가

관리할 경우에는 아들이 가산을 처분할 권리가 있다"고 판결하고 있다. 上字 第1125號(1917), 郭衛, 『大理院判決例全書』, 成文出版社, 1972, p.210.

16) 滋賀秀三, 『中國家族法の原理』, 創文社, 1981, pp.513-514.

족의 것이므로 남편이 가족과 동거공재의 관계에 있는 한 남편의 노동력은 모두 가산으로 돌아갔다. 다만 아직 분가하지 않은 경우 가산 속에 포함되어 있는 남편의 몫은 미래의 언젠가는 획득하게 될 것이라는 승계기대권 내지 가산 속에 일정 정도 지분권의 형태로 남아 있었다. 가산분할이 이루어지면 남편은 가족의 공동재산으로부터 자신의 몫을 상속받고 비로소 자기 명의의 재산을 얻게 되는 것이다.[17] 아내의 지참재산은 남편 가정의 가산과는 구별되었지만, 부부일체의 관념에 따라 남편과 공동소유관계를 형성했다. 그러나 실제로 그 재산에 대한 사용권, 수익권 등 재산권의 행사는 남편이 대표하여 행사했다. 말하자면 실제로 아내의 지참재산은 남편에게 종속되었고, 전체 가족 내부에서 본다면 남편의 재산으로 흡수되었다고 할 수 있다.[18]

이러한 인식은 「대청민률초안」에서도 여전히 이어졌다. 즉 가장인 남편과 아내 사이는 대등하지 않았고 아내는 혼인 존속기간 동안 남편과 공유재산을 분할할 수 없었다. 다만 「민국민률초안」에서는 부처재산제를 채택하여 아내의 특유재산을 인정한 데 이어[19] 「민법」에서도 아내의 지참재산은 완전하게 자신의 독립적인 소유권을 행사할 수 있는 특유재산으로 인정되었다. 남편에게 속하지 않은 아내의 완전한 소유권을 인정한 것이다. 1933년 최고법원 판례에서도 민법

---

17) 외아들인 경우에는 부친이 사망하면 실제적인 가산분할을 하지 않고 명의 이전을 함으로써 자신의 재산을 확보하게 된다.

18) 滋賀秀三, 『中國家族法の原理』, 創文社, 1981, pp.520-521.

19) 「民國民律草案」(1130-1146조), 楊立新点校, 『大淸民律草案民國民律草案』, 吉林人民出版社, 2002, pp.354-356.

1017조 1항의 "연합재산 중 처가 결혼할 때 혹은 혼인관계 동안 상속 등으로 취득한 재산은 처의 원래 재산이므로 그 소유권을 보호한다"는 조항에 따라 장렴粧奩은 아내의 특유재산[20]임을 인정하고 있다. 이는 아내가 독자적으로 자신의 소유권을 행사할 수 있게 되었다는 것을 의미한다. 즉 '아내는 능력에 한계가 있는 자'라는 개념을 부정한 것이고,[21] 아내는 더 이상 남편이 대표하지 않아도 되는 독립적인 인격체임을 인정한 것이다. 부부의 공동재산 속에 포함된 아내의 지참재산은 명실상부한 아내의 특유재산으로 인정받았다는 의미이다.

이와 같이 「대청민률초안」에서 시작된 개인의 특유재산에 대한 인정이 「민국민률초안」에 이어 「민법」에서 더욱 확고해졌으며, 개인 특유재산의 인정 폭도 넓어져 가족성원들은 자신의 재산을 자유롭게 처분할 수 있게 되었다. 더 이상 단독의 가장권은 법적으로 존재하지 않게 된 것이다.[22]

전통시기 가산제 하에 존재했던 제전祭田이나 사당 등의 공유재산에 대해서는 「민법」 시행 후에도 인정되었다. 공유재산으로는 조상에 대한 제사를 위해 남겨두는 제전이 대표적인데, 이것은 중국 고유의 토지 관습이자 종법사상의 제도적인 표현이었다. 조상에 대한 제사나 부모의 봉양 등을 이유로 공유재산을 남겨두었고, 이러한 면은

---

20) 「粧奩與特有財産」, 上字 1620號(1933), 『最高法院民事判例匯刊』 12(1934), pp.129-131.

21) 胡漢民, 「民法親屬繼承兩編中之家族制度 - 十九年十二月十五日在立法院紀念週講演」, 『宣傳月刊』 5(1930), p.42.

22) 「민법」에서는 부처재산제를 통칙, 법정재산제, 약정재산제로 구분하여 상세하게 규정하고 있다.(1004-1048조)

현실에서도 그대로 나타났다. 따라서 「민법」에서 종조계승을 규정하지는 않았지만, 현실적으로 존재하는 공유재산의 처리 문제는 중요한 화두가 되었다. 결과적으로 그 해결 방법은 가산제 하의 동거공재의 공유재산을 근대적인 '공동공유' 개념으로 바꾸는 것이었다. 즉 공유재산을 처분할 때는 공유인 모두의 동의를 얻어야 한다는 것이다.[23]

이렇게 보면 「민법」의 방향성은 분명했다. 즉 남녀평등과 개인권리의 인정이라는 방향으로 입법화 되었다. 이에 따라 가장권에 변화가 발생하는 것은 불가피했다. 대신 가장에 대해 「민법」에서는 가무家務에 대한 관리권을 규정하고 있다. 가장은 남편 혹은 보호자의 자격으로서 부부 혹은 자녀의 재산을 관리할 수 있는 재산관리권을 갖는다는 것이다. 전통시기처럼 가산의 주재자 혹은 가산의 실제 처분권자로서의 가장은 더 이상 존재하지 않게 되었다.[24]

---

23) 「共有財産處分權應得共有人全體同意 但可處分其應有部分」, 『天津益世報』, 1936.5.21; 「共有財産之處分不經共有人同意無效」, 『天津益世報』, 1937.4.11; 「共有財産依法應平均分析」, 『天津益世報』, 1936.8.19; 「共有財産由一人處分者無效」, 『天津益世報』, 1937.4.1; 「兄弟共有財産共有人隨時請求分析」, 『天津益世報』, 1937.5.16.

24) 許莉, 「『中華民國民法·親屬』硏究」, 華東政法大學博士論文, 2007, pp.45-46.

18 민간 혼인에 대한 정부의 개입
: 관제혼서官製婚書의 제작

　명청 이래 빙례聘禮의 중요성이 갈수록 커지고 그 규모도 확대되자 혼서의 내용 중에 빙재聘財, 빙금聘金의 액수와 양을 기재하는 경향이 나타났다. 혼인 당사자가 사망하거나 혼인의 취소悔婚, 철회退婚 등의 문제로 혼인이 깨졌을 때 빙재를 돌려받고자 하는 측과 돌려주지 않으려는 가정 간에 분쟁이 자주 발생했기 때문이다. 따라서 민간에서는 좀 더 확실한 법적 보장을 필요로 했다. 국가의 입장에서도 근대시기 서양의 제도와 사상이 전해지면서 민간의 관습을 통일적으로 관리하고 통제할 필요성이 커지게 되었다.

　따라서 청말 신정시기 정부는 서구 국가의 법률개념과 이론을 도입하여 중국 전통 관념과 법률에 대한 일대 개혁을 시도했다. 형법을 개혁하고, 대청률을 수정한 「대청현행률」을 제정함으로써 전통법의 불합리한 부분들을 제거하여 우선 시행하도록 했다. 한편으로는 서구의 근대법에 기초한 「대청민률초안」의 작성도 진행되었다. 이는 곧 민간의 관습이 국가의 법체계 속으로 편입되고 수렴되는 계기가 되었다. 또한 법률의 개혁과 더불어 청말 이래 피폐된 국가재정 문제를 타개하기 위한 방법도 모색되었다. 그 방법으로 청 정부가 주목했던 것은 인화세印花稅를 징수하는 것이었다. 인화세는 민간의 재정, 상업행위 등에서 발생하는 계약서나 증명에 과세하는 방법이다.[25] 수속이 간단하고 시행하기가 수월하여 세계 각국에서 채택하고 있는 세법이었다.[26]

인화세의 도입은 개항 이후 세계 자본주의의 유입으로 상품경제가 날로 발달하고 무역이 증가함에 따라, 중국도 부세賦稅정책을 재정비하여 국가재정을 확보할 필요가 있었기 때문이다. 인화세의 징수 대상에는 혼서도 포함되었다. 내용은 민간에서 결혼할 때는 정부 차원에서 통일적으로 인쇄 제작한 '관제혼서官製婚書'를 사용해야 한다는 것이었다. 혼서에 인화세를 도입한다는 것은 민간의 혼인에서도 일정 정도 국가의 간섭과 규제를 받게 된다는 것을 의미했다. 말하자면 관제혼서의 보급은 혼인부분에서 국가가 국민에 대한 통제를 표준화하고 규격화하기 위한 조치였다.[27] 전통시기에는 정부가 민간의 혼인에 개입하지 않았기 때문에 혼서에는 정부의 날인이 없는 것이 특징이었다. 예컨대, 토지매매 계약서의 경우 민간에서 임의로 작성된 백계白契가, 납세하고 정부의 날인을 받음으로써 법적 보호를 받는 홍계紅契로 바뀌는 것과는 달랐다. 지방의 주현州縣 정부는 만일 민간

---

25) 包玉墀,「印花稅」,『經濟常識』3(1935), p.104.

26) 인화세법은 1624년 네덜란드에서 시작되었는데, 당시 네덜란드가 직면한 국가의 재정문제를 해결하기 위한 수단으로 실시되어 경제위기를 신속하게 극복하는 데 큰 역할을 했다. 常雅欣,「近代中國印花稅發展的若干問題探析」,『財政監督』, 2020-3, p.86.

27) 吳佩林,「淸末新政時期官製婚書之推行 - 以四川爲例」,『歷史硏究』, 2011-5, p.78.

에서 혼인분쟁으로 관부에 소송을 제기하는 자가 있다면 반드시 혼서를 그 증거로 제시할 것을 고시할 뿐이었다.[28] 분쟁이 발생하고 소송을 제기해야 비로소 관부는 혼서를 근거로 혼인분쟁에 개입하여 판결했다.

청대까지 이어졌던 이러한 상황은 청말 신정시기부터 국가가 일률적으로 제작한 관제혼서에 인화세표를 붙이도록 하면서 바뀌게 되었다. 중국의 인화세법은 일찍이 1889년 직예총독이자 북양대신인 이홍장李鴻章이 해군 군비를 마련하기 위해 제안하면서 시작되었다. 두 차례에 걸쳐 실시되었던 인화세법은 두 번 모두 각계의 반대가 끊이지 않아 제대로 실행되지 못했다. 각지의 상회, 각 성省 자의국, 지식계에서도 계속 성명을 발표하여 인화세 징수를 반대했고, 공개적으로 대규모 저지운동을 전개하기도 했기 때문이다.[29] 따라서 관제혼서 역시 잘 실행되지 못했다.

관제혼서의 실행 방법은 민간에서 정혼할 때 관제혼서를 구매하여 주혼인과 중매인의 성명과 주소, 혼인 자녀의 성명과 출생일시 등을 각 항목의 빈칸에 채워 넣는 것이다. 그런 다음 정부에서 발행한 인화세표를 붙이면 정부에서 심사하고 날인함으로써 해당 혼인이 합법적이라는 것을 증명했다. 이러한 행위는 국가가 민간의 혼인을 정식으로 법의 궤도 속에 편입시켰다는 것을 의미했다. 이는 국가가 시종

---

28) 청대에는 토지, 금전, 혼인, 상속 등의 문제로 소송할 때 토지매매계약서, 지도, 차용증, 혼인계약서, 분가서 등의 증빙서류를 첨부하지 않으면 고소장을 접수하지 않았다. 오금성 외 지음, 『명청시대 사회경제사』, 이산, 2008, p.161.

29) 李向東, 「印花稅在中國的移植與初步發展(1903-1927)」, 華中師範大學博士論文, 2008, pp.74-83.

혼인을 예의 범주로 간주하여 간섭하지 않았던 것에 대한 인식의 전환을 보여준다.

관제혼서의 시행은 일부 성省 별로 시범운영하고 전국적으로 확대한다는 계획이었다. 여기에는 복잡한 절차와 과도한 빙례 부담으로 야기된 전통 혼인의 '폐습'을 개혁하고 혼인방식의 근대화를 모색한다는 취지도 분명히 있었다. 예를 들어 사천성 화양현華陽縣의 보고에서는 민간의 혼서가 제각각이고 보존하기 힘들며 관인이 없어 위조하기 쉽다는 점이 지적되었다.[30] 그러나 관제혼서에 대한 민간의 반응은 결코 호의적이지 않았다. 1907년 당시 상해 호남공학滬南公學 교장 진수균陳秀鈞 등이 강독江督에 인화세를 신설하여 국가비용으로 충당할 것을 제의한 바 있다. 전국적으로 이러한 인화세를 시행하면 매년 약 수천만 원의 재정을 확보할 수 있을 것으로 예상된다는 것이다. 그러나 『농공상보農工商報』에 실린 다음과 같은 기사는 혼서의 인화세 도입을 찬성하지 않았던 민심의 일면을 보여준다.

> 마누라老婆를 얻는 데도 세금을 내야한다니 (이런 일이) 세상 어디에 있단 말인가! 가난한 집에서는 신부를 맞아들일 때 얼마나 많은 계획을 세워야 하는지 모른다. (혼인은) 노심초사하며 사방에서 외상을 져야 (겨우) 성사되는 일인데, 이제 이런 세금까지 걷는다고 하니 분명 처를 식구로 맞는 것이 두려워 점차 향등香燈(제사)이 끊어지는 사람이 적지 않을 것이다. 진교장이라는 자는 어떤 인물이기에 이런 이성을 잃고 미치광이 같은 일을 제창한다고 하는가. 부유

---

30) 吳佩林, 「淸末新政時期官製婚書之推行 - 以四川爲例」, 『歷史硏究』, 2011-5, pp.80-81.

한 집안에 대해서만 세금을 부과해야 할진대, (인화세는) 재산의 다
과를 정하는 것이 어려운 즉, 관원의 작폐가 무궁함이 이를 데 없다.
이러한 가렴을 시행하고자 한다면 우리 중국의 전도는 통곡만이 있
을 뿐이다.[31]

　이렇듯 관제혼서의 시행은 순조롭지 않았다. 정부가 사적인 혼인
을 법적으로 증명하고 보장해준다는 사실보다는, 관제혼서의 사용으
로 인한 혼인비용의 추가를 경계했던 것이다. 관제혼서를 포함한 청
정부의 인화세 징수는 효과를 보지 못했고 청의 멸망으로 인해 본격
적인 인화세 시행은 중화민국으로 넘겨졌다. 1912년 중화민국이 성
립되자마자 그해 10월 21일 임시대총통 명의로 「인화세법」 13조가
공포되어 1913년 3월 1일부터 정식으로 실시되었다. 정부의 「인화세
법」의 도입은 국가 재정의 곤란으로 인해 각국의 제도를 모방하여
시행하는 것임을 분명히 했다. 인화세는 외국여행 호조護照(증명서),
국내여행 호조, 각종 학교 졸업증서, 각종 증서, 혼서 등에 적용되었
다.[32] 만일 혼서에 인화세표를 붙이지 않은 자에게는 벌금을 부과한
다는 것이다.[33] 그러나 이번에도 관제혼서의 효과는 신통치 않았다.
　관제혼서의 법적 근거를 살펴보면, 청말 신정시기는 「대청률례」였
고 민국 북경정부시기는 「대청현행률」이었다. 이 양자는 모두 혼인

---

31) 「江督飭議婚書印花稅(江南)」, 『農工商報』 4(1907), pp.26-27.
32) 「大總統令公布關於人事證憑貼用印花稅條例」, 『政府公報分類匯編』 23
　　(1915), pp.18-19.
33) 「飭各縣局各學堂奉財政部飭修正關於人事證憑貼用印花條例內罰金事宜
　　應比照印花稅法罰金執行規則辦法並附發條例分別尊辦文」, 『京兆財政匯刊』
　　3(1918), pp.145-146.

성립의 요건으로 혼서와 빙례를 규정하고 있다. 당시 관제혼서의 목적은 민간에서 사사로이 작성하는 혼서를 대신하여 관제혼서를 구매하여 사용하면 이것으로 혼서의 법률적인 지위를 국가가 보증해주겠다는 의미였다. 그러나 그것은 혼인 성립요건에 대한 법적 변화를 의미하지는 않았다. 민간에서 사적으로 작성되던 혼서를 관제혼서로 대체한 것이었을 뿐, 혼인에 대한 법 규정의 변화를 의미하는 것은 아니었기 때문이다. 그것은 오히려 토지 매매계약을 맺을 때 민간이 사적으로 작성한 백계가 납세를 통해 관부가 증명해주는 홍계로 바뀌는 것과 같은 변화를 의미했다. 즉 당시의 관제혼서는 국가에서 발급해주는 혼인 증명서라기보다는 사회적 관습에 의한 민간의 혼서를 국가에서 승인해 준 것에 불과했다.[34] 법적 혼인 성립요건은 그대로인데 법적 보장을 이유로 관제혼서의 사용을 법으로 강제하는 것은 그 목적이 혼인세를 걷는 것 말고는 없다고 인식되었기 때문이다.[35]

혼인 성립요건의 법적 규정까지 변화한 것은 1930년 12월 26일 남경국민정부에 의해 공포된 「민법」 친속편에서부터였다. 「민법」의 공포와 때를 맞춰 정부는 통일적으로 제작된 관제혼서에 정부 발행의 인화세표를 부착하도록 규정했다. 청말, 민국 초기 관제혼서와 다른 점은 혼인 성립에 대한 법 개정을 통해 관제혼서 사용의 정당성을 확보하고 있다는 것이다. 즉 「민법」에서는 전통적으로 혼인의 성립요

---

34) 손승희, 「민국시기 혼인 성립요건의 변화 – 婚書를 중심으로」, 『중국근현대사연구』 90(2021), p.116.
35) 손승희, 위의 논문, p.114.

건으로 규정해왔던 빙례를 규정하고 않고, 그 대신 '공개적인 혼인의례'와 '2인 이상의 증혼인證婚人'이 필요함을 명시했다. 이 규정의 본질은 민간의 사적 혼서와 빙례가 더 이상 혼인 성립의 요건이 아니라는 것이다. 역시 여기에는 두 가지 목적이 있었다. 하나는 민간의 혼인 관련 사항을 국가가 파악하고 관리, 승인함으로써 근대적인 혼인 성립요건을 갖추도록 하겠다는 것이다. 다른 하나는 서양의 혼인입법에 의거하여 혼인에 대해 세금을 징수함으로써 국가의 재정을 확보한다는 것이었다.

그러나 「민법」에서도 전통시기의 정혼제도는 인정되었다. 다만 용어에서 '정혼訂婚'이라는 말을 더 이상 사용하지 않고 외국의 사례에 따라 '혼약婚約'이라는 용어로 바꾸었다. 특히 혼약은 강제적으로 이행을 요구할 수 없다는 것을 규정하여 전통시기 정혼제도의 강제성을 부정했다. 혼약을 관계자들 사이의 일종의 '계약'으로 보는 것이다. 따라서 만일 일방이 위약을 하게 되면 이에 대한 손해배상을 청구할 수 있다는 것이다.[36] 즉 전통적인 정혼을 인정하면서도, 정혼을 어길 경우 처벌조항까지 두었던 전통법이 가진 정혼의 구속력은 더 이상 인정하지 않았다. 또한 전통 혼인에서 혼인의 자주권이 혼인당사자에게 없다는 것, 혼인 의식이 복잡하고 비용이 많이 든다는 것 등 전통 혼인의 불합리한 면을 개혁하고자 하는 뜻이 반영되었다. 혼약은 남녀 당사자가 자유롭게 결정하며, 혼인은 단지 일종의 요식행위일 뿐이고 그 형식은 신식, 구식을 불문한다는 것이다. 그러나 「민법」은 빙례에 대해서는 규정하지 않았다. 「민법」에서는 규정하기

---

36) 黃右昌, 『民法親屬釋義』, 會文堂新記書局, 1946, p.24.

곤란한 문제에 대해서는 언급을 하지 않음으로써 간접적으로 부정하는 방식을 채택했는데 빙례도 마찬가지였다.[37]

관제혼서에 관한 규정을 담은 「각성시 관제혼서 장정各省市發售官製婚書章程」 10조도 제정되었다. 이는 「민법」 친속편이 공포되기 전인 1930년 5월 16일 이미 각 성시에 통보되었다. 이에 따른 관제혼서의 작성방법도 16항으로 자세히 규정되었다. 관제혼서의 주요 내용은 정혼 남녀 각각의 성명, 나이, 출생 연월일시, 적관주소 등을 적고 서명을 하는 것이었다.[38] 이로써 볼 때 「민법」에 근거한 관제혼서는 전통 혼서는 물론이고 청말민초의 관제혼서와도 그 성격과 내용이 다르다는 것을 알 수 있다. 즉 가장 중요한 것으로 혼인 당사자의 성명, 연령 등을 기입하고 서명하게 함으로써 혼인은 당사자 간의 자유의지에 의한다는 것이 명확하게 제시되었던 것이다.[39] 이는 「민

---

37) 「민법」에서는 빙재의 규정을 두지 않았지만 현실에서 빙재를 수수하는 행위나 관습을 억제하기는 어려웠다. 그래서 도입한 것이 빙재로 인해 소송이 발생하면 이를 증여의 규정으로 처리하는 것이었다. 1932년 판례에서는 "현행 민법 친속편의 규정에 의하면 정혼 남녀는 빙재가 필요 없지만 사실상의 재례가 있었다면 이는 일종의 증여로 본다. 증여인 혹은 증여를 받은 사람의 사망으로 증여를 철회한다면 증여물 반환 청구를 할 수 있다"고 판결하고 있다.(方硯, 「近代以來中國婚姻立法的移植與本土化」, 華東政法大學博士論文, 2014, p.85) 그러나 빙재와 증여는 엄연히 성질이 달랐다는 것을 부정할 수는 없었다. "빙재가 더 이상 혼약의 성립조건이 아님에는 틀림없지만 여전히 빙재의 풍습이 행해지기 때문에 해약할 때 별도의 규정이 필요하다"는 주장이(池漉, 「民法解除婚約後之聘財問題」, 『法律評論』 10-5(1932), p.9) 설득력을 얻고 있는 상황이었다.

38) 「官製婚書塡寫方法」, 『北京特別市市政公報』 46(1930), p.3.

39) 또한 관제혼서에는 정혼 남녀의 3代 성명과 혼인예식 장소, 증혼인의 성명과 서명 등을 기입하도록 했고, 마땅한 증혼인이 없으면 本村의 촌장이나 친족의

법」혼인법의 본질이고 대원칙이었다.[40] 또한 혼인의 합법적인 성립 요건으로 주혼인이나 중개인이 아니라, 일정한 법적 책임이 있는 증혼인을 둔다는 것이다. 그러나 이 관제혼서도 민간의 보급에서 그리 효과적이지는 않았다.

이상과 같이 청말 신정시기, 북경정부시기, 「민법」 제정 이후를 불문하고 관제혼서의 사용은 혼서 구입을 위한 추가비용의 지출을 의미했다. 결국 몇 차례의 시행에도 불구하고 관제혼서의 보급은 부진했고, 민간의 사적 혼서, 빙례나 빙금에 의존하는 전통 혼인을 근절할 수는 없었다. 여기에는 혼인에 대한 민간의 사회적 질서와 독립성이 오래 지속되어 왔다는 점을 간과할 수 없다. 민간사회에는 일상적인 지역의 질서가 있었고, 국가의 규범에 대해 상대적으로 안정성과 자율성이 유지되고 있었다. 빙례도 혼서의 내용 속에 포함되고 계약화하는 경향이 있었기 때문에, 민간의 혼서도 이미 정식 법률문서의 요건을 갖추고 있었다. 만일 혼인분쟁이 발생했을 때 대리원 혹은 사법기관에서도 이러한 관습을 외면할 수 없었고, 민간 혼서의 증거로서의 기능을 부정할 수 없었다.[41]

長, 연장자로 이를 충당할 수 있게 했다. 마지막 부분에 소개인(중매인), 주혼인, 家長의 성명과 서명이 들어간다. 그러나 그 순서에서 가장 먼저 나오는 것이 혼인 당사자의 성명과 날인이었다. 손승희, 「민국시기 혼인 성립요건의 변화 - 婚書를 중심으로」, 『중국근현대사연구』 90(2021), p.118.

40) 전통시기처럼 부모의 명이나 중매인의 말로는 혼인 성립이 불가능하다는 것을 법제화한 것이고, 만일 이 양자에 의해 행한 결혼이라면 근본적으로 무효임을 명시한 것이다. 貧愚苦人, 「論我民法關於婚姻成立要件之槪要」, 『旦光月刊』 1-1(1936), p.20.

41) 손승희, 「민국시기 혼인 성립요건의 변화 - 婚書를 중심으로」, 『중국근현대사

판례에서도 민간의 혼서는 그 자체만으로 법률문서로서 인정되었다. 전통 혼례에서도 참석자 모두가 증인이 되었기 때문에 「민법」에서 제시하는 '공개 의식'과 '2인의 증혼인'을 채우는 것은 어려운 일이 아니었다. 또 원래 혼서는 정혼을 구속하고 혼인 증명을 위해 작성되었고 혼인이 완성되면 오래 보관해둘 필요는 없었다. 토지매매계약서가 대대로 소중하게 보관되었던 것과는 성격이 달랐다는 것이다. 정부에서는 관제혼서를 사용하지 않을 경우 처벌조항을 두었지만 과연 이를 어떻게 색출하여 처벌했는지는 의문을 가지지 않을 수 없다. 즉 민간의 입장에서는 굳이 관제혼서를 필요로 하지 않았고, 설사 관제혼서를 구매하여 정부의 요구에 부응한다고 해도 전통 혼인의 빙례나 빙금은 포기하지 않았던 것이다. 「민법」은 자유혼인과 조혼의 금지라는 원칙 등에서는 어느 정도 효력이 발생했던 것이 사실이지만, 빙례와 빙금의 폐지, 관제혼서의 사용 등에서는 그 힘을 발휘하지 못했다. 관습이라는 사회규범이 가진 구속력은 국가의 법률이 통제할 수 없는 사각지대에서 오래도록 지속되었기 때문이다.

연구』 90(2021), p.124.

19 국민당의 가족제도 개혁
: 혁명 입법과 전통 가족제도의 잔류

청말부터 시작되었던 법률의 근대적 개혁은 남경국민정부에 의해 「민법」이 공포되면서 완성되었다. 「대청민률초안」, 「민국민률초안」, 「법제국민률초안」의 세 법안은 여러 정치, 사회적 변동에 의해 정식 법전이 되지 못해 초안으로 끝났고, 네 번째인 「민법」만이 정식 법전으로 채택되어 실행하게 되었다. 중국이 근대에 와서 이렇게 대규모로 법률개혁을 시도했던 이유는 중국을 둘러싼 당시의 국제적 환경과도 밀접한 관련을 갖는다.

아편전쟁 이후 세계 자본주의체제에 편입되었던 중국은 국제법에 대응할 수 없어 자국의 권리를 찾지 못하는 상황이었다. 중국이 열강에게 빼앗겼던 영사재판권을 회수하기 위해서도 근대적 법률체제를 갖추는 것이 필요했다.[1] 따라서 근대법 체계를 갖춤으로써 세계열강

---

1) 1919년 세계 1차대전 각 주요 참전국이 파리회의를 소집할 때 중국 대표가 영사재판권의 회수 문제를 제기했지만 열강은 중국의 법률이 아직 완비되지 않았다는 구실로 실질적인 답변을 하지 않았다. 1922년 워싱턴회의 때 중국 대표가 다시 영사재판권의 철회문제를 제기하고 열강과 각국으로 구성된 연합고찰단에 답을 요구하자, 열강은 중국 법치 상황을 고찰한 후에 다시 결정하

으로부터 영사재판권을 회수해야 한다는 당위성을 가지고 있었다. 19세기 초부터 민법을 반포하여 시행하는 것이 세계적인 조류였던 것도 적지 않은 영향을 미쳤다.[2] 또한 「민법」의 제정을 통해 전통법을 세계추세에 맞는 근대법으로 전환하고 이것을 자강과 사회발전의 동력으로 삼고자 했던 것도 한 이유였다. 말하자면 「민법」은 남경국민정부의 혁명 입법이었다는 것이다. 이렇게 말할 수 있는 것은 입법의 기본원칙이 손문의 삼민주의였기 때문이다.

전국적인 집권당이 된 국민당이 국가건설에서 최고의 원칙과 지도이념으로 삼았던 것은 손문의 삼민주의였다.[3] 더욱이 입법의 지도기구로서 국민당 중정회는 입법을 통해 삼민주의와 이당치국을 실현하고자 했다.[4] 이에 따라 민법의 핵심도 국민당의 정치이념을 반영하여 남녀평등과 개인권리의 인정이라는 방향으로 입법화되었다. 그러나 하나 남은 문제가 있었다. 중국의 전통 가족제도家制를 어떻게 규정할 것인가의 문제였다. 이것은 전통법을 근대화하기 시작했던 「대청

자고 답했다. 張生, 「民國「民律草案」評析」, 『江西社會科學』, 2005-8, p.61; 粟明輝, 「中國近代親屬法繼承法制定和發展初探」, 中國政法大學碩士論文, 2002, p.10.

2) 프랑스 민법(1804)이 반포된 후 오스트리아(1811), 네덜란드(1838), 이탈리아(1865), 포르투갈(1867)에서 민법이 시행되었고 일본(1898)과 독일(1900), 스위스 민법(1912)도 공포 시행되었다. 張生, 「民國「民律草案」評析」, 『江西社會科學』, 2005-8, p.60.

3) 胡漢民, 「民法精神」, 『新光旬刊』, 34·35(1929), p.14.; 胡漢民, 「三民主義的精神」, 『革命理論與革命工作』, 民智書局, 1932, p.50.

4) 입법에서의 중정회의 역할과 심의에 대해서는 손승희, 「相續慣行에 대한 國家權力의 타협과 관철 - 남경국민정부의 상속법 제정을 중심으로」, 『동양사학연구』 117(2011), pp.332-335 참조.

민률초안」때부터 지속적으로 논란이 되었던 문제였다. 당시의 입법자들이 고려했던 것은 개인주의에 중점을 둘 것인가 가족주의에 중점을 둘 것인가였다. 가족주의를 채택한다는 것은 가정 내에서 부부관계, 친자관계 외에 법률적으로 '가家'의 존재를 명문화한다는 의미가 있었다.[5] 만일 중국의 전통 '가'를 제도적으로 규정하게 되면 여기서 파생되어 나오는 가장의 존재와 그 권능의 범위 등도 명문화된다는 것을 의미했다.[6] 가장의 권능에는 필연적으로 가산에 대한 권리가 중요하게 포함되어 있었다. 만일 개인주의를 채택하게 되면 중국의 전통 가족제도를 법률로 규정하지 않는 것이며, 이와 더불어 가장에 대한 법적 규정을 하지 않아도 되는 것이었다.

서구의 근대법을 모방했던 「대청민률초안」, 「민국민률초안」이 개인의 권리보장에 관심을 기울이지 않았다고 할 수는 없지만, 친속편을 규정할 때는 당연하게 전통 가족주의를 채택했다. 남경국민정부가 「민법」 친속편을 제정할 때도 가족제도의 존폐문제는 쟁론의 초점이 되었다. 결론적으로 말하면 민법에서도 전통 가족제도의 규정은 남겨두었다. "중국의 가족제도는 그 뿌리가 너무 깊어 사회적으로 이를 수정하려 해도 그 세가 불가능"하다고 인식했기 때문이다. 법을 바꾼다고 하더라도 민간에서는 계속적으로 관습을 이어갈 것이 분명하고, 더구나 전통 가족제도를 폐지한다 해도 이를 대체할 다른 사회조직으로의 개조가 준비되지 않았다는 것이 그 한 이유였다.

이러한 인식은 중정회의 심사의견서에도 그대로 드러나 있다. 중

---

5) 顧文淵, 「民法親屬編內容和特徵的評述」, 『文理』 2(1931), p.3.
6) 陣興華, 「民法親屬編的幾個問題」, 『大夏月刊』 3-2(1930), p.23.

정회는 가족제도를 채택하지 않을 수 없는 이유로 "중국의 가정제도는 수천 년간의 사회조직의 기초이기 때문에 이를 폐지하는 것은 사회가 꽉 막혀서 돌아가지 않아 그 영향이 심각하기 때문"이라고 답하고 있다.[7] 이러한 인식을 바탕으로 「민법」 친속편에서는 '가家'라는 제목의 장을 두어 가족제도를 규정하고 있다. 「대청민률초안」, 「민국민률초안」, 「법제국민법초안」, 「민법」의 4개 법안 친속편의 장 제목을 비교해보면 국민당이 「민법」의 제정을 통해 어떤 가족제도를 갖기 원했는지를 알 수 있다. 그 표는 다음과 같다.

4개 법안의 친속편 장章 제목

	대청민률초안	민국민률초안	법제국민법초안	민법
친속편 장 제목	통칙, 家制, 혼인, 친자, 감호, 친속회, 부양의 의무	총칙, 가제, 혼인, 친자, 감호, 친속회, 부양의 의무	통칙, 혼인, 부처 관계, 부모와 자녀 관계, 부양, 감호인, 친속회의	통칙, 혼인, 부모 자녀, 감호, 부양, 家, 친속회의

위 표에 의하면 「대청민률초안」과 「민국민률초안」은 장의 제목이 동일하며 모두 통칙(혹은 총칙) 다음에 '가제家制'의 항목을 두어 중국 전통의 가족제도를 규정하고 있다. 반면 「법제국민법초안」에서는 '가제' 규정을 두지 않았다. 대신 '부처관계', '부모와 자녀의 관계' 등 혼인으로 인한 가족 성원의 관계를 규정하고 있다. 「민법」에서는 이를 더 간소화하여 '부모 자녀'로 개괄하고 있다. 그런데 흥미로운 것

---

7) 胡長清, 「家制論(一)」, 『法律評論』 8-3(1930), p.1. 「민법」에서 전통의 가족주의를 버리고 개인주의를 채택해야 한다고 주장하는 사람들조차도 가족주의는 '국민 정서에 부합'하고 '중국의 미덕으로 보존해야 한다'고 인식하고 있었다. 顧文淵, 「民法親屬編內容和特徵的評術」, 『文理』 2(1931), p.5.

은 「법제국민법초안」에는 없던 '가'의 항목이 「민법」에 나타나 있다는 것이다. '가제'가 아니라 '가'를 규정했고 그 중요도에서 부양 다음으로 밀려나 있지만, 이는 친속, 계승편을 규정하는 데는 역시 '가'에 대한 규정이 필요했다는 의미일 것이다.[8] 「법제국민법초안」이나 「민법」은 모두 국민당 정권에 의해 작성되었다는 점을 감안하면, 다소 급진적이었던 「법제국민법초안」의 조항을 「민법」에서는 그 수위를 조절하여 온건하게 수정했다는 것을 알 수 있다.

이에 따라 중정회에서 내린 가家의 규정은 '공동생활을 본위로 하고 가장의 의무에 치중한다'는 것이었다. 중국의 가족제도가 존재해야만 하는 이유가 가족의 공동생활의 유지 때문이라는 것이다. 이러한 인식은 「민법」에서 '가家란 영구 공동생활을 목적으로 하여 동거하는 친속단체'라고 규정함으로써 구체화되었다.[9] 이는 전통법에서 말하는 동거공재의 법률적 공동생활이 아니라 실제 가족의 공동생활을 의미하는 것이었다. 과거의 형식적 의미에서의 '가'를 실질적 의미의 '가'로 전환한다는 의미였다. 그러나 「법제국민법초안」에 없던 '가' 항목이 부활했다는 것은 자칫 전통 가족제도를 중시하는 것처럼 보여 청 혹은 북경정부시기로 복귀하려 한다는[10] 혐의에서 자유로울 수 없었다. 더구나 가족의 공동생활이 진정 전통 가족제도가 필요한 이유인지, 그 공동생활을 과연 법률로 유지해야만 하는지의 문제는 여전히 남아 있었다.[11]

8) 손승희, 「중화민국 민법의 제정과 전통 '家産制'의 변화」, 『동양사학연구』 151(2020), pp.211-212.

9) 「論民法上之家制」, 『天津益世報』, 1937.1.17.

10) 郁嶷, 「家制餘論」, 『法律月刊』 4(1930), p.1.

따라서 입법자들은 「민법」의 가제 규정이 전통 가족제도와 어떻게 다른지 전통 가족제도의 폐해를[12] 줄이기 위해 어떻게 해야 하는지에 관심을 기울였다. 그 방법은 「민법」에서 가족제도를 명문화하는 대신 전통 가산제의 핵심인 가장의 권능을 축소하는 것이었다. 즉 가장권은 전통적인 가부장권이 아닌, 권력보다는 의무와 부양에 무게를 두는 것이었다. 예를 들어 종법적인 관습으로 인해 남자만 자격이 있던 가장의 권능을 대폭 줄이고 여자도 가장이 될 수 있도록 규정했다. 이는 아내의 법률상의 지위를 남편과 동등하게 한다는 것을 의미했다.[13] 또한 가장은 권리보다 의무를 중하게 하고 가족 전체의 이익을 우선시하도록 했다.[14] 여기에도 개인의 이익보다 공공의 이익을 중시하는 법사상이 드러나 있다. 이러한 방식의 개혁은 중국의 정서에도 부합하고 세계적인 보편 가치에도 배치되지 않는다는 것이다.[15]

그런데 「민법」에서는 가족 공유재산인 가산에 대해서는 규정하지 않아 그 분명한 의도를 알 수 없다. 이에 비해 가산을 규정하고 있는 「민국민률초안」을 보면, "조상에 대한 제사, 사당, 분묘 혹은 자녀의 교육비, 혼인비용, 부양 등의 비용은 모두 가장이 지불한다"고 되어 있다. 가장의 가산에 대한 권능과 지위를 보여주고 있는 것이다. 「민

---

11) 郁嶷, 「家制餘論」, 『法律月刊』 4(1930), p.2.

12) 陳顧遠, 「家族制度底批評」, 『家庭研究』 1(1923), p.36.

13) 顧文淵, 「民法親屬編內容和特徵的評術」, 『文理』 2(1931), p.5.

14) 胡漢民, 「民法親屬繼承兩編中之家族制度 - 十九年十二月十五日在立法院紀念週講演」, 『宣傳月刊』 5(1930), p.43; 胡漢民, 「民法親屬繼承兩編中家族制度規定之意義」, 『中華法學雜誌』 2-2(1931), p.14.

15) 「民法親屬繼承兩編要點」, 『中華法學雜誌』 2-1(1931), p.108.

법」에서 반대 논쟁을 피해가는 방법으로 '규정을 하지 않는' 전략을
구사했는데,[16] 가산에 대해서도 마찬가지로 어떠한 규정도 하지 않았
다. 「민법」에서는 서구의 근대법에 따랐을 뿐 전통적인 가산제를 더
이상 인정하지 않는다는 의미이다. 대신 가장의 가무家務에 대한 관
리권을 규정하고 있다. 가장은 남편 혹은 보호자의 자격으로서 부부
혹은 자녀의 재산을 관리할 수 있는 재산관리권을 갖는다는 것이다.
전통시기처럼 가산의 주재자 혹은 가산의 실제 처분권자로서의 가장
은 더 이상 존재하지 않았다.[17] 그러나 가정의 중심으로서의 가장의
존재는 인정한 셈이다.

이상과 같이 「민법」에서는 전통 가산제가 인정되지 않았지만 가장
의 존재를 인정하고 가족제도를 남겨두었다. 이는 전통적으로 중국
의 유일한 단체인 가족, 종족을 완전히 포기할 수 없었다는 것을 의
미한다. 특히 국민당이 이러한 가족주의를 포기할 수 없었던 중요한
이유가 있었다. 이 과정에서 입법원 원장이었던 호한민胡漢民의 입법
사상이 큰 영향을 주었다. 호한민이 말하는 각종 법률의 최고 입법원
칙은 손문의 삼민주의였다.[18] 호한민은 삼민주의의 충실한 실천자로
서 입법을 통해 시대에 맞지 않는 판례, 관습을 바로잡고 일체가 삼
민주의에 부합하도록 사회를 개조하는 것을 목표로 삼았다. 여기서

---

16) 손승희, 「중화민국 민법의 제정과 전통 '家産制'의 변화」, 『동양사학연구』
    151(2020), p.213.
17) 許莉, 「『中華民國民法·親屬』研究」, 華東政法大學博士論文, 2007, pp.45-46.
18) 胡漢民, 「三民主義的立法精義與立法方針」, 『浙江黨務』 31·32(1929), pp.21-
    24; 胡漢民, 「民法精神」, 『新光旬刊』 34·35(1929), p14; 孫科, 「訓政時期之立
    法」, 『中央日報』, 1937.4.28.

호한민이 주목했던 것은 남녀평등, 개인의 권리보장 말고도 서구의 '법의 사회화' 경향이었다.

서구의 근대 민법은 로마법을 계승하여 1804년 프랑스 민법이 반포되면서 시작되었다. 개인의 권리는 신성시되었고 계약의 자유와 과실에 대한 손해배상을 보장하는 등 시민적 자유주의가 법으로 실현된 것이다. 그러나 자본주의가 발달하면서 각종 모순과 대립이 나타나기 시작했다. 이에 따라 19세기 말에서 20세기 초, 서구 근대정신의 핵심이었던 자유·평등의 개인주의에 대한 반성으로 이를 대신할 '법의 사회화socialization of law'[19] 개념이 새로운 사회원리로 등장했다. 이것은 개인의 이익보다는 사회 전체의 이익을 추구하는 법의 공공성에 초점을 맞춘 것이었다. 이에 따라 자본주의 사회의 사회적 모순점을 자각하고 이를 개선하기 위한 여러 사회사상과 사회개혁적 시도가 나타났다. 그중에는 사회주의를 억제하고 사회연대의 방법으로 문제를 해결하기 위한 사회연대 사상도 등장했다.

호한민은 사회연대 이론을 제창했던 뒤르케임Durkheim과 이를 더 발전시킨 레옹 뒤귀Léon Duguit의 사상을 흡수했다. 특히 뒤귀는 사회연대 이론을 발전시켜 구체적으로 법률제도 속에서 구현하고자 했던 인물이다. 뒤귀는 사람은 태어나면서부터 사회적인 존재이기 때문에 사회질서를 유지하기 위해서는 사회구성인들 사이에 상호 의무관계

---

19) 이승옥, 「法의 社會化의 基調」, 『청주대학논문집』 9(1976), p.291. 이를 체계화한 것이 법사회학이다. 법사회학은 사회학보다 늦게 학문 분과로 형성되었고 호한민이 수용한 것은 학문으로서의 법사회학이라기보다는 사익보다 공익을 추구하는 '개념'이었기 때문에, 본서에서는 '법의 사회화' 개념으로 통일해서 사용하고자 한다.

가 형성되어야 한다고 주장했다. 여기서 뒤귀가 방점을 찍은 것은 '권리'가 아닌 '의무'였다. 그 의무는 개인은 물론이고 국가도 동일하게 져야한다고 보았다.[20] 따라서 뒤귀는 법률가로서, 권리보다는 의무를 강조하고 사회 전체의 공공의 이익을 추구하는 방향으로 입법화하고자 했다. 삼민주의를 국가법 체계 속에서 실현하고자 했던 호한민의 입법사상에서 이러한 레옹 뒤귀의 법사상의 흔적을 발견하는 것은 그리 어려운 일이 아니다.[21]

공공의 이익에 주목하는 이러한 '법의 사회화' 경향은 「대청민률초안」이나 「민국민률초안」에서도 일정 정도 인식을 하고 있었지만, 본격적으로 나타난 것은 「민법」에서였다. 호한민이 이러한 '법의 사회화' 경향에 주목했던 것은 그것이 손문의 삼민주의와 일맥상통한다

---

20) 뒤귀(1859-1929)는 19세기 말과 20세기 초 프랑스 공화정시기 公法學의 대표자 중 하나였다. 당시 프랑스에서는 사회문제가 본격적으로 대두되어 경제적 불평등 문제를 해결하기 위한 방법론이 모색되었는데, 가장 대표적인 것이 노동자 계급의 성장과 투쟁이었다. 뒤귀도 이러한 사회문제를 해결하기 위해 사회연대에 관심을 두었고, 사회적 연대의 실현을 법규범의 근거이자 목적으로 삼았다. 즉 뒤귀 법사상의 핵심은 사회연대이며 공공이익의 강화였다. 따라서 뒤귀는 개인의 의무와 함께 국가도 의무의 주체가 되어야 함을 주장했다. 그가 국가는 국민 위에 군림하는 것이 아니라 국민을 위해 존재해야 한다는 국가개념을 전개한 것도 그런 이유에서였다. 그는 국가가 국민을 위해 복무한다는 의미에서 私法이 아닌 公法을 주장했고, 이는 프랑스 공법학의 기초가 되었다. 장윤영, 「레옹 뒤기(Léon Duguit)의 공법 이론에 관한 연구」, 서울대법학과박사논문, 2020, pp.17-23; 오경환, 「연대성의 정치 – 에밀 뒤르깽, 앙리 미쉘, 레옹 뒤귀」, 『역사학연구』 32(2008), pp.426-429. 그러나 호한민은 이러한 국가의 의무에 대해서는 별다른 반응을 보이지 않았다.

21) 손승희, 「중화민국 민법의 제정과 전통 '家産制'의 변화」, 『동양사학연구』 151(2020), p.199.

고 생각했기 때문이다. 호한민은 이를 '사회단위의 입법'이라고 불렀는데,[22] '법의 사회화' 개념은 손문의 사상에서도 보인다. 1924년 민권주의를 강의하던 손문은 이미 루소의 급진적 자유론에서 후퇴하고 밀, 스펜서, 후쿠자와 유기치, 엄복과 같이 명확한 제약이 있는 자유론으로 전향한 상태였다.[23] 진화의 소용돌이 속에서 인류가 계속 살아남기 위해서는 인류가 서로 돕고 공동 행복을 추구해야 한다고 생각했던 손문은[24] 개인의 지위와 권리는 사회질서와 전체이익 가운데 있다고 주장했다. 사람은 사회를 떠나서는 독립적으로 생존할 수 없고 개인의 권리와 자유는 실제로 사회에서부터 온 것이기 때문에, 개인이 권리를 향유하려면 우선 국민의 한 사람으로서 사회적 의무를 다해야 한다는 것이다.

이러한 손문의 사상은 입법원장 호한민에 의해 법률로 체현되었

---

22) 호한민은 프랑스의 뒤귀나 미국의 파운드(Roscoe Pound : 1870-1964) 등의 영향을 받은 것으로 보인다. 호한민은 이러한 세계적 사상의 변화에 대해, 개인을 단위로 하는 18세기 구미의 법률제도가 현재는 '사회'를 단위로 하는 입법 추세로 바뀌었다고 인식했다. 따라서 전통 중국의 법은 公法과 私法이 혼재되어 있었지만, 삼민주의 입법은 공법을 사법과 구분하고 법의 기초를 민족 전체에 두는 것이라고 주장했다. 胡漢民, 「社會生活之進化與三民主義的立法」, 『中華法學雜誌』 1-1(1930), pp.5-6. 호한민의 문장 외에도 沈家詒·宓賢璋, 「新民法精神與三民主義」, 『廈大週刊』 10-20(1931), p.8에서는 삼민주의를 설명하고 파운드와 뒤귀 등의 사상을 소개하면서 그 연관성을 언급하고 있다. 冉宗柴, 「中國民法與德瑞法民法之比較觀」, 『震旦法律經濟雜誌』 3-9(1947), p.116에서는 직접적으로 「민법」이 서구의 '법률사회화'의 영향을 받았음을 명시하고 있다.
23) 강의화 지음, 손승희 옮김, 『이성이 설 곳 없는 계몽』, 신서원, 2007, p.232.
24) 『孫中山全集』(6), 中華書局. 1985, pp.195-196, 강의화 지음, 손승희 옮김, 위의 책, p.158에서 재인용.

다. 「민법」의 입법사상은 손문의 삼민주의에 근거하고 있지만, 그 내용은 호한민이 법률조항으로 규정함으로써 구체화된 것이었다. 따라서 손문이 방향성을 제시했다면, 호한민은 「민법」에 삼민주의를 적용시켜 하나의 근대법 체제를 완성한 인물이다. 호한민도 개인의 자유를 버리고 사회연대로 이를 대신해야 한다고 주장했다. 그는 삼민주의 입법은 전통의 가족주의 입법도 아니고 서구의 개인주의 입법도 아닌 '사회적 입법'이라고 강조했다. 「민법」은 사회 공동의 복리와 민족의 공동이익을 법률의 목적으로 해야 한다는 것이다. 그는 만일 어떤 법률에 "사회가 없고 국가가 없고 민족이 없다면 이러한 일체의 법률은 필요가 없다"고 하고 있다. 가장 중요한 것은 국가와 민족의 생존이고, 권리와 의무는 그다음의 일이라는 것이다.[25]

이는 국가와 민족을 위해서라면 개인의 권리에 제약을 가하고 간섭할 수 있다는 의미이다. 따라서 호한민이 제시한 「민법」의 방향은 '권리'에 앞서 '의무'가 강조되었다. 소유권 불가침 원칙에 대해서는 공공의 이익을 위해 제한을 가하고, 계약 자유의 원칙에도 그 범위를 제한해야 한다고 주장했다.[26] 호한민은 개인의 일체 권리 행사에서 법률의 간섭을 받아야 하는 이유를 다음과 같이 언급하고 있다. "사회생활과 사회생존은 법률을 생산하는 원천이다. 법률은 개인의 생

---

25) 호한민의 해석은 손문에게 있어서 '조직을 이룬 다수'가 바로 '民'이기 때문에 그 권리는 '인권'이 아니라 '민권'이다. 따라서 호한민은 가장 큰 단체인 국가가 곧 '민'이고 국가와 민족의 공공목적을 이루는 것이 바로 삼민주의 입법의 출발점이라고 주장했다. 胡漢民, 「三民主義的立法精義與立法方針」, 『浙江黨務』 31·32(1929), p.26.

26) 胡漢民, 「社會生活之進化與三民主義的立法」, 『中華法學雜誌』 1-1(1930), p.3.

명과 재산의 안전을 보장하며, 그 최고 목적은 사회의 안전을 위한 것일 뿐 순수하게 개인의 안전을 위한 것이 아니다. 그러므로 개인의 이익은 반드시 사회 공공의 이익 아래에 놓여야 한다"[27]고 주장했다. 이러한 호한민의 사상은「민법」의 각 편에 그대로 반영되었다.「민법」총칙편의 기초설명서에는「민법」의 입법 이유 중의 하나가 사회 공익을 중시하는 것이라고 명시되어 있다. 채편債編 기초설명서에서도 개인본위의 입법은 해가 많으므로「민법」에서는 사회 공익을 중시하고 약자를 보호해야 함을 명시하고 있다. 사회 공익을 중시하는 것은 물권편 기초에서도 기본원칙이었다.[28]

손문이나 호한민이 보여준 이러한 사회본위 법률관과 서구의 '법의 사회화' 개념이 완전히 동일하다고는 할 수 없지만[29] 호한민의 이 입법사상은「민법」에 결정적인 영향을 주었다. 그러나 손문과 호한민은 고대의 자연경제 하의 분산적인 자유와 근대적 자유의 의미를 구분하지 못했다. 서구의 진정한 '법의 사회화' 개념을 이해하지 못한 듯하다. 손문이나 호한민이 보여준 이러한 사회본위 법률관과

---

27) 胡漢民,「民法物權編之精神」,『中央週報』80(1929), p.19; 胡漢民,「三民主義的立法精義與立法方針」,『浙江黨務』31·32(1929), p.27.

28) 李秀淸,「20世紀前期民法新潮流與『中華民國民法』」,『政法論壇』, 2002-1, p.132. 호한민은 서구의 근대법은 개인을 본위로 하고 다수의 이익에는 소홀했기 때문에 중국 사상에서 말하는 '霸道'이고, 삼민주의 입법은 사회의 공공이익을 본위로 하기 때문에 '王道'라고 주장했다. 胡漢民,「民法精神」,『新光旬刊』34·35(1929), p.15.

29) 이는 오히려 근대시기 엄복과 양계초의 계보를 잇는 것으로, 개인의 자유는 국가의 자유에 속하고 개인의 권리는 사회이익에 복종해야 한다고 했던 주장과 유사하다. 李文軍,「社會本位與民國民法」, 南京大學經濟法學博士論文, 2011, p.56.

서구의 '법의 사회화' 개념은 이론상 사회 전체의 이익을 중시한다는 공통점이 있었다. 그러나 그 출발점은 동일하지 않았다. '법의 사회화' 개념은 자본주의 발달하에서 각종 사회문제를 해결할 필요에서 출발했지만 여전히 개인권리의 보호를 주요한 목적으로 하고 있고, 더 많은 사람들의 자유와 권리를 보장하기 위한 필요에서 제기되었다.

그러나 중국의 경우 근대 법체계의 확립은 열강에 대항하고 국가의 자주독립을 위한 구망의 도구였다. 국민당이 이러한 가족주의를 포기할 수 없었던 것은 그것이 손문의 정신을 계승하는 것이라고 생각했고, 나아가 이를 중국의 부흥과 민족의 결집에 활용하고자 했기 때문이다.[30] 따라서 근대법 형성 초기부터 시종 국가, 민족, 사회 전체의 이익이 우선 강조되었다. 다시 말하면 「민법」에서 남녀평등과 개인권리를 인정하면서도 가장과 전통의 가족제도를 남겨두었던 것은, 결속력이 부족한 국민성을 이를 통해 보강하고자 했던 시대적이고 민족적인 선택이었다는 것이다.[31]

---

30) 생전에 손문은 중국에는 민족단체가 없어 흩어진 모래알 같은 민족성을 갖게 되었지만 중국에는 전통적으로 견고한 가족과 종족집단이 있다고 인식했다. 손문은 중국의 국민과 국가 관계의 구조는 가족, 종족, 國族으로 이어지는데, 이런 식으로 단계적으로 가족주의를 확대시켜 단결을 도모해나가야 한다고 역설했다. 孫中山, 「民族主義」, 『三民主義』, 岳麓書社, 2000, pp.53-55.
31) 손승희, 「중화민국 민법의 제정과 전통 '家産制'의 변화」, 『동양사학연구』 151(2020), pp.216-217.

20 '문명결혼'과 '집단결혼'

'문명결혼'과 '집단결혼', 오늘을 살아가는 우리에겐 다소 생소한 얘기일 수밖에 없다. 모두 청말, 민국시기 일부 지역에서 유행했던 결혼의례 방식이었기 때문이다. 결혼에도 '문명'이라는 말을 붙일 수 있는 것인가, 그렇다면 그 반대인 '야만결혼'도 가능한 것인가. 그에 비하면 '집단결혼'은 보다 쉽게 합동결혼식을 연상시킨다. 그럼 도대체 이 양자가 어떤 관계란 말인가.

중국에서 민간의 혼인이 국가의 통제 시스템에 들어오기 시작했던 것은 청말, 민국시기였다. 청말 서구의 근대법이 도입되면서 전통법을 개혁하고 민간의 관습을 수렴하고자 했던 시도에서 비롯되었다. 서구의 근대사상인 개인의 자유와 평등 이념은 혼인 결정에도 심대한 영향을 주었다. 전통시기 혼인은 '부모의 명命, 중매인의 말'에 의해 성립된다는 말이 있었다. 이는 결코 빈말이 아니었다. 주혼인은 혼인 당사자의 부모가 되었고, 만일 혼인으로 분쟁이 발생하면 혼인 당사자가 아니라 주혼인에게 책임을 묻는 구조였기 때문이다. 혼인 양가를 오가며 혼인과 관련된 모든 절차와 과정을 상의했던 중매인의 역할과 영향도 지대했다.

전통시기 혼인이 성립되기 위해서는 결혼 당사자 집안 가장의 서명이 들어간 혼서婚書가 필요했다. 혼서를 갖추지 않는다면 최소한 빙례를 행해야 했다. 빙례는 신랑집에서 신붓집으로 보내는 일종의 예물(금전 포함)이다. 민간에서는 혼서보다는 빙례를 더 선호했기 때문에 빙례의 규모는 사회경제의 발달과 함께 날이 갈수록 커지게 되었다. 이러한 상황은 송대에 이미 나타났고, 상품경제가 발달한 명청대 빙례의 빈익빈 부익부 현상은 심각한 사회문제를 낳았다. 빈한한 가정의 남성은 빙례를 구하지 못해 혼인을 할 수 없는 지경에 이르렀기 때문이다. 이러한 전통 혼인의 반대급부로 등장한 것이 바로 '문명결혼'이다. '문명결혼'을 주장했던 사람들은 부모나 중매인에 의해 결정되고 빙례가 오가는 전통 혼인방식을 '야만결혼'으로 간주하는데 주저하지 않았다. 반면, 정혼에서부터 혼인까지 어떤 금전도 요구하지 않는, 혼인 당사자의 자유의지에 의한 혼인을 '문명결혼'으로 규정했다.[1]

'문명결혼'은 사실상 신식결혼 즉, 서구식 혼례를 의미했다. '문명결혼'은 이미 청말 광서, 선통시기에 서양의 문물이 가장 먼저 당도했던 조계지나 동남 연해 항구지역에서부터 시작되었다. 현재 발견된 '문명결혼'에 대한 가장 빠른 기록은 1859년 전후로 알려져 있다.[2] '문명결혼'은 예배당에서 서양인 목사의 주관으로 서구 혼례의 순서에 따라 진행되었다. 따라서 초기 '문명결혼'의 당사자들은 기독교를 믿는 중국인이었을 것으로 추정되지만, '문명결혼'에서 종교적인 색채가 중요한 것은 아니었다. 또 반드시 흰 드레스나 양복을 입었던

---

1) 伍成, 「新生活運動中之婚姻問題」, 『家庭週刊』, 乙種75(1934), pp.14-15.

2) 左玉河, 「由文明結婚到集團婚禮」, 薛君度, 劉志琴主編, 『近代中國社會生活與觀念變遷』, 中國社會科學出版社, 2001, p.198.

것은 아니었고 중국 전통복장이나 일상복 차림으로 행해지기도 했다. 다만 초기 '문명결혼' 당사자들이 대개 신식학당 출신이거나 해외에서 유학을 한 경험이 있는 남녀 학생, 지식인들이 다수 포함되었다는 것은 시사하는 바가 크다.

　이러한 신식결혼을 '문명결혼'이라고 부르는 이유는 분명했다. 전통혼인은 혼인의 불평등성이 심각하다고 인식했기 때문이다. 또한 혼인에서 돈이 오가는 방식은 매매혼이나 다름없고 혼인 당사자에게 혼인 결정권이 없다는 것이다.[3] 즉 '문명결혼'은 결혼 당사자의 의사

장개석과 송미령의 결혼식 장면
출처 : 中華照相館, 『良友』 21(1927), p.1

---

3) 香如, 「文明結婚演說脚本」, 『繁華雜誌』 5(1915), pp.18-19.

를 존중하는 결혼을 의미했다. 따라서 '문명결혼'은 서구사상이 민중에게 광범위하게 퍼진 5·4신문화운동시기를 지나면서 대도시를 중심으로 내지로까지 확산되었다. 당시 국민당 최고 권력자였던 장개석도 이 대열에 합류했다. 1927년 상해에서 거행된 장개석과 송미령의 결혼식은 화려했고, 전세계인의 주목을 받았다.

이러한 '문명결혼'은 1930년대에 오면서 자연스럽게 '집단결혼'과 결합된다. 당시에도 전통시기와 비슷하게 가난한 청년들이 혼인비용 때문에 결혼을 못 하는 상황이 발생했기 때문이다. 『사회반월간社會半月刊』에 실린 다음의 글은 '집단결혼'을 제창하기 위한 목적으로 작성되었는데, 당시의 상황이 잘 묘사되어 있다.

> 일반적으로 구식 결혼은… 신랑집에서 피로연과 예식을 준비하고 신붓집에서 혼수와 의복, 장신구를 준비한다. (때문에) 어떤 사람은 가세가 기울고 가산을 탕진하거나, 혹 어떤 사람은 부채가 점점 쌓이게 된다. 일반 도시의 청년 남녀는 봉급생활자들인데 결혼비용이 너무 커서 일생을 채무의 동굴 속에 몸을 묻어야 한다. 아니면 결혼비용이 없어 늦추고 늦추다가 종국에는 어쩔 수 없이 동거를 시작하지만, 이때는 사실 법적 보장이 없어 일단 부부가 반목하면 결국 헤어지게 되고, 사회적 분쟁이 발생하기도 한다. 하루하루 힘겹게 살아가는 군중들은 더더욱 결혼비용이 없고, 이로 인해 내연관계나 약탈혼, 각종 범죄행위가 모두 발생하는 것이다. 사회적으로 이러한 현상은 현재의 결혼제도가 양호하지 못해서 발생하는 것이라고 하지 않을 수 없다.

동남연해 지역이나 대도시에서 '문명결혼'이 많이 보급되었다고 해도 전국적으로 보면 여전히 빙례가 오가는 전통적인 방식의 혼인이 훨씬 많이 행해졌다. 혼인비용의 과다 소비 문제는 전통시기와 마찬가지로 민국시기에도 민간의 큰 부담이었다. '문명결혼'도 결혼의 형식을 바꾸어 놓긴 했지만 혼인비용을 줄이는 데는 한계가 있었다. 따라서 이를 해결하기 위한 방안으로 제시되었던 것이 '집단결혼'이다. '집단결혼'은 남경국민정부에 의해 제창되었다. 남경국민정부는 전통혼인의 빙례가 민간의 허례허식에 그 원인이 있다고 보고 근검절약의 혼인을 적극 권장했다. 그 방법으로 정부가 제시했던 것은 혼상례 의장儀仗의 개혁과[4] '집단결혼'의 시행이었다. 정부는 풍속의 개혁을 통해 각 부분별로 신정을 추진하겠다는 의도가 있었기 때문이다.[5]

　'집단결혼'은 '문명결혼'과 같이 서구식 혼례를 행하는 것이었다. 다만 한 쌍이 아니라 여러 쌍의 합동결혼식을 의미했다. 즉 '집단결혼'은 '문명결혼'의 한 형태로서 제창되었던 것이다. 그러나 그 속에 내재되어 있는 사상과 본질은 서로 달랐다. '문명결혼'은 앞서 언급한 대로 자유결혼, 매매결혼 반대 등 서구사상의 영향을 받은 결과였다. 반면 '집단결혼'은 '문명결혼'과 그 형식은 같지만, 정치적 목적에서 추진된 신생활운동의 일환이었다.

　중국의 신생활운동은 장개석에 의해 1934년부터 추진된 국민 생활

---

4) 「南京市婚喪儀仗潛行辦法施行細則」(1930), 中國第二歷史檔案館編, 『中華民國史檔案資料匯編』 5-1(文化一), 江蘇古籍出版社, 1994, pp.438-439.

5) 艾萍, 「變俗與變政 - 上海市政府民俗變革硏究(1927-1937)」, 華東師範大學博士論文, 2007, p.137. 1935년 國民黨中央民衆訓練部에서는 「倡導民間善良習俗實施辦法」을 제정했다. 『中華民國史檔案資料匯編』 5-1(文化一), pp.444-448.

개선운동이었다. 즉, 신생활운동은 장개석과 삼민주의역행사三民主義力行社, CC계 등 그 측근들에 의해 전개된 정치운동이었다. 이것은 공산당에 반대하고, 예의염치禮義廉恥 등 전통 유교 이념의 부활을 기치로 국민들의 실천을 유도하는 것이었다. 처음에는 생활혁명, 사회개량운동으로 시작되었지만 차츰 문화운동, 정신혁명으로 확대되어 국가와 민족을 위해 희생할 수 있는 국민을 배양하기 위한 것이었다. 따라서 그 본질은 전통 유교사상의 회복이었고, 국민들을 군사화시키고 획일화시키는 것이었다. '집단결혼'도 혼인을 통제하기 위한 한 방편이었다.

따라서 '집단결혼'은 정부의 적극적인 선전으로 시작되었다. '집단결혼'은 1935년 4월 3일 상해에서 처음 시행되었다.[6] 이후 상해에서는 매년 4번씩(1월 1일, 국경일, 손문 탄신일, 공자 탄신일) 1937년 4월까지 총 13회가 진행되었다. '집단결혼'을 희망하는 사람들은 20원元의 결혼비용을 내고 상해시 사회국에서 신청할 수 있었다.[7] 전통혼인에서는 빙례만으로도 수백 원을 지출했다는 것을 감안하면 혼인비용을 상당히 절약할 수 있었다. 예식은 시장이나 사회국장이 증혼인이 되어 혼인을 증명했다. 결혼예식이 끝나고 나면 시장 부부 혹은 사회국장 부부 주관으로 시정부 식당에서 환영연회가 베풀어졌다. 이렇게

---

6) 그러나 이것은 처음으로 정부 주관하에 거행된 것이고, "The North-China Herald and Supreme Court & Consular Gazette"(1870-1941)의 기사를 인용하여 이보다 빠른 1935년 3월 16일 항주에서 농민들이 자발적으로 실시한 집단결혼이 가장 빠른 것이라 주장하기도 한다. 楊樹明, 劉伏玲, 「近代中國農村集團結婚考察 - 以江西爲中心」, 『江西師範大學學報』, 2020-6, p.138.

7) 健民, 「談集團結婚」, 『社會半月刊』 1-8(1934), p.28.

해서 대체로 한 번에 50쌍 내외의 부부가 탄생했다.

예식에서 주목할 만한 것은, 신랑 신부를 호명하면 한 쌍씩 무대에 오르고 가장 먼저 손문의 사진과 중화민국 국기, 국민당 당기에 세 번 국궁鞠躬(허리를 굽혀 절하는 것)을 행한다는 것이다. 그다음 순서는 지역에 따라 다르기는 하지만, 대체로 양가 부모에게 국궁 한두 번, 혼인 당사자 쌍방 간에 국궁 한 번씩이 행해졌다. 국기와 당기를 향해 가장 먼저, 또 가장 많은 수의 국궁을 행했다는 것은 가장 감사해야 할 존재가 국가와 당이며, 혼인 당사자는 가족집단에서 탈피해서 국민의 일원으로서 국가와 당에 충성을 다짐한다는 것을 의미했다. 정부 주도의 이러한 형식은 다른 도시에서도 비슷하게 진행되었다.

상해시 제11차 '집단결혼' 장면 출처 : 『健康家庭』 1(1937), p.30
무대 정면에는 손문의 사진이 있고 왼쪽에는 국민당 당기, 오른쪽에는 중화민국 국기(청천백일기)가 걸려 있다.

이러한 '집단결혼'에 대한 사람들의 반응은 다양했다. 당시의 많은 신문 잡지의 지면을 장식했던 '집단결혼'에 대한 뜨거웠던 찬반 논쟁은 이를 대변해준다. '집단결혼'에 찬성하는 사람들은 이것이 신생활운동의 절약정신에 부합하고 당시의 혼인법 정신에도 부합한다고 주장했다.[8] 상해시 사회국, 상해시 정부 혹은 각종 단체, 언론 등이 적극적으로 신생활운동의 '집단결혼'을 홍보했다. 혼례 개혁에 대한 의견서들도 제시되었고, 혼상례 간소화를 위한 단체들도 발기되었다. 상해시 신생활운동촉진회新生活運動促進會에서는 전통 예속을 개혁하고 신생활운동을 실천하기 위한 구체적인 혼례 방식을 상세히 제시하기도 했다.[9]

그러나 한편, '집단결혼'을 반대하는 입장에서는 신생활운동의 정치적인 목적을 간파하고 집단결혼은 정부가 혼인을 통제하기 위한 것이라고 비난했다. 더 나아가 정부가 혼인세를 걷기 위한 꼼수라고 혹평했다.[10] 남경국민정부는 1930년부터 혼인을 할 때는 성省 정부에서 제작한 혼서를 구매하고 여기에 인화세표를 붙이도록 했기 때문이다. 이것은 곧 혼인세로 인식되었다.

---

8) 鄭家柞, 「集團結婚在婚姻法上之意義」, 「社會半月刊」 1-8(1934), p.39.
9) 예를 들어 혼례의 청첩은 기한 전에 발송하되 친척이나 잘 아는 지인이 아니면 남발하지 않는다. 피로연은 하지 않으며 차와 간식을 준비하되 辦事 인원에게는 간단한 식사를 준비한다. 일체의 의장은 폐지하되 인도할 燈籠은 사용할 수 있다. 악대는 9인에서 32인을 둘 수 있고, 결혼예식은 2시간을 기준으로 하며, 하객은 정해진 시간에 참석하여 축하하고, 신랑과 신부는 통상 예복을 입되 중국 국산 재질로 만든 것을 사용한다는 것 등이다. 「上海市新生活運動促進會製定改革禮俗辦法」, 『中央週報』 334(1934), pp.9-10.
10) 黃鐘, 「集團結婚」, 『生生』 3-7(1935), p.2.

그럼에도 불구하고 '집단결혼'은 상해에 이어 북경, 천진, 항주, 남경, 한구漢口, 무석無錫, 가정嘉定 등 다른 도시로 확대되었고, 전국적으로 시행되기에 이르렀다.[11] 1942년 '집단결혼'을 규정한 「집단결혼판법集團結婚辦法」이 공포됨으로써 '집단결혼'이 국가적 차원에서 전국적으로 추진되었다. 당시는 중일전쟁 시기였음에도 불구하고 일부 지역에서는 여전히 '집단결혼'이 행해졌고, 전쟁 종식 이후에는 더 많은 지역에서 시행되어 새로운 풍속의 유행을 견인했다. '집단결혼'은 혼인의 풍속을 개량하고 근검절약을 제창하며 미신을 타파한다는 합리적인 명목도 있었기 때문이다.[12]

다만 정부가 주도하는 '집단결혼'은 지역별로 '신청'에 의해서 이루어졌고 1년에 몇 회, 한 회에 몇십 쌍 내외에 불과했기 때문에, 모든 혼인을 다 포괄할 수 있는 것은 아니었다. 그 비중은 전통 혼인에 비해서는 훨씬 적었다. 그러나 '집단결혼'은 결혼의 간소화, 검약화 등이 실천되면서 비용면에서 상당히 경제적이었다. 때문에 이후 '집단결혼'은 정부와 관계없이 각 회사, 단체, 동향회 등에서 자체적으로 실시되기도 했다. 예를 들어, 1935년 항주 구제원제양소救濟院濟良所에서 집단결혼이 거행되었고, 상해 강원제관창康元制罐廠, 천진 청년회靑年會, 상해현 민항민중교육관閔行民衆敎育館, 운남 신운회新運會, 호속동향회湖屬同鄉會 등에서도 '집단결혼'이 거행되었다. 이러한 경향은 군대에도 영향을 주었다.[13]

---

11) 何學尼, 「新生活集團結婚制應推行全國」, 『社會半月刊』 1-8(1934), p.25.

12) 손승희, 「민국시기 혼인 성립요건의 변화 – 婚書를 중심으로」, 『중국근현대사연구』 90(2021), p123.

13) 經莉莉, 「民國集團結婚探微」, 安徽師範大學碩士論文, 2006, p.16.

'집단결혼'은 그 자체가 가지고 있는 근대성, 경제성, 합리성이 있었다. 정치적인 것과는 별개로 '집단결혼'이 각 단체에 의해 추진되면서 해당 단체의 결속을 다진다는 의미가 있었기 때문이다. 그러한 양상은 현재까지도 이어지고 있다.[14] 그런 의미에서 본다면 '문명결혼'이나 '집단결혼'이나 중국인의 사회 관습의 변화를 주도했던 혼인의 새로운 풍속이었던 것만은 분명하다. 다만 혼인 당사자의 자유의지를 상징했던 '문명결혼'이 유교적 전통사상을 기반으로 하는 '집단결혼'과 동일시되어버린 것은 역사의 아이러니라 할 수 있다. 또한 정치적 구호였던 '집단결혼'이 단체와 조직의 결속을 다지는 기회로 작용했다는 것도 역사의 반전이 아닐 수 없다.

---

14) '집단결혼'은 현재 '집체혼례(集體婚禮)'라는 용어로 행해지고 있다.

당대當代 혼인과 관습

21 '결혼증'으로 완성되는 중국의 혼인

중국에서는 결혼을 하면 결혼 당사자들이 직접 호적지의 민정부에 가서 등기를 하고 결혼증을 발급받는다. 작은 수첩의 형태로 되어 있는 이 결혼증은, 겉장을 넘기면 부부가 함께 찍은 사진이 부착되어 있고 성명, 생년월일, 본적지, 민족, 결혼 날짜 등등 결혼에 관한 기본적인 사항들이 기재되어 있다. 한국에서도 결혼할 때 결혼증서를 작성하지만, 그것은 결혼 당사자 간의 약속의 의미일 뿐 그 자체로서 행정적, 법적 효력이 발생하지는 않는다. 또한 혼인신고를 해야 법적으로 결혼이 인정되는 것은 한국도 마찬가지이지만, 그 절차에 있어서 반드시 당사자가 혼인 신고기관에 직접 나올 것을 요구하지는 않는다. 제3자의 신청에 의해서도 가능하고 결혼증 같은 것도 따로 발급하지 않는다. 그러나 중국에서는 혼인신고를 하고 결혼증을 발급받아야 비로소 법적으로 부부가 되고 결혼이 증명된다.

이것은 1950년 제정된 중화인민공화국 「혼인법」 제8조에 규정되어 있다. 즉 "결혼하는 남녀 쌍방은 반드시 소재지의 혼인 등기기관에 직접 가서 결혼등기를 진행해야 한다. 본법의 규정에 부합하는 것은 등기를 하고 결혼증을 발급받아야 부부관계가 성립된다는 것이

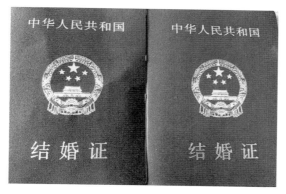

결혼증

다." 이는 중화민국 「민법(대만 민법)」 제982조의 "결혼은 공개 의식
을 하거나 2인 이상의 증인을 둔다"는 조항을 한층 발전시킨 것으로,
관습상의 번거로운 의식 없이 등기만으로도 혼인이 성립한다는 것을
의미한다. 이러한 방식을 두고 일본의 유명한 법사학자 시가 슈조滋
賀秀三는 실로 혁명적인 입법이라고 극찬하기도 했다.[1]

   그렇다면 지금의 이 결혼증은 어디에서부터 온 것일까. 한마디로
말하면 결혼증은 전통시대의 혼서婚書에서 유래했다. 중국에서는 전
통시기부터 토지매매 혹은 가산분할 등 중요한 법률행위를 할 때는
문서를 작성하는 관습이 광범위하게 행해지고 있었다. 혼인에서도
예외가 아니었다. 혼서는 바로 혼인을 확정하고 이행하기까지 남녀
쌍방 가정이 일정한 구속력을 가지기 위해 작성되는 문서이다. 2인
이상의 증인을 결혼 요건으로 두고 있는 중화민국의 「민법」이나 등

---

1) 滋賀秀三, 『中国家族法の原理』, 創文社, 1981, p.320.

기와 결혼증의 발급을 결혼 요건으로 하는 중화인민공화국의 「혼인법」이 모두 이러한 전통의 영향이라 할 수 있다.

혼인에 대한 규정을 담고 있는 『예기·혼의禮記·昏義』에는 '혼례는 예의 근본'이라는 말이 나온다. 혼인은 '예禮'의 범주에 속한다는 것을 명시한 것이다. '예'라는 것은 인간들의 사회관계에서 기본적인 규범과 준칙을 말하는데, 그중 혼례와 가례가 가장 중시되었다. 혼인은 '예'라고 하는 대의명분과 윤리도덕을 기반으로 하는 사회규범으로 정착되었다. 혼인이 사회적 규범이나 관습이 아닌 법의 형식으로 수렴된 것은 당률에서 처음이었다.[2] 특히 황제권력이 형성되면서 '예'는 황제의 지배기구를 유지하기 위한 국가적 규범으로 발전했다. 양민과 천민의 혼인이라든지 주로 신분질서를 무너뜨리는 행위 등 국가의 기강이나 신분질서를 교란시키는 행위는 엄격한 형벌로 다스렸다. 그렇지 않은 것, 예를 들어 혼인의 성립 절차라든가 과정 등은 국가의 사소한 일이라 여겨 개입하지 않았고, 민간의 관습을 따르게 했다.

따라서 혼인 절차는 사회규범으로서 중매인의 주선으로 6례에 따라 진행되었다. 각 세목들은 시대와 지역에 따라 당사자의 신분 고하나 빈부 차이에 따라 변형되거나 생략, 첨가되었다. 당대唐代 이후 역대 왕조는 혼인을 할 때는 혼서를 구비할 것을 법률로 규정했다. 혼서는 귀족이나 사대부들 사이에서는 춘추전국시대에 이미 작성되었으며, 일반 민중사회에서는 늦어도 당대에는 보편화되었던 것으로

---

2) 張晉藩주편, 한기종·김선주·임대희·한상돈·윤진기 옮김, 『중국법제사』, 소나무, 2006, p.444.

보인다.[3] 혼서는 성혼이 되기까지의 과정에서 일정한 구속력을 갖는데 목적이 있지만, 성혼 후에도 혼인 관련 소송 등에서 평생토록 신분을 증명하는 데 도움이 되었다. 실제로 중화민국시기 관습조사에 의하면, 처첩 간의 신분 소송에서 혼서가 신분을 증명하는 자료로 원용되었던 실례가 적지 않았다. 혼서는 혼인의 합법성을 보장받기 위한 증거로서 중요한 법률문서 역할을 했다.

그렇다면 전통시기의 혼서가 언제부터 결혼증으로 바뀌게 되었던 것일까? 또 예의 범주에 속해 있던 혼서가 언제부터 강력한 법의 범주에 속하게 되었던 것일까? 중국 역사상 정부가 민간의 혼인에 직접 개입하기 시작했던 것은 청말이었다. 일부 성 정부가 통일적으로 인쇄 제작한 관제혼서를 사용하게 함으로써 민간의 혼서를 대체하고자 했던 것이다. 그러나 결과적으로 관제혼서의 실시는 효과적이지 않았다. 결혼등기는 일부 지역에서만 시행되었을 뿐, 대부분의 지역에서는 전통적인 방식에 의해 혼서가 작성되었고 민간의 방식대로 혼례가 행해졌다. 왜냐하면 법적인 혼인 성립요건에 변화가 없는 상태에서의 행정조치였기 때문이다.

혼인 성립요건까지 바뀌게 된 것은 1930년 「민법」 친속편이 그 시작이었다. 「민법」에서는 혼인이나 이혼의 자유, 중혼 금지 등을 규정했을 뿐 아니라 전통시기의 혼인 요건이었던 빙례를 더 이상 규정하지 않았다. 대신 2명 이상의 증혼인과 공개적인 혼례를 혼인 성립의 요건으로 했다. 또한 청말과 동일하게 성정부에서 제작한 관제혼서를 사용함으로써 국가의 승인을 얻어 법적인 권리를 보장받도록 했

---

3) 郭松義, 定宜莊, 『清代民間婚書研究』, 人民出版社, 2005, p.7.

다. 그러나 여전히 민간은 익숙하지 않은 관제혼서를 사용하는 데 적극적이지 않았고, 관제혼서에 붙이는 인화세표 구입비용도 달가워하지 않았다. 결과적으로 관제혼서의 사용은 부진했다.

정부기구에 의한 관제혼서, 즉 결혼증의 발급이 보편적으로 실행되었던 것은 중화인민공화국 건국 이후의 일이다. 상술했던 1950년의 「혼인법」은 중화인민공화국 건립 이후 가장 먼저 공포된 법이다. 이 「혼인법」은 소련의 혼인법을 모델로 한 것이다. 유럽국가들이 혼인법을 민법 속에 포함하고 있는 것과는 달리 단독법으로 제정한 것도 소련의 영향이고, 「혼인법」의 내용에서도 소련의 가정 입법의 흔적이 있다.[4] 또한 이 「혼인법」은 중화민국 「민법」과 공산당 각 혁명근거지에서 발표되었던 「혼인조례」약 26건을 종합적으로 참고한 것이다.[5] 주요 내용은 남녀 당사자들의 자유의사에 의한 결혼과 이혼이 인정되었고, 결혼에서 남녀 일방의 강압이나 제3자의 간섭은 허락되지 않았다. 또한 호적지 인민정부에서 결혼증을 발급받는 대신 더 이상 민간에서 작성되는 혼서는 법률적 효력이 없다고 선포한 것이

---

4) 「혼인법」을 단독법으로 제정한 것은 민법의 대상이 주로 재산관계인데 비해, 가정법은 혼인, 혈연, 수양, 아동 양육 등을 대상으로 하여 그 이념과 원칙이 다르기 때문이다. 특히 사회주의 사회에서는 가정이 기본 사회경제의 단위가 아니기 때문에 혼인가정과 민법의 규범이 다르다는 것이다. 자유혼인, 부부평등, 일부일처, 모친과 아동 보호원칙 등에서 모두 소련의 영향을 받았다. 李秀淸, 「新中國婚姻法的成長與蘇聯模式的影響」, 『法律科學』, 2002-4, pp.77-81.

5) 박경석, 「20세기 전반 중국의 혼인문제를 둘러싼 법과 현실 - 1950년 『중화인민공화국혼인법』의 제정과 시행을 중심으로」, 『중국근현대사연구』 52(2011), pp.149-154.

다. 이는 민간의 혼인과정에 대한 중국 정부의 직접적인 개입을 의미했다. 그 증거가 되는 것이 바로 정부기관에서 발급하는 결혼증이었다.

더욱이 민간의 혼인에 대해 정부가 더욱 더 강하게 개입하게 되었던 것은 1953년부터 실행되었던 혼인법관철운동이 그 계기였다. 따라서 1950년 「혼인법」의 공포는 청말부터 진행되었던 혼인의 사회규범을 법제화하여 근대적인 법체계 안으로 수렴하고자 하는 정책의 연장선상에 있었다. 특히 이 혼인법관철운동을 통해 정부가 운동의 방식으로 민간의 혼인에 강력하게 개입하면서 혼인에 대한 국가의 정치적 성격은 더욱 강화되었다.

오랜 역사시기 동안 뿌리 깊은 유교적 가족주의에 익숙해져 있던 중국인들은 당시 '가족만 알고 국가는 모르는' 상황에 놓여 있었다. 신생 정부는 이를 타파하고 가족주의로부터 개인을 해방시켜 국가의 일원으로 만들어야 하는 과제를 안고 있었다. 또한 인구의 절반을 차지하고 있는 여성을 가정으로부터 해방시켜 생산에 투입시킬 필요가 있었다. 따라서 「혼인법」은 당시 가장 고통받는 여성들을 대상으로 했다는 점에서 '여성에 대한 남성 지배권' 혹은 '봉건적 결혼체제'의 해체, 남녀평등을 기반으로 하는 새로운 혼인체계의 성립을 의미했다.[6] 그러나 남녀평등, 혼인과 이혼의 자유, 일부일처의 기본 원리가 정착되는 과정에서 수많은 부작용이 발생했다. 수천 년간 지속되었던 전통 혼인 예법과 의식이 정부의 단기간의 혁명이나 입법만으

---

6) 마저리 울프 지음, 문옥표 엮음, 『지연된 혁명 - 중국사회주의하의 여성생활』, 한울, 1988, p.165.

로 하루아침에 바뀔 수는 없었다. 「혼인법」을 적용하는 과정에서 현실과의 충돌이 발생했던 것이다.

「혼인법」과 현실의 충돌은 대다수가 이혼문제와 관련이 있었고, 대부분의 이혼은 여성이 제기한 것이었다. 중화인민정부법 주임위원회 천사오위陳紹禹가 1950년 4월 13일 중앙인민정부위원회 제7차 회의에서 보고한 바에 따르면, 일부 지역 인민법원의 혼인 관련 소송 중에 이혼 사건이 차지하는 비중이 도시에서는 84.32%, 농촌에서는 90% 이상이었다.[7] '혼인법은 곧 이혼법'이란 말이 회자될 정도였다. 특히 「혼인법」 내용 가운데 "한쪽이 이혼을 완강하게 요구할 경우 이혼할 수 있다"는 조항은 초안 작성 당시 최대의 쟁점이었다. 당시 이혼은 대부분 여성이 제기한 것이었기 때문에 남편의 입장에서는 하루아침에 아내를 잃을 수도 있는 마른하늘에 날벼락 같은 법이기도 했다. 따라서 여전히 남존여비 사상에 관습화되어 있는 사람들에 의해 자유결혼이나 이혼을 요구하는 여성들이 피살되기도 했다. 전통방식의 강압적인 결혼에 대해 자살로 저항하는 여성의 수도 줄어들지 않았다.[8]

따라서 새로운 「혼인법」의 관철을 위해서는 전국민을 대상으로 계몽을 해야 할 필요성이 제기되었다. 이에 중공중앙(중국공산당 중앙위원회)과 정무원은 1952년 11월 26일과 1953년 2월 1일에 각각 혼인법

---

7) 陳紹禹, 「關於中華人民共和國婚姻法起草過和起草理由的報告」, 『貫徹婚姻法工作指南』, 人民出版社, 1953, p.39. 박경석, 위의 논문, 165에서 재인용.
8) 白若楠, 「新中國成立初期貫徹婚姻法運動硏究-以陝西省爲中心」, 陝西師範大學博士論文, 2018, pp.48-53; 김미란, 「중국 1953년 혼인자유 캠페인의 안과 밖 : 관철방식과 냉전하 문화적 재구성」, 『한국여성학』 22-3(2006), p.110.

을 철저히 집행하라는 중요지시를 내리고, 1953년 3월을 '혼인법 관철운동의 달'로 정했다. 운동의 주요 목적은 「혼인법」에 대한 교육을 실시하고 법 집행 상황에 대한 조사를 실시함으로써 인민들의 혼인에 대한 인식을 바꾸는 데 있었다. 특히 기층간부들에 대한 교육과 홍보도 중시되었다. 이들조차도 새로운 「혼인법」에 대한 인식이 충분하지 않아, 혼인 자유를 요구하는 여성을 간섭하고 이혼 청구를 방해하는 등의 일들이 있었기 때문이다.[9] 따라서 혼인법 관철운동의 주요 방향은 혼인가정 내에서 발생하는 여러 현실적인 문제들을 해결하고 여성의 합법적 권익을 보장하는 방향으로 진행되었다.[10] 국가는 운동의 방식으로 강력하게 민간의 결혼에 개입하여 이들의 결혼관을 바꾸고 이를 제도적으로 정착시키고자 했던 것이다.

국가의 행정력을 동원한 이 혼인법 관철운동은 상당히 효과적이었다고 평가된다. 중국 내무부의 1954년 통계에 따르면, 전국 15개 성 562개 현시縣市에서 결혼등기를 신청한 40여만 쌍의 남녀 가운데 혼인법 위반으로 허가받지 못한 비율은 0.7%에 불과했다. 또 1954년 상반기 11개 대도시의 통계에서도 스스로 결정한 혼인 등기가 97.6%에 이르는 것으로 나타났다.[11] 이러한 통계 결과는 새로운 「혼인법」이 민중의 생활 속에 안착하는 데 성공했음을 의미한다. 이 「혼인법」은 1980년에 한 번 개정된 이후, 2001년과 2011년에도 개정되었지만

---

9) 기층간부들의 혼인법에 대한 간섭과 방해행위 등은 박경석, 위의 논문, pp.161-166 참조.

10) 김지수, 『中國의 婚姻法과 繼承法』, 전남대학교출판부, 2003, pp. 81-82.

11) 김지수, 위의 책, pp.82-83.; 王思梅, 「新中國第一部『婚姻法』的頒布與實施」, 『黨的文獻』, 2010-3, p.27.

기본적인 틀은 바뀌지 않았다. 그런 점에서 민간의 혼인에 대한 국가의 강력한 개입은 중국인의 의식을 혁명적으로 바꾸는 데 기여했다고 할 수 있다. 혁명시기의 산물이지만, 등기를 통해 발급되는 결혼증역시 지속적으로 민간의 생활 속에서 이미 체화되었던 것이다.

「혼인법」을 관철시키기 위한 시행법으로 1955년에 공포된 「혼인등기판법」은 1980년, 1985년의 개정을 거쳐 1994년에는 「혼인등기관리조례」로 공포되었다. 개혁개방으로 공민들의 자유권리 의식이 커지면서 이 관리조례는 폐지되고, 2003년 8월부터는 수정된 「혼인등기조례」가 실행되고 있다.[12] 이 조례에서는 기존의 '관리'라는 두 글자가 빠지고 정치색도 옅어졌지만, 여전히 혼인등기가 강력하게 시행되고 있다는 것은 간과할 수 없다. 혼인등기를 통해 국가가 줄곧 결혼의 중재자나 보호자의 역할을 담당하고 있다는 사실은 변하지 않았다.[13]

더욱이 이전에는 결혼증의 효용성이 별로 크지 않았지만, 근래에는 결혼증이 민간 생활에서 그 용도가 더욱 다양하게 확대되고 있다는 사실은 주목할 만하다. 예를 들어 도시로의 호구 이전이나 자녀의 호구 등록에서 필요하고, 부동산담보대출, 국외 여행이나 유학할 때, 재산상속, 재산분할, 자녀부양, 채권 채무, 직장 이동 등에서도 모두 결혼증이 필요하다. 특히 혼인관계를 위배하는 중혼이나 바오얼나이包二奶 등과 관련된 소송이 제기될 때도 결혼증은 가장

---

12) 김지수, 『中國의 婚姻法과 繼承法』, 전남대학교출판부, 2003, pp.115-121.
13) 이응철, 「현대 중국 도시 젊은이들의 결혼과 비혼」, 『아시아연구』 22(2019), 157.

결정적인 증명의 역할을 하는 것은 물론이다. 국가는 등기제도를 통해 혼인제도에 대한 감독을 강화하는 한편, 결혼증을 발급해 줌으로써 결혼 당사자들을 법적으로 보호하고 이들에게 권리와 의무를 부여하고 있는 것이다.

22 중국인의 결혼 비용, 그 역사와 현재

　중국은 예로부터 혼인을 중시하여 온 동네가 떠들썩하게 혼인예식을 행해왔다. '예禮'의 범주에 속했던 결혼식은 가족과 친지들 앞에서 혼인을 인정받는 하나의 사회적 의식이었다. 그러한 관습은 오늘날까지 남아 있어 결혼은 많은 사람들의 축하를 받으며 최대한 풍성하고 화려하게 행해지는 것이 일반적이다. 현재는 혼인등기만 해도 법적으로 부부가 되는 데는 문제가 없지만 굳이 결혼식을 치르는 것은 그 사회적 의미가 크기 때문이다.

　결혼예식과 함께 결혼식의 백미로 꼽히는 것은 음식과 술이 오가며 가족과 친지들의 축하를 한 몸에 받는 결혼 피로연일 것이다. 중국의 결혼식은 보통 식사를 하면서 몇 시간에 걸쳐 진행되므로 여기에 드는 비용이 차지하는 비중은 상당히 높다. 일반적인 결혼식도 대개 10개 이상의 테이블이 세팅되는 것이 보통이고 피로연 중에 신부는 최소 한두 번 드레스를 갈아입는다. 전통의 꽃가마 대신 화려하게 꽃장식된 신혼차량 렌트비용도 만만치 않다. 게다가 전통의 '차이리彩禮'1)

---

1) 전통시기에도 財禮, 彩禮 등의 용어가 사용되었는데, 특히 현금을 건넬 때 그렇게 불렀다. 當代 중국연구자 중에는 彩禮를 '신부대', 粧奩을 '지참금'으

2013년 단둥의 한 결혼식 장면

관습에다 서양으로부터 영향받은 사진 촬영, 신혼여행 등이 추가되면
서 중국의 결혼비용을 끌어올리고 있다. 중국은 땅이 넓어 신랑 신부
의 출신지역이 각각 멀리 떨어져 있다면 피로연을 두 번 치러야 할
수도 있다.

　사실 중국인들이 결혼비용으로 고비용을 지출하는 것이 하루 이틀
만의 일은 아니었다. 전통 시기에도 혼인비용은 자신의 형편 이상으
로 과다지출 되었다. 자녀들의 혼인비용을 충당하기 위해 부모가 대

　로 번역하기도 하지만, 이는 주로 서양에서부터 온 개념이라 생각된다. 이에
　대해서는 별도의 논의가 필요해 보이기 때문에 본서에서는 일단 당대의 채례
　를 '차이리'로 표기해둔다.

출을 받는 사례가 많았다는 것에서 알 수 있다. 그러한 경향은 민국시기에도 마찬가지여서 혼·상례비용을 위한 대출 비중이 높았다. 통계에 의하면 1930년대 농촌의 빈곤은 일상적이었고 부채비율은 50% 전후였다. 농가의 반수 이상이 빚을 지고 있었다는 것이다. 이러한 현상은 지역을 막론하는 전국적인 것이었다.[2] 농민들은 토지, 종자, 비료, 농기구 구매 등 생산을 위한 필요에서 대출을 하기도 했지만, 지세 납부, 식량 구매, 혼·상례 비용 등 주로 소비를 위해 돈을 빌리는 경우가 적지 않았다. 오히려 생산을 위한 대출보다 소비를 위한 대출 비중이 현저하게 높았다.

일례로 1934-1935년 금릉대학金陵大學 농학원농업경제학과農學院農業經濟系가 하남성, 호북성, 안휘성, 강서성 4성의 농업 계층별 대차용도 조사를 실시한 바 있는데, 생산대차는 8.4%, 소비대차는 91.6%를 차지했다. 농민들은 소비를 위해 더 많은 돈을 빌렸다는 것을 알수 있다. 농촌 대다수의 농민은 항상적인 빈곤 상태였고 일상적인 지세 납부와 식량 구매를 위해서도 돈을 빌려야 할 만큼 가난했기 때문이다. 그중에서도 혼·상례 비용을 충당하기 위한 대출 비중이 높았다. 위 통계에서 소비대차 항목을 식비, 혼·상례, 기타로 구분했을 때 차지하는 비중은 식비 42.1%, 혼·상례 비용 18.1%, 기타 31.4%였다.[3] 혼·상례가 단일 항목이라는 것을 고려하면 상당히 높았다는 것을 알 수 있다. 민국시기 빈곤한 농촌에서 혼·상례 비용을

---

2) 손승희, 『민간계약문서에 투영된 중국인의 경제생활 : 합과와 대차』, 인터북스, 2019, pp.160-161.

3) 『經濟統計』 4(1937), p.193, 嚴中平等編, 『中國近代經濟史統計資料選輯』, 科學出版社, 2016, p.344에 수록.

마련하기 위해 대차를 하는 것은 보편적인 일이었다.

또한 수입 대비 혼인비용을 세계 각국과 비교해 보아도 중국이 상당히 높았다는 것을 알 수 있다. 실제로 1934년 일본 가정과학사家庭科學社가 조사한 세계 각국 결혼비용에 의하면, 영국, 프랑스, 독일은 수입의 1%, 미국은 수입의 2%, 중국은 수입의 30%를 사용한다고 보고하고 있다.[4] 이를 통해 혼인을 중시 여겼던 중국인들의 의식을 엿볼 수 있다. 따라서 농민의 평상시 수입으로는 자녀의 결혼비용을 감당할 수 없었다. 당시의 대출이 대개 고리대였다는 것을[5] 감안하면 혼·상례 비용은 농민들에게 큰 부담이었을 것이다. 그럼에도 불구하고 부모들은 자녀들의 결혼비용을 위해 그것이 자신들의 일생의 의무인양 기꺼이 큰 빚을 감당했던 것이다.

사회학자 페이샤오퉁費孝通은 운남성 농촌을 현지조사 하면서 자녀의 혼인에 대한 농민의 모습을 이렇게 묘사했다. "평상시에는 극단적으로 절약생활을 하는 한 소작농이 아들의 혼인준비를 위해서는 마치 다른 사람이 된 것 마냥 아낌없이 지출하고, 이로 인해 많은 빚을 지게 되었는데도 얼굴은 인생의 목적을 다했다는 만족감으로 빛났다."[6] 이렇듯 중국의 부모들은 자녀의 혼인비용을 위해 기꺼이 빚을 졌다.

이러한 전통의 영향은 현재도 남아 부모세대는 여전히 자녀세대를

---

4) 張秉輝,「集團結婚的現實討論 : 上海市政府辦理集團結婚的過去和現在」, 『健康家庭』 1(1937), p.11.

5) 손승희, 『민간계약문서에 투영된 중국인의 경제생활 : 합과와 대차』, 인터북스, 2019, pp.172-184.

6) 滋賀秀三, 『中国家族法の原理』, 創文社, 1981, p.514.

위해 결혼비용을 지불한다. 결혼비용은 차이리, 혼수, 예복, 예물, 결혼예식, 피로연, 신혼여행 등의 직접비용과 결혼 차량 대여비, 신혼집, 가구, 가전, 신혼집 인테리어 등 간접비용으로 나눌 수 있다.[7] 그중 '차이리'는 전통시기에 정혼을 하면 '납징納徵'이라 하여 신랑집에서 신붓집으로 빙례를 보내는 관습에서 유래했다. 그런데 중국의 차이리는 형편에 따라 다르기는 해도 그 액수가 상대적으로 큰 것이 특징이다. 이 관습은 지금도 행해지는 곳이 많고 액수도 점점 증가하는 양상을 보이고 있다. 특히 전통적인 성향이 강한 농촌에서 중요한 관습으로 이어지고 있다.

차이리에 대해 학계에서는 크게 두 가지 이론으로 설명한다.[8] 하나는 결혼 보상이론이고, 다른 하나는 결혼자금 보조 이론이다. 결혼 보상이론은 주로 보상의 목적, 즉 신부측 가정에서 지출한 양육 비용과 신부의 노동력이 신랑측 가정으로 이동하는 것에 대한 보상이다. 결혼 자금보조 이론은 신랑 가정이 주는 차이리나 신부 가정이 준비하는 혼수를 막론하고 최종적으로는 신랑과 신부 수중에 유입된다는 것이다. 이는 부모세대가 자녀세대에 주는 세대 간의 보조이다.[9] 현

---

7) 許加明,「城市靑年結婚消費的現狀, 影響因素與引導策略」,『經濟硏究導刊』, 2019-2, p.86.

8) 符國群, 李楊, 費顯政,「中國城鎭家庭結婚消費演變硏究：1980-2010年代」,『消費經濟』, 2019-6, pp.34-35; 黃振威,「民國時期財婚中的彩禮習慣硏究 - 以民國社會習慣調査報告爲視覺」,『知與行』, 2016-5, p.133.

9) 刁統菊,「嫁粧與聘禮：一個學術史的簡單回顧」,『山東大學學報』, 2007-2 에서는 차이리의 원인에 대해 繼承說, 福利說, 勞動價値說, 競爭說, 家庭意圖說, 財産轉移說로 구분하여 분석하고 있지만, 이는 중국의 경우에 국한하지 않고 세계적으로 혼인에서 주고받는 예물을 대상으로 한 것이다.

재는 신부의 노동력을 보상한다는 전통적인 의미는 사라졌지만 부모 세대가 자신의 독생자녀의 신혼가정을 위해 마련해주는 결혼 보조금 의 형태로 자리잡고 있다. 다만 이러한 고비용의 전통시기 결혼식이 지금까지 중단없이 이어졌던 것은 아니었다.

중화인민공화국 성립 후, 1950-60년대에는 사치스러운 차이리나 결혼 피로연은 봉건적인 것이라 하여 비난받았다. 대규모의 호화스러운 예식도 금지되었다. 전통적인 관습을 완전히 없애는 것은 불가능했지만 적어도 예식은 간소화되었고, 신부의 혼수는 검소한 것들로 채워졌다. 1994년 제작된 중국 영화 「인생活着」을 보면 당시의 결혼식 장면이 등장한다. 신랑 신부는 전통 혼례복이 아닌 인민복 차림이고 가슴에 단 빨간 꽃장식과 리본만이 이들이 결혼 당사자임을 알게 한다. 여기서 클라이맥스는 가족사진을 찍는 모습이다. 그들의 손에는 작고 빨간 수첩(마오쩌둥어록)이 들려 있고, 마오쩌둥 사진을 배경으로 마치 뱃놀이라도 하듯 배 모형 앞에서 기쁨과 행복에 넘치는

영화 「인생」 중 결혼식 장면

얼굴로 사진을 찍는 장면이다. 조촐한 예식이 끝나고 신랑은 신부를 자전거에 태워 자신의 집으로 향한다. 이 모든 장면은 장이머우張藝 謀 감독의 현실 비판과 풍자가 섞여 다소 우스꽝스럽게 희화화되었 지만, 당시의 검소한 결혼식 모습을 꽤 인상적으로 표현해내는 데 성공했다.

이러한 풍조는 문화대혁명시기에도 여전히 유효했고 정부는 인민 들에게 의례의 간소화를 지속적으로 요구했다. 1970년대까지만 해도 가장 이상적인 신부의 혼수로 자전거, 시계, 재봉틀이 꼽혔으니[10] 당 시의 소박한 결혼식 분위기를 짐작할 수 있다. 사실은 문화대혁명시 기 실제로 누구도 감히 대규모의 호화결혼식을 하지 못했다. 결혼은 대부분 젊은이들이 자신의 친구와 친척, 동료 노동자들에게 차와 담 배, 사탕을 대접하는 모임으로 조촐하게 행해졌다. 때로는 신랑의 작 업장에서 행해졌다. 그럴 때면 신랑의 상관上官이 국가에 대한 봉사 를 강조하며 상투적 문구로 가득한 연설을 하는 것이 고작이었다.[11] 결혼 의례에서 과도한 부조를 주고받는 것도 금지되었다. 사회주의 체제하에서 사적 경제영역은 혁명의 적으로 간주되었다. 특히 경조 사에서 부조를 받는 것은 사적 예물경제의 극치로 여겨졌기 때문이 다. 부조를 주고받는 행위는 개인적인 관계를 강화하는 일로 집체의 절대성에 도전하는 행위로 여겨질 수도 있었다.[12]

---

10) 董春櫟,「農村彩禮現象分析及對策」,『當代農村財經』, 2022-4, p.35.

11) 마저리 울프 지음, 문옥표 엮음,『지연된 혁명 – 중국사회주의하의 여성생활』, 한울, 1988, p.181.

12) 김광억,『혁명과 개혁 속의 중국 농민』, 집문당, 2000, pp.197-199, pp.267-268, 이응철,「결혼 권하는 사회 : 현대 중국의 결혼, 배우자 선택, 그리고 남은 사람

그러나 억눌려왔던 욕구는 개혁개방으로 다시 표출되었다. 인민들의 소득수준이 높아지고 자유로운 풍조가 만연되면서 결혼비용도 증가하기 시작했다. 이러한 경향은 도시에서부터 나타났다. 도시의 빠른 성장은 도시 청년들이 자신의 결혼에 더 많은 비용을 기꺼이 지불하는 물질적 배경이 되었다. 더욱이 1980년대 도시에서 행해진 엄격한 한 자녀 정책 이후 각 가정은 하나뿐인 자녀를 위해 온갖 정성을 쏟고 이들이 결혼할 때가 되면 아낌없이 비용을 제공했다. 자녀들의 학력이 높아지면서 소비 수준과 능력이 높아진 것도 결혼비용 상승의 원인으로 지목되고 있다.[13] 또 하루가 다르게 올라버린 주택가격은 신혼집 마련을 위해 더 많은 비용을 투입하게 한다. 근래 상해를 조사한 한 연구에 의하면 중국사람들은 결혼을 위해 남성이 갖추어야 할 것으로 집房子, 차車子, 돈票子을 꼽는다. 이런 것이 없는 사람은 '세 가지가 없는 남자三無男'라 불리며, 이후 삼고三高(높은 집값, 높은 자동차 값, 높은 의료비)에 직면하게 된다고 인식한다고 한다.[14]

이러한 현상은 도시뿐이 아니었다. 1980-81년 중국을 현지조사했던 마저리 울프는 농촌에서도 이미 결혼에 많은 비용을 사용한다는 사실을 확인했다. 특히 중국 농촌에서는 결혼이 큰 경사이며 가족의 지속을 재확인하는 표현방식이었다고 지적하고 있다. 자녀들을 위해 아낌없이 결혼비용을 부담하는 것은 부모들에게는 자녀들에 대한 가

들」, 『아태연구』 21-4(2014), p.218에서 재인용.

13) 許加明, 「城市靑年結婚消費的現狀, 影響因素與引導策略」, 『經濟研究導刊』, 2019-2, p.86.

14) 이응철, 「현대 중국 도시 젊은이들의 결혼과 비혼」, 『아시아연구』 22(2019), p.162.

장 중요한 의무를 완수한다는 의미이다. 자녀의 입장에서도 이때가 바로 새 옷이나 새 시계 등을 새로 장만할 수 있는 유일한 기회였기 때문에 반대하는 것이 쉽지 않았다.[15)]

2013년 단둥의 한 결혼식 피로연 테이블

문제는 이러한 소비경향은 결혼 당사자들의 의지와는 관계없이 자녀의 혼인비용은 부모가 제공해야 한다는 전통적인 관념과 맞물려 있다는 것이다. 더구나 일부 부유층의 자식에 대한 물질적 사랑은 대륙의 스케일만큼이나 크다. 각종 사회적 네트워크를 통해 남들과의 비교가 쉬워지면서 부모의 사회적 체면을 위해 결혼비용이 과다 소비되고 있는 것이다. 이러한 경향은 도시뿐만이 아니라 농촌에서도 보편적인 일이 되면서, 결혼비용이 가정 소비지출에서 차지하는

---

15) 마저리 울프 지음, 문옥표 엮음, 『지연된 혁명 – 중국사회주의하의 여성생활』, 한울, 1988, p.181, p.203.

비중이 점점 높아지고 있다. 농촌경제의 성장에 따라 농민들도 고소비 결혼비용 지출에 동참하고 있는 것이다. 특히 보편적으로 행해지는 결혼의 고비용 현상은 일종의 자기만족의 허영심에 의해 과시적으로 소비되는 특징을 나타내고 있다. 농촌경제가 발전하고 상품 수입이 증가하면서 농촌에서도 결혼비용의 고소비를 가능하게 하는 물질적 기초와 조건이 마련되었다. 성대한 결혼식을 행함으로써 자신들의 경제력을 과시한다는 측면이 있다는 것이다. 농촌사회 특유의 체면의식이나 친지들과의 네트워크의 긴밀성 등도 결혼에서 남에게 과시하고 비교하고 모방하는 고소비 현상을 조장하는 역할을 하고 있다.[16)]

한편, 이러한 과소비와 남에게 보여주기식 결혼 풍토가 만연한 가운데 이를 반대하는 뤄훈裸婚족이 등장하여 눈길을 끈다. 원래 '뤄훈'이라는 말은 결혼예식, 피로연, 사진 촬영, 신혼여행 등의 결혼방식을 하지 않고 결혼증만 받는 간단한 결혼방식이다. 뤄훈은 2008년 인터넷상에 등장하기 시작한 신용어로, 개혁개방과 함께 강력한 '1가구 1자녀' 정책하에서 성장했던 바링허우80後 세대에게서 큰 호응을 얻은 바 있다. 이들은 전통적인 결혼 관념을 깨고 결혼은 물질이 아니라 서로 돕고 함께 노력하는 독립정신을 바탕으로 해야 함을 주장한다. 뤄훈의 방식도 다양하여 혼인신고만 하거나 결혼반지만 나눠 갖는 것으로 혼인식을 대신하거나 혹은 선택적으로 혼인절차를 간소화하는 방식의 뤄훈을 선택하기도 한다.

---

16) 張小莉, 李玉才, 孫學敏,「當前中國農村結婚高消費現象的社會學分析」,『農村經濟』, 2017-1, pp.73-75.

그러나 2012년 실시했던 청년들의 「혼인과 내집 마련 인식」 조사에서는, 정작 자신은 뤄훈 방식의 결혼을 하고 싶지 않다는 도시 청년들의 의견 또한 과반을 넘을 정도로 높게 나타나고 있다고 보고하고 있다.[17] 이 조사에 의하면, 내 집을 구매할 수 없고 경제적인 기초가 마련되지 않는 것이 청년들이 결혼을 하지 못하는 가장 주요한 요인이라는 것이다. 이는 어쩔 수 없이 뤄훈을 선택해야 하는 청년들이 있으며 이로 인한 상대적인 박탈감이 존재한다는 것을 의미한다. 중국 청년들은 자신들의 국가는 G2라 불리는 수준으로 빠르게 성장하고 있지만, 정작 자신들은 빠른 양극화, 교육과 취업의 치열한 경쟁, 치솟는 물가 등 그들을 둘러싼 삶의 현실 속에서 하루하루 피곤한 삶을 살고 있다고 생각한다.[18] 이런 여러 가지 현실에서 최근 중국에서는 결혼을 하지 않거나 피하는 현상이 생겨나고 있다. 중국도 신혼집 마련이 결혼에서 큰 비중을 차지하고 있으며 이에 따라 혼인 비용도 점점 더 증가하고 있기 때문이다. 결혼에서도 양극화 현상이 심각해지고 있는 것이다.

---

17) 「過半年輕人不接受"裸婚"」, 『新京報』, 2012.02.17. 바링허우 세대를 중심으로 중국 청년들의 결혼에 대한 현실과 갈등을 그린 「裸婚時代」라는 TV드라마가 방영되어 큰 인기를 끌었고, 이에 대한 사회적 관심을 불러일으켰다.

18) 이응철, 「현대 중국 도시 젊은이들의 결혼과 비혼」, 『아시아연구』 22(2019), p.154.

'전통'의 이름으로 부활하는 '차이리彩禮' 관습

요즘 중국의 인터넷 신문상에 심심치 않게 올라오는 기사가 있다. 바로 차이리彩禮에 관한 것이다. 차이리는 중국에서 결혼할 때 신랑 집에서 신붓집으로 보내는 현금이다. 특히 최근 농촌의 차이리 가격이 가파르게 증가하고 있어 사회적인 관심사가 되고 있다. 심지어는 작성 주최나 정확한 연도를 알 수 없는 지역별 차이리 가격지도가 인터넷상에 떠돌고 있다. 이를 증명하듯 2020년 Tencent News Guyu Data(騰訊新聞谷雨數據)가 실시한 '중국인의 차이리 조사'에서 중국인의 73.8%가 결혼할 때 차이리를 받았으며, 그중 9개 성의 차이리는 연간 가처분소득의 3배 이상을 차지한 것으로 나타났다. 그중 산동지역이 86.6%를 차지해 차이리를 받은 비율이 전국에서 가장 높게 나타났다. 차이리 가격은 절강성이 가장 높아 평균 18.3만 위안이고, 흑룡강성, 복건성, 강서성, 내몽골 등이 뒤를 이었으며, 해남, 길림, 신강, 중경, 광서, 사천 등이 비교적 낮게 나타났다.[1]

이 조사에서 60.9%의 여성이 차이리 액수가 중요하다고 답한 반

---

1) 「彩禮最新地圖！浙江18.3萬全國第一, 黑龍江男方壓力最高, 山東最流行」, 『券商中國』, 2022.06.06.

■ 차이리를 받은 비율(%)

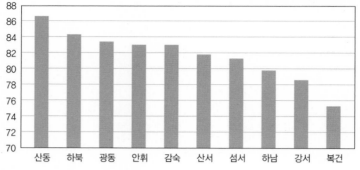

차이리가 행해지는 비율

면, 남성은 15%만이 차이리 액수가 중요하다고 답했다. 자신이 생각하는 '합리적인 차이리 가격'은 얼마인지에 대해서는, 남자는 1-5만 위안이 가장 많은 비중을 차지하여 43.7%로 나타났고, 여자는 5-10만 위안이 가장 많아 35.2%로 나타났다. 차이리는 신랑집에서 신붓집에 주는 것이니 현실적으로 남녀의 인식에서 차이를 보이는 것은 당연할 수도 있다. 그러나 놀라운 것은 차이리가 필요하지 않다고 답한 경우는 남자가 15.3%, 여자가 5.6%뿐이라는 것이다. 남녀를 불문하고 중국인의 많은 수가 차이리의 존재를 부정하지는 않는다는 사실이다. 다만 너무 많은 액수가 오고 가는 것은 미풍양속을 해칠 뿐 아니라 당사자 집안에 큰 부담이 되기 때문에 적절한 선에서 조정되기를 바라는 마음이 담겨있는 것이다.

그러나 차이리는 결혼에서 '현금'이 오고 가는 것이기 때문에 협의의 과정에서 갈등이 발생하기 쉽다. 서로에게 상처를 주기도 하고, 돈 때문에 자신의 사랑의 가치가 희석된다는 실망감을 느끼기도 하고, 상대방에 대한 서운함 혹은 두터운 차이리를 통해 자신의

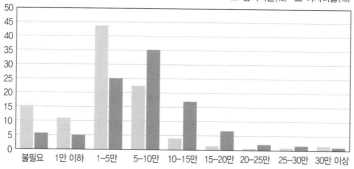

■ 남자비율(%) ■ 여자비율(%)

차이리의 적정 가격에 대한 인식

부를 과시하거나 체면을 차리고자 하는 심리 등등, 그 과정에서 이미 불화의 씨앗이 싹트는 경우가 적지 않다. 반드시 돈의 다과가 아니라 해도 결과는 마찬가지가 되고 심지어는 파혼이나 이혼에 이르는 경우도 드물지 않다. 이런 경우 차이리 반환 소송이 함께 진행되기도 한다.

실제로 우한대학武漢大學의 중국향촌거버넌스연구중심 양화楊華 연구원은 높은 차이리가 결혼 후 가족 간에 갈등을 유발하는 중요한 원인이 되고 있다고 지적하고 있다. 일부 지역에서는 쉽게 결혼하고 쉽게 이혼하는 풍조가 나타나는가 하면 매매혼인이나 사기 혼인 등의 현상도 나타나고 있다는 것이다.[2] 무거운 차이리 부담 때문에 살던 집을 팔고 빚을 내면서 하층민으로 전락해가는 부모들도 생겨나고 있다고[3] 하니, 차이리는 이제 개별가정의 문제가 아니라 사회적인

---

2) 2007년부터 하북, 산동, 안휘, 강서, 호남, 호북, 강절지역을 대상으로 차이리에 대한 현지조사를 진행했던 楊華에 의하면, 2010년 이후 농촌의 차이리가 폭등했다고 한다. 「彩禮分期, "傳宗接'貸' '貸貸'相傳"」, 『紫夏廖意』, 2021.4.5.

이슈로 떠오르고 있는 것이다. 특히 최근 중국 농촌사회에 불고 있는 '높은 차이리 가격天價彩禮'은 농촌 가정이 감당할 수 없는 무거운 부담이 되고 있다. 이것이 전 중국 사회가 차이리 관습을 우려스럽게 바라보고 있는 이유이다.

중국 정부에서는 2019년 중앙1호문건을 통해 고가의 차이리와 같은 '바람직하지 않은' 혼인풍속을 관리할 것을 요구한 바 있다. 2022년에도 19년째 중국의 삼농三農 문제가 중앙1호문건의 초점이 되고 있는 가운데, 향촌의 고가 차이리 문제를 중요하게 관리할 것을 요구하고 있다. 이를 반영하듯 2021년 3월 6일 전국정협위원 장가이핑張改平은 농촌에서 차이리가 유행하는 이유를 진단하고 이에 대한 해법을 내놓았다. 그는 현재 신농촌 보험 기초 양로금이 너무 낮게 책정되어 농촌인구의 기본생활비를 보장하지 못하기 때문에 신랑집에 차이리를 많이 요구하여 부족한 양로금을 충당하고자 하는 심리가 있다고 지적했다. 또 현재 중국은 남녀 성비의 불균형이 심각한데, 특히 신붓감을 찾기 어려운 농촌에서 차이리를 많이 주고서라도 신부를 구해오고자 하기 때문이라는 것이다. 이와 더불어 농촌 사람들의 사고가 고루하여 남과 비교하는 경향이 강해 너도나도 차이리 가격을 올리고 있다고 진단했다. 따라서 그는 농촌의 기초 연금을 높이고, 여성의 사회적 지위를 높여야 하며, 농촌의 정신문명 건설을 강화해야 한다고 주장했다.[4] 2022년 4월에는 민정부가 전국의 15개현을 선

---

3) 董春櫟,「農村彩禮現象分析及對策」,『當代農村財經』, 2022-4, p.35. 2021년에는 江西九江銀行에서 차이리를 목적으로 대출해주는 '차이리대(彩禮貸)' 상품이 출시되어 시선을 끌고 있다.「彩禮分期, "傳宗接'貸' '貸貸'相傳"」,『紫夏廖意』, 2021.4.5.

정하여 3년 동안 풍속개량을 시범적으로 추진하고 있다.[5] 그러나 이러한 대책들이 그다지 효과적이지 않아 보이는 것은 농촌 기초 연금을 높이자는 것을 제외하면 그것이 모두 사람들의 인식을 바꿔야 한다는 것이기 때문이다.

차이리의 문제점은 알고 있지만 개선이 잘 안 되는 이유는 그것이 '전통'이라는 이름을 달고 있기 때문이다. 차이리는 전통시기 혼인의 '빙례聘禮'에서 유래되었다. 현재 중국의 「혼인법」에서는 차이리를 금지하고 있지만 오래된 '전통'이라는 이유로 판례에서는 이를 인정하는 경향을 보이고 있다. 더욱이 혼인분쟁으로 인한 차이리 반환소송이 점점 증가하는 상황에서 이를 법으로 금지하는 것은 옳지 않고, 사회 거버넌스의 과정에서 사법재판을 통해 그 행위를 규정해야 한다는 요구가 높아지고 있다.[6] 전통시기의 혼인 성립요건 중 하나였던 빙례가 부정된 것은 1930년 중화민국 「민법」에서부터였다. 「민법」에서는 빙례에 대한 언급은 없지만, 혼인 성립의 법적 요건으로 관제혼서의 사용과 공개 의식, 증혼인 2명을 갖출 것을 요구했다. 그러나 여기에는 강제성이 없었고, 법을 어겼을 때의 처벌조항은 있지만 그다지 효과적이지 않았다. 때문에 이후에도 민간에서 빙례가 단절되었던 적은 없었고, 기껏해야 정부에서 요구하는 관제혼서의 양식에 맞추려는 '시늉'을 했을 뿐이었다. 이마저 따르

---

4) 「全國政協委員張改平 : 建議遏制農村天價彩禮陋習」, 『新京報』, 2021.3.6.

5) 「彩禮最新地圖！浙江18.3萬全國第一, 黑龍江男方壓力最高, 山東最流行」, 『券商中國』, 2022.6.6.

6) 林興勇, 「論彩禮返還的司法困境及解決對策」, 『巢湖學院學報』, 2021-5, p.54, p.62.

지 않아도 법에 따라 위반자를 색출할 방법도 없었고 소송을 제기하지 않는 이상 민간에서는 여전히 빙례가 오히려 강력한 사회적인 힘을 발휘하고 있었다.

이후 중화인민공화국이 성립되고 사회주의 국가건설이 시작되면서 인민은 집단에 소속되었고 강력한 「혼인법」이 시행되고서야 혼례는 검소하게 진행되었다. 차이리도 표면적으로는 자취를 감춘 듯했다. 그러나 현지조사에 의하면, 하북성 펑룽현風龍縣에서는 과거부터 현재까지 점술가에게 신랑, 신부의 명운을 맞춰보는 종교적 행위에서부터 중매인들을 통해 차이리를 협상하는 일까지, 간단하게나마 지금과 같은 혼인 절차들을 따르지 않은 적이 없었다고 한다. 심지어 전통 관습이 엄격하게 억제된 문화대혁명 기간에도 준비하는 재화의 종류나 규모가 달랐을 뿐 절차와 관습들이 완전히 사라지지 않았다는 것이다.[7]

그나마 드러내놓고 하지 못했던 차이리 관습은 개혁개방과 함께 '전통'이라는 이름의 날개를 달고 화려하게 부활했다. 개혁개방의 성공으로 얼마간의 현금을 손에 쥐게 된 계층을 시작으로 차이리 관습이 부활한 것이다. 그렇다면 전통시기의 빙례는 도대체 어떤 것이었길래 현재 '차이리'의 부활에 이런 정당성을 불어넣고 있는 것일까.

전통시기 중국의 혼인은 '예禮'에 기반을 두고 있었고, 원래 여섯 차례의 복잡한 예는 일반적으로 3례로 간소화되어 행해졌다. 즉 혼인에서는 반드시 먼저 경첩慶帖을 보내고納采, 빙례를 보내어 혼인

---

7) 이현정, 「현대 중국 농촌의 시장개혁과 혼인관습의 변화 : Jack Goody의 신부대 이론에 대한 비판적 고찰」, 『한국문화인류학』 50-1(2017), p.108.

을 확정하고納徵, 마지막 단계에서 신부를 맞이하는 친영親迎의 절차를 거치는 것이다. 아무리 가난한 가정이라도, 설령 약식으로 행할지언정 기본적으로는 이러한 절차를 갖추었다.

그렇다면 중국 전통사회에서는 혼인 절차상의 문제를 왜 그렇게 중시했던 것일까. 빙례는 사실 중국의 정혼訂婚제도로 인해 생겨났다. 중국의 전통적인 혼인은 정식 혼인예식이 행해지기 전에 미리 혼처를 정해두는 방법을 취했기 때문이다. 이는 혼인의 목적이 조상 숭배와 제사를 위한 것이었으므로 좋은 가정 출신의 배우자를 얻기 위한 과정이었다.[8] 따라서 전통시기에는 먼저 정혼을 하고 이후 신부를 맞아들이는迎娶 과정을 거치는 혼인 양식이 보편적이었다.

전통시기는 물론이고 민국시기 전반기까지도 법적인 혼인 성립요건은 '혼서'와 '빙례(빙재)'를 갖추는 것이었다. 민국시기에도 혼서는 소간小柬/대간大柬 혹은 소례小禮/대례大禮 혹은 경첩慶帖, 초팔자草八字, 계啓, 혼서 등 여러 명칭으로 불렸다. 소간과 대간, 소례와 대례, 경첩(초팔자)과 혼서 등 대개 짝을 이루어 칭하는데, 이는 앞의 것이 정혼 혼서라면 뒤의 것이 정식 혼서라고 할 수 있다.[9] 이는 모두 정혼 제도와 정식혼인의 관계를 말해주는 용어들이다. 따라서 정혼은 남

---

8) 黃右昌, 『民法親屬釋義』, 會文堂新記書局, 1946, p.23.
9) 慶, 帖은 혼인 당사자의 사주팔자(年月日時)가 적힌 간단한 붉은 종이쪽지를 말한다. 호북성 宜昌, 恩施縣에서는 이런 붉은 쪽지가 혼서로 통용되어 혼인 증명에 아무 곤란이 없다고 보고하고 있다.(p.757) 같은 호북성이어도 武昌, 夏口, 漢陽縣에서는 草八字(사주팔자) 교환 이후 반드시 별도의 정식 紅慶(慶書)을 작성해야 혼약이 성립된다고 하고 있다.(p.757), 모두 『民事習慣調査報告錄』에 수록.

자측과 여자측이 경庚, 첩帖을 교환하면서 시작되었다. 이를 신랑, 신붓집에서 서로 교환하여 가지고 있다가 혼례가 행해지면 정식 혼서로 바꾸는데, 이로써 혼인이 성립되었다. 빙례를 했던 것은 그 이유가 다양하지만, 정혼에서 정식 혼인까지 길게는 몇 년이 걸리기도 했기 때문에 그 기간 동안 상대방을 일정 정도 구속하기 위한 목적으로 행해졌다. 즉 혼서가 교환될 때 혼서뿐이 아니라 상대방 가정에 예를 갖추기 위한 약간의 예물이나 음식이 오갔던 것이 '빙례'의 유래이다.

빙례는 빙물聘物, 빙재聘財, 빙금聘金, 재례財禮, 채례彩禮 등으로도 불렸다. 빙례는 장신구가 될 수도 있고, 술과 음식, 포필布疋 등이 되기도 하고, 빙금聘金이라 하여 현금을 보내는 경우도 있었다. 그러나 빙금이 일반적이지는 않았다. 해당 결혼이 매매혼처럼 비춰지는 것을 부끄럽게 생각했기 때문이다. 빙례는 일정한 양식은 없지만 상대방 가정에 예를 갖추는 의식으로 중시되었다. 따라서 혼인을 확정하는 '정혼'은 상당히 중요한 의미를 가졌다. 가장 마지막 단계인 공개적인 혼인예식이 있기까지의 복잡한 단계와 절차는 모두 정혼을 보증하기 위한 것이었다.

예를 들어, 민국시기 봉천성 통화현通化縣에서는 "어릴 때 소정례小定禮를 받고 남녀가 성장하면 택일하여 혼간婚柬을 작성하고 대례大禮를 치루고 정식 관혼서를 취하여 채례彩禮를 받는다"고 보고되어 있다. 이 경우 소정례를 받는 것으로 이미 정혼이 된 것이기 때문에 성장하여 정식 혼서를 작성하고 채례를 받는 것으로 정식 혼인이 성립되는 것이다. 복건성 남평南平, 순창順昌, 연성連城, 용계龍溪, 건양建陽, 고전현古田縣 등에서는 경첩을 교환하면 어느 한쪽에게 변고가 있어도 취소할 수 없다고 보고하고 있다. 절강성 용천현龍泉縣, 복건성 남평현南平縣에서도 빈부의 가정을 막론하고 정혼에는 반드시 빙금聘金을 하고 경첩의 교환도 반드시 해야 한다고 하고 있고, 복건성 혜안현惠安縣에서도 이런 관습이 보고되어 있다.[10] 중국 전역에서 대부분 정혼제도를 채택하고 있었던 것이다.

사실 빙례는 경첩(혼서)에 따라가는 것이기 때문에 경첩보다 더 중요할 수는 없었다. 그러나 식자층이 많지 않은 지역이나 민간에서는 경첩보다 빙례를 더 중시했다. 분실하기도 쉽고 누군가에게 대필을 시켜야 하는 경첩보다는 빙례가 확실한 증거가 되었기 때문이다. 이때 이웃과 술 한잔, 음식 하나라도 나누어 먹었다면 이것은 해당 혼인의 증인을 확보하는 행위였다. 이러한 사회적인 요구는 혼서에 빙례의 목록이 들어간다든지, 계약의 형식을 취한다든지 원래의 혼서 양식마저 바꾸어 놓았다. 더욱이 명청시기 인구의 잦은 이동과 사회경제적 발달은 혼인에서 주고받는 빙례의 규모를 확장시키는 데 기여했고, 부유한 사람들은 많은 빙례를 통해 자신의 재력을 과시하고 싶어 했다. 한편 가난한 집안에서는 딸을 시집보내면서 평생 만져볼 수 없는 큰돈의 빙금을 요구함으로써 한밑천 잡고자 하는 심리를 갖기도 했다. 신랑집에서 신붓집에 주기로 약속한 빙례 혹은 빙금을 혼례 전까지 주지 않아 혼례를 거부하거나 '신부 데려가는 것迎娶'을 막는 사례는 얼마든지 있었다. 따라서 빙례나 빙금을 행하지 않아 소송이 발생하는 경우도 드물지 않았다.[11]

---

10) 通化縣(p.615), 南平, 順昌, 連城, 龍溪, 建陽, 古田縣(p.739), 龍泉縣(p.737), 南平縣(p.744), 惠安縣(p.747), 모두 『民事習慣調査報告錄』에 수록.

중화인민공화국 성립 이후 토지개혁이 단행되어 얼마간의 토지를 얻었던 농민들은 곧이어서 실행된 집체경제제도로 인해 가정의 재산이 축소되었다. 다수의 가정은 재산이 단출해져 빈부의 차별이 거의 존재하지 않게 되었다. 따라서 빙례나 장렴이 행해졌다고 해도 기본적으로 비슷한 수준에서 행해졌고, 남녀 쌍방 가정이 받는 경제적인 압력 또한 크지 않았다. 그러나 20세기 70년대 이후 분위기는 일변했다.[12] 개혁개방으로 인해 경제적으로 부유한 가정을 중심으로 차이리의 규모와 혼인비용이 증가하고 있는 것이다.

지금 부활하고 있는 차이리는 빙례라기보다는 빙금이라 할 수 있다. 많은 사람들은 차이리의 유래에 대해 전통적으로 내려오는 관습이라는 이유로 이를 전면적으로 부정하지는 않는다. 하지만 기실 전통시기에는 지역이나 가정에 따라 다른 양상이 나타났고, '빙례'라는 용어를 사용했던 것도 최소한 명분상으로는 '예'에 기초하고 있었기 때문이다. 물론 지금의 차이리 가격의 증가는 최근의 집값 상승이라는 복잡한 요인을 포함하고 있는 것도 사실이다. 그렇다고 해도 지금과 같은 천편일률적인 일은 아니었다는 것이다. 또 지금 현재의 혼인은 특별하게 정혼과정을 필요로 하지 않는다. 따라서 정혼과 정식 혼인 사이의 빙례도 반드시 필요한 것은 아닐 것이다. 그럼에도 불구하고 차이리가 '전통'이라는 이름으로 정당성을 얻고 있는 것은 전통에서 자신에게 필요한 부분만 보고자 하는 심리가 내재되어 있는 것

---

11) 손승희, 「민국시기 혼인 성립요건의 변화 - 婚書를 중심으로」, 『중국근현대사연구』 90(2021), p.109.

12) 王躍生, 「婚書的功能及其演變」, 『中國圖書評論』, 2007-6, p.49.

은 아닐까.

근래 인류학자들에 의해 개혁개방 이후 빙례의 액수가 해마다 급격하게 상승하는 현상에 대한 연구와 논쟁이 상당히 진행되었다. 그 한 원인으로 지적되는 것이 중국 사회 내 여성 부족 현상이 신붓감에 대한 시장가치 상승의 결과를 이끌고 있기 때문이라는 주장이다. 또한 차이리가 점차 신혼부부들의 새로운 살림을 마련하는 비용으로 사용되는 경향이 생김으로써 농촌공동체의 가부장적 권력이 쇠퇴하고 혼인 결정에 대한 딸의 영향력이 점점 증가하고 있다는 주장도 제기되고 있다. 즉 신부의 부모는 여전히 형식적으로 일차적인 차이리의 수령인이지만, 사실상은 혼인하는 딸이 차이리 전액을 신혼집으로 가져가는 것이 일반적인 관습으로 정착되고 있다는 것이다.[13] 이는 결혼비용의 증가와 맞물려 차이리가 딸의 혼인 생활의 안정을 위해 사용된다는 것으로, 사회의 변화와 함께 차이리 관습도 변화 중이라는 것을 말해주고 있다.

---

13) 이에 대해서는 이현정, 「현대 중국 농촌의 시장개혁과 혼인관습의 변화 : Jack Goody의 신부대 이론에 대한 비판적 고찰」, 『한국문화인류학』 50-1(2017), pp.96-103 참조.

24 중국인의 결혼과 술

　　중국 6세대 영화감독 지아장커賈樟柯는 「스틸 라이프Still Life」에서 술, 차, 사탕, 담배를 소재로 중국인의 삶을 묘사한 바 있다. 2013년에 제작된 이 영화는 싼샤댐 건설현장을 배경으로 고단하고 위태로운 삶에 내몰리는 중국 노동자의 모습을 담담하게 그려내고 있다. 그러나 여기서 끝나지 않는다. 거대한 근대화의 물결 속에서 고향집은 수몰되고 가족은 해체되고 삶은 더 팍팍해졌지만, 술, 차, 사탕, 담배는 이들에게 작은 기쁨을 나누고 실낱같은 희망을 품게 하는 상징으로 그려지고 있기 때문이다.

　　술, 차, 사탕, 담배, 이 네 가지는 중국인의 일상에서 빠질 수 없는 기호품이다. 영화에서도 이것들은 적재적소에 활용되어 중국인의 희로애락을 표현하고 있다. 주인공이 낯선 사람들과 담배를 나눠 피며 관계를 만들어가고, 고향에서 가져온 술을 건네면서 처의 오빠에게 호감을 사려하고, 주인공 남녀가 달콤한 사탕을 나눠 먹는 것으로 화해를 연상시키는 것 따위가 그것이다. 차는 중국인이 늘 손에서 놓지 않는 공기와 같은 존재이다.

　　이렇듯 이 네 가지는 모두 중국인들의 인간관계를 상징하며 사람과 사람 간의 관계를 이어주는 역할을 한다. 그런데 이 기호품들이 결혼식 같은 특별한 날에는 더욱 의미가 깊어진다. 그럴 때면 이들 앞에 '기쁠 희喜'자가 붙여지기 때문이다. 중국인들은 결혼할 때 희탕喜糖을 나누고, 희주喜酒를 마시며, 희연喜煙을 나눠 핀다. 결혼식은 최소한 몇 시간에 걸쳐 거행되는데, 차는 식사와 함께 결혼식 내내 음용된다.

조상을 숭상하고 후사를 잇는 것을 인생 최대의 목적으로 생각했던 고대 중국인들에게 가족을 구성하는 행위로서 혼인은 각별히 중시되었다. 부부는 의義로 맺어진 존재였고, 혼례를 '예禮' 중에서도 '으뜸'이라 생각했던 것은 그런 연유이다. 인적 결합을 중시하는 중국인들이 인륜대사에서 친척과 이웃들의 축하를 받으며 아낌없이 나눌 수 있는 것이 바로 술, 차, 사탕, 담배이다. '국수를 먹는다'가 우리에겐 결혼을 의미하듯, 중국인들에게 '희탕을 먹는다' 혹은 '희주를 마신다'는 바로 결혼을 의미한다.

희탕, 희주, 희연 등 결혼식에 사용되는 많은 용품들은 보통 홍색을 띤다. 홍색은 중국인들이 가장 선호하는 색깔이기 때문이다.[14] 홍색은 중국인에게 길상吉祥을 상징하는 하나의 상징이며 부호이다. 그런데 결혼식에 많이 보이는 희자를 두 개 겹쳐놓은 '희囍'는 정식 한자가 아니다. 홍쌍희紅雙喜라고 불리는 이 단어는 『현대한어사전現代漢語詞典』이나 『사해辭海』에서는 찾을 수 없다. 사람들이 혼인의 상징성과 길상을 기원하며 만든 하나의 부호이기 때문이다. 홍쌍희가 의미하는 것은 두 가지이다. 하나는 새로 탄생하는 부부를 축하하며

---

14) 劉俊, 劉文俏, 「淺析喜慶文化在喜糖包裝設計中的體現」, 『哲學與人文科學』, p.87.

백발이 다하도록 혼인이 이어지기를 축복하는 것이다. 또 하나는 아들을 낳아 번영하고 부귀하기를 바라는 마음을 표현하는 것이다.[15]

그중 희탕이 의미하는 것은 달콤함이다. 혼인하는 두 사람이 함께 달콤한 혼인생활을 영위하라는 의미이다. 혼인식에 참석한 하객들에게 희탕을 나눠줌으로써 달콤함을 모든 하객들과 나눈다는 뜻도 가지고 있다. 그런 의미에서 희탕은 혼례에서 중요한 작용을 한다.[16] 또 하나 결혼식에서 빠지지 않는 것이 바로 술이다. 중국인들이 혼인을 비롯하여 경사가 있을 때 술을 마시는 이유는 '숫자 9'와 관련이 있다. 9라는 숫자는 가장 큰 양수로서 길상과 경사의 의미가 있는 숫자이다. 중국인들은 글자는 달라도 발음이 같으면 그것과 동일시하는 습성이 있다. '술'과 '9'는 글자나 의미가 완전히 다르지만, '지우jiu'라는 동일한 발음 때문에 결혼식에서 길상과 경사의 의미가 있는 '9'를 상징하여 술을 마시게 되었다는 속설이 전해지고 있다.[17]

---

15) 潘榮,「淺析中國傳統喜慶表現方式對現代喜慶産品的設計啓示」, 折江理工大學碩士論文, 2012, p.15.

16) 현재에도 결코 그 중요도가 떨어진 적이 없는 희탕의 풍속은 사회경제가 발달할수록 오히려 더 중시되는 듯하다. 이제 사람들은 '나눈다'는 의미를 넘어 희탕의 품질과 포장 디자인 등에도 신경을 쓰고 있기 때문이다. 따라서 희탕을 제조하는 각 회사들은 전통문화와 시대성을 결합한 창의적이고 우수한 희탕 디자인을 창조해내는 희탕의 고급화에 노력하고 있다. 劉俊, 劉文俏,「淺析喜慶文化在喜糖包裝設計中的體現」,『哲學與人文科學』, p.87.

17) 潘榮,「淺析中國傳統喜慶表現方式對現代喜慶産品的設計啓示」, 折江理工大學碩士論文, 2012, p.12.

2013년 창춘의 한 결혼식 피로연장. 테이블과 의자가 모두 붉은색 천으로 감싸져 있다.

　중국사회에서 술이 발달하게 된 것은 당송시기의 경제적 변혁과 무관하지 않다. 특히 송대는 농업생산량이 증가하고 수공업과 상업이 번성하여 이를 기반으로 도시와 도시문화가 발달할 수 있었다. 이에 따라 도시의 거리에는 주루酒樓, 주점酒店 등이 개점되어 사대부층이나 부를 축적한 서민계층의 소비문화를 활성화하는 기능을 했고, 와사瓦舍나 구란勾欄 등의 오락활동과 함께 송대 도시의 발달을 견인했다.[18] 이 시기의 주루, 주점은 서민들에게 음주를 제공하는 장소였을 뿐 아니라 휴식, 음식, 오락, 모임 등의 기능을 갖추고 있었다.

---

18) 정일교, 「12世紀 南中國 讀書人의 오락과 유흥」, 『중국사연구』 118(2019), p.62.

신흥 사대부 계층이나 서민계층도 도시경제의 번영을 함께 누렸던 것이다. 이와 더불어 백주가 송대사회에서 소비량이 큰 음료로 자리 잡게 되었다.[19)]

이렇게 발달해왔던 술은 혼인의 과정에서도 고상하고 특별한 존재이다. 중국인들은 술로써 예를 갖추는 관습이 있기 때문이다. 술은 정혼과정에서부터 중요한 상징성이 있었다. 중국의 전통시기 혼인은 정식 혼인 전에 혼인을 약속하는 정혼제도를 두었다. 우선 정혼을 해두고 정식 혼례를 치르기까지 여러 단계와 절차를 거쳐 혼인을 완성하는 것이다. 그 과정에서 '혼서'를 주고받고 약간의 예물과 음식이 오가는 '빙례'를 행했다. 전편에서 언급했듯이 이는 지금도 다수의 지역에서 '차이리'라는 이름으로 행해지고 있다.

빙례는 정혼에서 정식 혼례까지 상대방을 구속하기 위한 필요에서 나온 것으로 정혼을 보장받기 위한 절차였다. 그러나 빙례는 명청시기를 거치면서 그 규모가 커져 사회적인 문제가 되었다. 광범위하게 존재했던 빈한한 가정에서는 무거운 빙례를 감당할 수가 없었기 때문이다. 빙례를 할 형편이 안 되는 가정에서는 술 한 병을 보내는 경우도 있었다. 술로서 빙례를 대신하는 것이었다. 신랑집이 보낸 술을 신붓집에서 받으면 혼인을 허락하는 징표로서 간주되었다. 술 한 병으로 혼인을 확정하는 이러한 관습은 민국시기에도 다수의 지역에서 행해졌다. 산서성 보덕현保德縣처럼 혼인에서 반드시 필요한 절차와 과정으로 자리잡은 지역도 있었다. 이곳에서는 혼서는 작성하지 않고 술 한 병을 여가에 보내어 정혼의 증거로 삼았는데, 이는 빙재

---

19) 謝桃坊, 「宋代市民社會生活與酒文化」, 『文苑漫步』, 2021-4, pp.63-65.

와 비슷하기 때문에 정혼 요건을 결여했다고 볼 수 없다고 보고되어
있다.[20]

이밖에, 술잔을 나누는 것으로 정혼을 맺는 관습이 보고되어 있는
현도 있다. 상호 방문으로 혼인을 결정하는 경우도 있었는데, 상대
가정을 방문하는 과정에서 양가의 혼주가 대면하게 되기 때문에 이
들 간에 자연스럽게 합주合酒를 하는 관습도 생겨났다. 열하성 고신
皐新, 평천平泉, 능원현凌源縣 등에서는 남녀 양가가 서로 방문하여
양쪽이 서로 술잔을 교환한 후에야 혼인이 유효했다. 섬서성 영수현
永壽縣에서도 양가의 주혼인이 중매인과 함께 '환배換杯'하는 관습이
있었고, 부곡현府谷縣에서는 아동시기에 정혼하고 남가가 여가에 술
을 보내 여자 부모가 받아 마시면 윤혼으로 간주하고, 나중에 분쟁이
나면 이로써 증명한다고 보고하고 있다. 섬서성 부현鄜縣, 감숙성 홍
수紅水, 정서현定西縣에서도 중매인을 통해 남가가 여가에 희주喜酒
한 병을 보내어 받으면 정혼 요건을 갖춘 것으로 간주했다.[21] 빙례는
그 근거가 예에 있기 때문에 신랑 가정의 형편에 따라 정할 수 있었
고, 사전에 중매인을 통해 혼인 양가 간에 타협과 조절이 가능했다.

특히 혼인 양가가 상호 방문하는 것을 일컫는 용어가 존재했는데,
이는 상간相看, 상친相親, 상문호相門戶 등으로 불렸다. 이러한 용어들
이 존재했다는 사실로도 혼인에서 상호 방문과 주혼인 사이의 합주

---

20) 前南京國民政府司法行政部編, 『民事習慣調査報告錄』, 中國政法大學出
    版社, 2005, p.665.
21) 열하성 皐新, 平泉, 凌源縣(p.848), 섬서성 永壽縣(p.823), 府谷縣(p.823), 섬
    서성 부현鄜縣(pp.815-816), 감숙성 紅水, 定西縣(p.837), 모두 『民事習慣調
    査報告錄』에 수록되어 있음.

가 많았다는 것을 알 수 있다. 흑룡강성 태래현泰來縣은 여가女家의 부모가 남가男家에 가서 신랑을 보고, 그 후 남가의 부모 등이 여가에 가서 신부를 보고, 마땅하지 않으면 의론을 파기한다고 보고하고 있다. 만일 받아들이게 되면 여가에서 술과 음식을 대접하는데 이를 '단충端盅', '환충換盅'이라고 불렀다. 상간, 상친과 단충의 관습은 흑룡강성 탕원현湯原縣, 극산현克山縣, 수방현綏塄縣, 태래현泰來縣, 애혼현璦琿縣 등 여러 현에서 보고되어 있다.[22] 섬서성 정변현靖邊縣에서도 신랑 가정에서 신부 가정을 방문하여 그 부모, 형제, 숙부 등과 함께 술 한잔을 마시는 '반주병搬酒瓶'의 절차를 거쳐 혼인이 확정되며, 경첩을 작성하지 않아도 '이는 영원히 유효하다'고 하고 있다.[23]

봉천성 조안현洮安縣에서는 혼서를 작성하지 않고 재례財禮를 하거나 아니면 면시面試를 기준으로 삼는다고 보고되어 있다. 면시에서 혼인할 여자가 용모를 갖추어 연례烟禮를 행하면 남가의 주혼인이 연례를 받고, 이에 여가에서 반례飯禮(식사대접)를 했다. 면시는 혼인할 신부의 용모나 행동거지, 집안의 가풍을 살피기 위한 것으로 보인다. 만일 신부가 마음에 들지 않으면 연례를 받지 않고 여가에서도 반례를 하지 않았다.[24] 즉 혼사가 성립되지 않는 것이다. 혼인에서 그 어떤 것보다 혼인 양가가 서로 만나서 상대방 가정의 사정을 살피고 주혼인 간에 술이나 음식을 나누는 등의 인적 결합이 중시되었다

---

22) 『民事習慣調査報告錄』, pp.639-645. 이밖에도 섬서성 武功縣(p.814), 長武縣 (p.815), 延長縣(p.815), 산서성 祈縣(p.678), 屯留縣(p.674), 長治縣(p.681), 淸源縣(p.681) 등이 있다. 모두 『民事習慣調査報告錄』에 수록되어 있음.
23) 『民事習慣調査報告錄』, pp.812-813.
24) 『民事習慣調査報告錄』, p.616.

는 것을 알 수 있다.

정혼하여 빙례하고, 가장 마지막 단계에서 혼례가 거행되었다. 혼례에는 가족과 친지, 이웃 등이 참석했고 참석한 하객들은 술, 차, 음식 등을 나누며 새로 탄생한 부부의 연을 축복했다. 혼례의 최고조는 신랑 신부가 교배주交杯酒를 나눠 마심으로써 한 가정을 이루었음을 선포하는 것이었다. 고대에는 이를 합환례合巹禮(혹은 합근례)라고 불렀다. 합환례는 주대부터 시행되었는데, 『예기』의 기록에 의하면 신랑 신부가 '환巹'을 한 모금씩 마시는 것이다. '환'이라는 것은 표주박을 둘로 쪼개 나누어 만든 잔이다. 표주박 잔에 술을 담아 나누는 것은 부부가 평생토록 동고동락과 환난을 함께 한다는 것을 의미했다.[25] 둘로 나눠진 표주박을 합치면 하나가 됨을 상징하기도 했다. 즉 합환주는 신랑 신부의 화목과 협조를 의미했다. 시대의 흐름에 따라 표주박 잔은 술잔으로 바뀌었고, 송대 이후에는 한 잔의 술을 함께 마시는 교배주로 바뀌었다. 오늘날 결혼식에서 사람들이 합환주나 동심주同心酒 또는 교배주를 마시는 것도 여기서 유래했다.[26] 시대는 달라졌지만 그 의미는 전통시대와 다르지 않다는 것이다.

중국에는 수많은 명주가 존재하고 희주로도 여러 술이 사용되지만, 결혼에 사용되는 희주로 유명한 것 중 하나가 소흥주紹興酒이다. 소흥주의 역사는 춘추전국시대까지 거슬러 올라간다. 소흥주에도 종류가 많은데 가장 유명한 것이 '여아홍女兒紅'이다. 소흥주가 희주로 유명해진 것은 서진西晉시기 계함嵇含(262~306)이 쓴 『남방초목상南

---

25) 姚讓利, 「婚禮爲什麽要喝"交杯酒"」, 『尋根』, 2017-3, p.38.
26) 姚讓利, 위의 논문, p.39.

方草木狀』에 기재된 다음과 같은 이야기 때문이다. 소흥에는 옛날부터 부잣집에서 딸을 낳으면 그날 바로 술을 담가 계수나무 밑에 묻어두었다가 딸이 결혼할 때 꺼내서 혼인잔치에 사용했다는 것이다.[27] 그래서 이름도 '여아홍'이다. 혹은 '화조주花雕酒'라고 불리기도 했다. 묻어두었던 술을 꺼내 술병에 담을 때 술병에 여러 가지 상서로운 조각을 새겨넣었기 때문이다.[28] 이는 딸이 시집가서 좋은 일만 있기를 바라며 한 땀 한 땀 정성껏 새겨넣는 부모의 마음을 상징했다. 이러한 이야기가 퍼져 나중에는 아들을 낳아도 술을 담그는 관습이 생겨났다. 그 아들이 장성해서 과거에 급제하기를 바라는 마음에서 이를 '장원홍壯元紅'이라고 불렀다.

이상과 같이 인간관계를 중시하는 중국인들에게 술, 차, 사탕, 담배는 서로 간의 관계를 만들어주는 좋은 도구이다. 특히 술은 정혼에서부터 마지막의 혼례의식을 마칠 때까지 모든 과정에서 예를 갖추는 도구로 활용되었다. 중국의 경축문화에서 술이 차지하는 비중이 클 수밖에 없는 이유이다.

---

27) 朱國光,「紹興花雕簡史淺論」,『酒林史話』, 2021-9, p.86.
28) 馬駿,「紹興花雕酒之變遷」,『中國酒』, 2013-3, p.28.

본서는 청말, 민국시기 근대법을 제정하기 위해 분투했던 시대적 배경하에 전통 가족제도와 관습, 그리고 그에 대한 개혁과 내용, 의미 등 가족제도의 변혁 과정을 분석한 것이다. 특히 본서는 중화민국 「민법」 친속편과 계승편을 중심으로 검토했다. 혼인법에 해당하는 친속편은 전통적으로도 국가의 기강이나 이념을 반영하는 것이었고, 상속법에 해당하는 계승편은 중국의 고유한 사유방식과 예에 기초를 둔 오랜 관습의 반영이었다. 그러므로 친속편과 계승편을 제정할 때 단순히 서구 근대법의 내용을 중국법에 적용시키기만 해서 되는 것은 아니었다. 이는 중국 고유의 풍속과 관련이 있기 때문에 법을 개조하려면 신중하게 접근해야 했다. 그렇지 않으면 시행과정에서 극심한 장애를 겪게 될 터였다. 청말 이후 각종 민률, 민법을 제정하기 전에 민간에 대한 광범위한 관습조사가 국가적인 차원에서 행해졌던 것도 그런 이유이다. 관습은 사회적 필요에 의해 오랜 기간 동안 반복되면서 형성되었고, 이미 민간의 의식과 행위 속에 깊게 뿌리 내리고 있었기 때문이다. 따라서 본서는 전통의 관습과 근대적 법이 서로 수렴되고 관철되는 과정을 검토한 것이다.

본서의 내용을 간단히 정리하면 다음과 같다. '전통 가정의 구조'에서는 전통 가정의 경제구조로서 '동거공재'를 논했고, 전통 가정의 핵심문제로서 '종조계승'을 다루었다. 즉 전통가정은 가족 성원 간에 생산과 소비를 일치시키는 재산의 공유관계였다. 그 재산은 남자 가계의 계승으로 인해 부자 관계가 중시되었고, 그와 동시에 아들들에게만 재산상속권이 부여되었다. 따라서 동거공재의 가산제와 더불어 재산이 후손들에게 어떻게 전이되는지의 분가 문제가 가정 경제의 핵심을 이루고 있다. 이러한 형제균분의 상속제도에는 딸은 참여할 수가 없었다. 따라서 아들이 없는 가정에서는 사자를 두어 종조계승을 하게 했다. 국가법이나 종족법에서는 동종으로 사자를 삼도록 했지만, 실제 민간의 가정에서는 데릴사위나 명령자 등 이성의 양자를 들여 대를 잇게 하는 경우가 많았는데, 이에 대해서도 검토했다.

'분가와 상속'에서는 동거공재 가정의 재산이 아들들에게 분할되는 과정과 이에 따른 분가 관습을 다루었다. 분가는 형제균분의 원칙에 따라 진행되었고, 법적으로 사회적으로 이미 하나의 대원칙으로 존재하고 있었기 때문에 형제균분은 보편적으로 행해졌다. 그러나 평균분할의 기본원칙에도 불구하고 현실에서는 이를 변용한 실례들이 존재했는데, 예를 들어 상인계층의 분가는 일반적인 분가와 달리 진행되었다. 분가로 인한 상인 점포의 영세화를 막기 위한 것이었다. 따라서 상인의 점포 등 특수한 자산에 대해 표면적으로는 균등분할을 하지만 실제로는 분할하지 않고 한 사람에게 몰아주는 경향이 있었다. 또한 분서는 재산분할을 위한 법률문서이지만 재산상의 공정성과 합법성을 확립하기 위해 분서를 활용했던, 분서 이외의 다른 목적도 검토했다. 형제균분에서는 제외되었지만 참작의 방법으로 재산의 일부를 얻을 수 있었던 전통시기 딸의 상속에 대해서도 논했다.

'혼인과 이혼'에서는 전통시기 민간에서 행해졌던 각종 혼인 형태를 검토했다. 전통시기 가정을 유지하는 핵심 근거인 종조계승을 실천하는 과정에서 다양한 방법을 통해 아들을 얻었다. 우선 아들이 없는 경우 다른 사람의 아들을 양자로 들이는 방법이 가장 보편적이었다. 그러나 현실에서는 딸을 통해 데릴사위를 들이거나 외손자를 통해 대를 잇는 경우가 많았다. 또한 하층 민간사회에서는 동양식, 묘식 등 양녀를 통해 데릴사위를 들이거나 과부 며느리를 통해 데릴사위를 들이는 초췌, 초부 형태가 보편적으로 행해졌다. 이를 단지 기이한 관습이 아니라 사회경제적인 측면에서 각종 양자, 양녀의 방법이 발생할 수밖에 없었던 중하류 계층의 현실적인 사회 관습을 검토했다. 사회보장제도가 없었던 전통시기에는 개별가정이 양로나 부양 등을 스스로 모색해야 하는 상황이었던 것이 가장 큰 원인이었다는 것을 논했다.

'혼인 관습'에서는 전통시기 많은 지역에서 행해졌던 곡가라는 관습에 주목하여 곡가가 왜 행해졌는지 어떤 의미가 있는지를 검토했다. 혼인제도는 상속제도와도 밀접한 관계를 갖는데, 그 확연한 예를 한국과 중국의 전통 혼인제도에서 볼 수 있다. 이에 대한 시론적 분석을 시도했다.

'국가와 가족'에서는 국가권력에 의해 제정된 근대 혼인법과 상속법을 다루었다. 청말부터 시작되었던 전통법에 대한 법률개혁은 전통 가산제에도 큰 변화를 가져왔다. 특히 가산제에 대한 괄목할만한 법적 변화는 「민법」의 제정과 공포에서 비롯되었다. 가족의 공유재산을 규정했던 전통법은 「민법」에서 남녀평등과 가족 내 개인의 재산을 인정했기 때문이다. 따라서 근대 상속법의 제정, 지난했던 딸의 상속권 확립과정, 「민법」의 제정으로 인한 전통 가장권의 변화, 민간 사회의 질서와 관습에 의해 이루어지던 혼인 성립요건에 대한 국가 권력의 개입 등을 검토했다. 그 과정에서 국민당의 전통 가족제도에 대한 인식과 개혁도 다루었다. 장개석과 그 측근들에 의해 추진되었고 신생활운동의 일환이었던 '집단결혼'을 집중 조명함으로써 국가권력이 정치적으로 혼인에 개입한 역사를 조명했다.

'당대當代 혼인과 관습'에서는 역사적인 연속성의 측면에서 전통 혼서에서 유래한 현재의 '결혼증'에 주목했다. 또한 전통적으로 혹은 현재에도 여전히 고비용의 결혼비용을 지불하는 중국인의 결혼비용 관습을 조명했다. 전통의 이름으로 부활하고 있는 차이리 관습, 술로써 예를 갖추는 중국인의 결혼의례에 대해서도 다루었다.

이상의 주제를 검토하는 과정에서 드러난 것은 가족제도를 둘러싸고 민간의 관습과 국가의 법 수용 사이에서 끊임없이 길항관계가 전개되었다는 것이다. 관습은 견고했고 법 실현에서는 국가권력의 의도대로 진행되지는 않았다. 국가가 제시했던 관제혼서는 실행이 부진했고 민간에서는 여전히 전통적인 방식의 혼인이 진행되었다. 상속에 있어서도 딸을 제외하고 아들들에게만 균분하는 전통 분가가 지속되었다.

따라서 남경국민정부는 이러한 뿌리 깊은 민간의 관습을 수렴하고 관철시키는 과정에서 민간의 관습과 타협하는 면모를 보였다. 「민법」은 세계의 보편이념과 국민당의 정강에 따라 남녀평등과 개인권리의 보호에 역점을 두었다. 그러나 이러한 사고와 민간의 관습 사이에는 상당한 괴리가 있었다. 민간의 반발도 예상되고 실행한다고 하더라도 법 현실과 실생활이 다른 괴리 현상이 지속될 것이 염려되었다. 따라서 국민당의 입법은 실현 가능한 방안을 제시하는 것이었다. 그 방법 중 하나는 규정하기 곤란한 문제는 입법에서 언급하지 않음으로써 논란을 피하고, 전통 관습에 대해 다소 모호한 입장을 취하는 것이었다. 예를 들어 계승에서 종조계승은 규정하지 않았고, 서구의 상속과 마찬가지로 재산계승만을 규정했으며, 사자의 규정을 두지 않았다. 빙례나 가산을 규정하지 않았던 것도 마찬가지이다. 가족제도에 대해서는 개인의 권리보다는 사회의 권리에 중점을 두었고, 전통의 가족제도를 잔류시켰다.

중국의 경우 근대 법체계의 확립은 열강에 대항하고 국가의 자주독립을 위한 구망의 도구이기도 했다. 국민당의 남경국민정부가 가족주의를 포기할 수 없었던 것도 그것이 손문의 정신을 계승하는 것이고, 나아가 이를 중국의 부흥과 민족의 결집에 활용하고자 했기 때문이다. 즉 「민법」에서 남녀평등과 개인권리를 인정하면서도 가장과 전통의 가족제도를 남겨두었던 것은 손문의 말대로 결속력이 부족한 국민성을 가족제도를 통해 보강하고자 했던 시대적이고 민족적인 선택이었다. 따라서 중국은 근대법 형성 초기부터 시종 국가, 민족, 사회 전체의 이익이 우선 강조되었다는 것이다.

본서에서는 많이 다루지 못했지만 중화인민공화국으로 정권이 바뀐 후, 국가권력에 의해 가족제도와 가정에 상당한 변화가 있었다. 국가의 강력한 행정력을 동원했던 개혁과 운동은, 토지개혁과 더불어 가정에서의 여성의 역할을 변화시켰고 실제적인 가족제도의 개혁을 가져왔다. 그러나 민국시기 「민법」 시행 이후는 물론이고 사회주의 집체경제시기에도 일부 관습은 유지되었다. 더욱이 개혁개방으로 그동안 억눌려왔던 전통 관습이 부활하는 현상이 나타나게 되었다. 개혁개방 이후 경제적으로 발전하고 상대적으로 자유로운 사회 분위기 속에서 전통시기와 동일한 형태는 아니라 하더라도 부활의 현상은 뚜렷하다. 대표적으로는 차이리 관습, 바오얼나이 등이다. 딸을 제외하는 전통 분가 행위도 농촌에서 행해지고 있고, 혼인을 중시하여 혼인비용을 과다지출하는 관습 또한 현재에도 진행되고 있다. 관습의 연속성과 지속성의 관점에서 앞으로 어떤 현상이 발생하는지, 이에 대해 국가권력은 어떻게 대응하는지 주의 깊게 살펴보는 것이 필요할 것이다.[1]

본서에 수록된 일부의 주제는 관심만 갖고 있을 뿐 충분한 연구라고 할 수 없다. 시간이 부족한 것을 아쉬워하며, 이 주제들에 대한 본격적인 연구는 후속 연구를 기약하고자 한다.

---

1) 근래에 중국 법제사에서 중대한 일이 발생했다. 2020년 5월 28일 중국 제13기 전국인민대표대회 제3차 전체회의에서 중화인민공화국 민법전이 통과된 것이다. 2021년 1월1일부터 시행되고 있는 이 민법전은 중국 법제사에서 상당한 의미를 가지고 있다. 1950년 사회주의 이념을 바탕으로 혼인과 가족관계를 건설하고자 단독법 형태로 제정되었던 「혼인법」이 이제 민법의 한 구성부분으로 안착했기 때문이다. 이는 중국 「혼인법」이 독립적으로 운행된 지 70여 년만의 일이다. 박정민, 「중국 혼인가족법의 최근 입법동향과 향후 과제」, 『중국법연구』, 45(2021), p.209.

1. 史料

『大夏月刊』,『中央日報』,『中央週報』,『中華法學雜誌』,『中國農村』,
『天津益世報』,『文理』,『生生』,『北京特別市市政公報』,『京兆財政匯刊』,
『申報』,『旦光月刊』,『民衆生活週刊』,『民國日報』,『東方雜誌』,『法律
月刊』,『法律評論』,『法學季刊』,『法學論壇』,『社會半月刊』,『宣傳月
刊』,『河北民政刊要』,『家庭研究』,『家庭週刊』,『家庭常識』,『浙江黨務』,
『財政監督』,『現代家庭』,『聖公會報』,『健康家庭』,『最高法院民事判例
匯刊』,『新生命』,『新女性』,『新潮』,『新光旬刊』,『新靑年』,『新儉德』,
『新聞報』,『新認識』,『農工商報』,『經濟常識』,『廣播週報』,『興華週刊』,
『廈大週刊』,『警光月刊』,『震旦法律經濟雜誌』,『繁華雜誌』

胡漢民,『革命理論與革命工作』, 民智書局, 1932.
『女子繼承權詳解』, 著者, 出版社, 出版年度 未詳.
楊幼炯,『近代中國立法史』, 商務印書館, 1936.
劉種英,『民法繼承釋義』, 上海法學編譯社, 1936.
黃右昌,『民法親屬釋義』, 會文堂新記書局, 1946.
中國農村慣行調查刊行會編,『中國農村慣行調查』(1-6), 岩波書店, 1952-58.
郭衛,『司法院解釋例全文』, 上海法學編譯社, 1946.
郭衛,『大理院判決例全書』, 成文出版社, 1972.
岳純之點校,『唐律疏議』, 上海古籍出版社, 2013.
(宋)竇儀等撰,『宋刑統』, 中華書局, 1984.

懷效鋒點校,『大明律』, 遼瀋書社, 1990.

上海大學法學院,『大淸律例』, 天津古籍出版社, 1993.

懷效鋒主編,『淸末法制變革史料』(下卷), 中國政法大學出版社, 2010.

胡長淸,『中國民法總論』(1933), 中國政法大學出版社, 1997.

陶希聖,『婚姻與家族』, 商務印書館, 1934,『民國叢書』第3編(15), 上海
　　　書店, 1991.

施沛生,『中國民事習慣大全』, 上海書店出版社, 2002.

楊立新,『大淸民律草案民國民律草案』, 吉林人民出版社, 2002.

梅仲協,『民法要義』(1945), 中國政法大學出版社, 2004.

中國社會科學院歷史研究所收藏整理,『徽州千年契約文書』(淸民國編),
　　　卷2-3, 花山文藝出版社, 1994.

前南京國民政府司法行政部編,『民事習慣調査報告錄』, 中國政法大學
　　　出版社, 2005.

嚴中平等編,『中國近代經濟史統計資料選輯』, 科學出版社, 2016.

臨時臺灣舊慣調査會輯,『臺灣私法人事編(下)』(臺灣文獻叢刊 117種),
　　　1961(電字版).

榮孟源主編,『中國國民黨歷次代表大會及中央全會資料』(下), 光明日報
　　　出版社, 1985.

中國第二歷史檔案館編,『中華民國史檔案資料匯編』 5-1(文化一), 江
　　　蘇古籍出版社, 1994.

彭澤益主編,『中國工商行會史料集』, 中華書局, 1995.

중국 산서대학 진상학연구소·인천대학교 중국HK관행연구사업단편,『中
　　　國宗族資料選集-族譜資料를 중심으로』, 모두의지혜, 2012.

根岸佶,『商事に關すろ慣行調査報告書-合股の硏究』, 東亞研究所, 昭
　　　和18(1943).

2. 연구서

국사편찬위원회 편,「혼인과 연애의 풍속도」, 두산동아, 2005.

김영구·장호준, 『중국의 사회와 문화』, 한국방송통신대학교출판문화원, 2016.

김지수, 『中國의 婚姻法과 繼承法』, 전남대학교출판부, 2003.

문숙자, 『조선시대 재산상속과 가족』, 경인문화사, 2004.

손승희, 『중국의 가정, 민간계약문서로 엿보다 : 분가와 상속』, 학고방, 2018.

_____, 『민간계약문서에 투영된 중국인의 경제생활 : 합과와 대차』, 인터북스, 2019.

姜義華 지음, 손승희 옮김, 『이성이 설 곳 없는 계몽』, 신서원, 2007.

徐揚杰 지음, 윤재석 옮김, 『중국가족제도사』, 아카넷, 2000.

張晉藩 주편, 한기종·김선주·임대희·한상돈·윤진기 옮김, 『중국법제사』, 소나무, 2006.

P.B.이브리 저, 배숙희 역, 『송대 중국여성의 결혼과 생활』, 한국학술정보 (주), 2009.

니이다 노보루(仁井田陞) 지음, 박세민·임대희 옮김, 『중국법제사연구(가족법)』, 서경문화사, 2013.

페이샤오통 저, 장영석 옮김, 『鄕土中國』, 비봉출판사, 2011.

마저리 울프 지음, 문옥표 엮음, 『지연된 혁명 – 중국사회주의하의 여성생활』, 한울, 1988.

史鳳儀, 『中國古代婚姻與家庭』, 湖北人民出版社, 1987.

金眉, 『唐代婚姻家庭繼承法研究』, 中國政法大學出版社, 2009.

陳支平, 『福建族譜』, 福建人民出版社, 2009.

_____, 『近五百年來福建的家族社會與文化』, 中國人民大學出版社, 2011.

陳啓鍾, 『明淸閩南宗族意識的建構與强化』, 廈門大學出版社, 2009.

鄭振滿, 『明淸福建家族組織與社會變遷』, 中國人民大學出版社, 2009.

邢鐵, 『家産繼承史論』, 雲南大學出版社, 2000.

薛君度, 劉志琴 主編, 『近代中國社會生活與觀念變遷』, 中國社會科學出版社, 2001.

張硏, 毛立平, 『19世紀中期中國家庭的社會經濟透視』, 中國人民大學

出版社, 2003.

費成康主編, 『中國的家法族規』, 上海社會科學院出版社, 1998.

唐力行, 『明淸以來徽州區域社會經濟研究』, 安徽大學出版社, 1999.

孫中山, 『三民主義』, 岳麓書社, 2000.

陶毅, 明欣著, 『中國婚姻家庭制度史』, 東方出版社, 1994.

郭松義, 定宜莊, 『淸代民間婚書研究』, 人民出版社, 2005.

安·特納(Ann Waltner)著, 曹南來譯 侯旭東校, 『烟火接續 - 明淸的收
　　繼與親族關系』, 折江人民出版社, 1999.

滋賀秀三等著, 王亞新·梁治平編, 『明淸時期的民事審判與民間契約』,
　　法律出版社, 1998.

仁井田陞, 『中国法制史研究 - 法と慣習·法と道德』, 東京大學出版會,
　　1964.

滋賀秀三, 『中国家族法の原理』, 創文社, 1981.

Arthur P. Wolf and Chieh-shan Huang, *Marriage and Adoption in China,
　　1845-1945*, Stanford University Press, 1980.

Kathryn Bernhardt, *Women and Property in China*, 960-1949, Stanford
　　University Press, 1999.

Myron L. Cohen, *Kinship, Contract, Community, and State : Anthropological
　　Perspectives on China*, Stanford University Press, 2005.

Myron L. Cohen, *House United, House Divided : The Chinese Family in
　　Taiwan*, Columbia University Press, 1976.

Margery Wolf, *Women and The Family in Rural Taiwan*, Stanford
　　University Press, 1972.

3. 연구논문

강현선, 「『儀禮』에 나타난 고대 중국인의 복식 고찰」, 성균관대학교석사논
　　문, 2011.

김미란, 「중국 1953년 혼인자유 캠페인의 안과 밖 : 관철방식과 냉전하 문화
　　적 재구성」, 『한국여성학』 22-3(2006).

296

김은아, 「前近代 중국의 家族共産制와 家父長의 權能에 관한 考察」, 『한양법학』 12(2001).

한기종, 「唐律에 있어서의 禮와 法」, 『경남법학』 21(2006).

김상범, 「淸末의 法律改革과 禮·法論爭」, 『역사문화연구』 27(2007).

김선주, 「高句麗 壻屋制의 婚姻 形態」, 『고구려발해연구』 13(2002).

문형진, 「한국 혼인풍속에 미친 중국 법문화 영향」, 『중국연구』 48(2010).

문숙자, 「조선후기 균분상속의 균열과 그 이후의 상속관행」, 『국학연구』 39(2019).

박경석, 「20세기 전반 중국의 혼인문제를 둘러싼 법과 현실 – 1950년 『중화인민공화국혼인법』의 제정과 시행을 중심으로」, 『중국근현대사연구』 52(2011).

박세민, 「전통 중국사회에서의 가족과 가산 – 니이다 노보루와 시가 슈조 사이의 논쟁을 중심으로」, 『법사학연구』 62(2020).

박정민, 「중국 혼인가족법의 최근 입법동향과 향후 과제」, 『중국법연구』 45(2021).

송재윤, 「가족, 의례, 선정 – 주희(1130-1200) 예학의 형성과정」, 『국학연구』 16(2010).

송재하, 「現代中國의 家政經濟變化와 宗族勢力의 復活」, 『중국사연구』 11(2000).

손승희, 「相續慣行에 대한 國家權力의 타협과 관철 – 남경국민정부의 상속법 제정을 중심으로」, 『동양사학연구』 117(2011).

_____, 「근대중국의 異姓嗣子 繼承 관행」, 『중국근현대사연구』 57(2013).

_____, 「청·민국시기 산서지역의 분가와 상속 현실 – 分書를 중심으로」, 『동양사학연구』 140(2017).

_____, 「중화민국 민법의 제정과 전통 '家産制'의 변화」, 『동양사학연구』 151(2020).

_____, 「민국시기 혼인 성립요건의 변화 – 婚書를 중심으로」, 『중국근현대사연구』 90(2021).

오경환, 「연대성의 정치 – 에밀 뒤르깽, 앙리 미쉘, 레옹 뒤귀」, 『역사학연구』

32(2008).

윤진숙, 「조선시대 균분상속제도와 그 의미」, 『법철학연구』 16-2(2013).

육정임, 「宋代 家族과 財産相續에 관한 硏究」, 高麗大學校博士學位論
　　　文, 2003.

＿＿＿, 「宋代 딸의 相續權과 法令의 變化」, 『이화사학연구』 30(2003).

원정식, 「淸代 福建社會 硏究：淸 前中期 閩南社會의 變化와 宗族活動」,
　　　서울대학교박사학위논문, 1996.

이수건, 「朝鮮前期의 社會變動과 相續制度」, 『역사학보』 129(1991).

이응철, 「결혼 권하는 사회：현대 중국의 결혼, 배우자 선택, 그리고 남은
　　　사람들」, 『아태연구』 21-4(2014).

＿＿＿, 「현대 중국 도시 젊은이들의 결혼과 비혼」, 『아시아연구』 22(2019).

이전, 「혼인가족제도에 관한 인류학적 접근」, 『사회과학연구』 28(2010).

이승옥, 「法의 社會化의 基調」, 『청주대학논문집』 9(1976).

이현정, 「현대 중국 농촌의 시장개혁과 혼인관습의 변화：Jack Goody의 신
　　　부대 이론에 대한 비판적 고찰」, 『한국문화인류학』 50-1(2017).

장병인, 「조선중기 사대부의 혼례형태－假館親迎禮의 시행을 중심으로」,
　　　『조선시대사학보』 45(2008).

＿＿＿, 「조선시대 여성사 연구의 현황과 과제」, 『여성과 역사』 6(2007).

장윤영, 「레옹 뒤기(Léon Duguit)의 공법 이론에 관한 연구」, 서울대법학과
　　　박사논문, 2020.

정일교, 「12世紀 南中國 讀書人의 오락과 유흥」, 『중국사연구』 118(2019).

정긍식, 「16세기 財産相續과 祭祀承繼의 실태」, 『고문서연구』 24(2004).

＿＿＿, 「16세기 奉祀財産의 실태」, 『고문서연구』 1(1996).

정혜중, 「청말 산서상인의 변화」, 『이화사학연구』 29(2000).

최해별, 「당송시기 가정 내 妾의 位相 변화」, 『동양사학연구』 113(2010).

비엔리(卞利), 「명청시기 휘주의 혼인 풍속 연구」, 『호남문화연구』 49(2011).

丁凌華, 「宗祧繼承淺說」, 『史學集刊』, 1992-4.

王奇生, 「中政會與國民黨最高權力的輪替(1924-1927)」, 『歷史硏究』, 2008-3.

王思梅, 「新中國第一部『婚姻法』的頒布與實施」, 『黨的文獻』, 2010-3.

298

王保成,「"包二奶"現象淺析」,『當代法學』, 2001-3.

王裕明,「明清商人分家中的分産不分業與商業經營-以明代程虛宇兄弟分家爲例」,『學海』, 2008-6.

_____,「明清分家鬮書所見徽州典商述論」,『安徽大學學報』, 2010-6.

_____,「明代商業經營中的官利制」,『中國經濟史研究』, 2010-3.

王躍生,「1930-1990:華北農村婚姻家庭變動研究-立足於社會變革背景下冀南地區的考察」, 中國社會科學院博士論文, 2002.

_____,「20世紀三四十年代冀南農村分家行爲研究」,『近代史研究』, 2002-4.

_____,「集體經濟時代農民分家行爲研究-以冀南農村爲中心的考察」,『中國歷史』, 2003-2.

_____,「婚書的功能及其演變」,『中國圖書評論』, 2007-6.

_____,「婚書與中國婚姻變遷 -『清代民間婚書研究』讀後」,『中國史研究』, 2007-2.

_____,「近代之前家,戶及其功能異同探討」,『社會科學』, 2016-12.

_____,「20世紀30年代前後中國農村家庭結構分析」,『社會科學』, 2019-1.

_____,「清末以來中國家庭,家戶組織的制度考察」,『社會科學』, 2020-10.

王禕茗,「傳統中國聘財制度的法文化 – 以唐律疏議爲中心」,『南昌大學學報』, 2015-6.

刁統菊,「嫁粧與聘禮:一個學術史的簡單回顧」,『山東大學學報』, 2007-2.

左玉河,「由文明結婚到集團婚禮」, 薛君度, 劉志琴主編,『近代中國社會生活與觀念變遷』, 中國社會科學出版社, 2001.

方硯,「近代以來中國婚姻立法的移植與本土化」, 華東政法大學博士論文, 2014.

毛立平,「19世紀收繼問題研究 – 以安徽爲中心」,『安徽史學』, 2006-2.

卞琳,「南京國民政府訓政前期立法體制研究(1928-1937)」, 華東政法學院博士論文, 2006.

付紅娟,「宋代女性婚姻權利研究」, 甘肅政法大學碩士論文, 2021.

白若楠,「新中國成立初期貫徹婚姻法運動研究 – 以陝西省爲中心」, 陝

西師範大學博士論文, 2018.

馬駿,「紹興花雕酒之變遷」,『中國酒』, 2013-3.

艾萍,「變俗與變政－上海市政府民俗變革研究(1927-1937)」, 華東師範
　　大學博士論文, 2007.

朱琳,「明清徽州婚姻彩禮略述」,『黃山學院學報』, 2005-5.

朱杰人,「朱子家禮之婚禮的現代實驗」,『博覽群書』, 2010-12.

朱國光,「紹興花雕簡史淺論」,『酒林史話』, 2021-9.

安尊華,「清水江流域分家文書所體現的哲學觀」,『貴州社會科學』, 2012-11.

呂寬慶,「論清代立嗣繼承中的財產因素」,『清史研究』, 2006-3.

＿＿＿＿,「清末民間異姓繼承問題研究」,『雲夢學刊』, 2007-4.

李姣,「清代徽州婦女經濟活動初探－以徽州文書爲例」,『佳木斯大學
　　社會科學學報』, 2016-3.

李文軍,「社會本位與民國民法」, 南京大學經濟法學博士論文, 2011.

李向東,「印花稅在中國的移植與初步發展(1903-1927)」, 華中師範大學
　　博士論文, 2008.

李秀清,「新中國婚姻法的成長與蘇聯模式的影響」,『法律科學』, 2002-4.

＿＿＿＿,「20世紀前期民法新潮流與『中華民國民法』」,『政法論壇』, 2002-1.

李衛東,「民初民法中的民事習慣與習慣法」, 華中師範大學博士論文,
　　2003.

李玲鑫, 江鈺瑩, 陳希, 史少君,「符號學視覺下的土家族哭嫁文化研究」,
　　『傳媒論壇』, 2019-11.

匡天齊,「四川漢族民間婚禮與婚嫁歌(續二)」,『音樂探索』, 1995-2.

汪士信,「明清時期商業經營方式的變化」,『中國經濟史研究』, 1988-2.

周曉平,「客家民間文學與客家婦女歷史地位的深層構成-以客家哭嫁歌
　　爲研究新視覺」,『嘉應學院學報』, 2010-1.

周正慶,「清末民初閩東民間婚書的演變及原因初探－以新發現民間婚
　　書爲中心」,『壓南學報』, 2019-2.

周永康, 王仲凱,「改革開放以來農村分家習俗的變遷」,『西南農業大學
　　學報』, 2011-3.

林興勇,「論彩禮返還的司法困境及解決對策」,『巢湖學院學報』, 2021-5.

林濟,「近代鄉村財産繼承習俗與南北方宗族社會」,『中國農史』, 2003-3.

_____,「近代長江中游家族財産習俗制度述論」,『中國社會經濟史研究』, 2001-1.

吳佩林,「清末新政時期官製婚書之推行 - 以四川爲例」,『歷史研究』, 2011-5.

房學嘉,「關於舊時梅縣童婚盛行的初步思考」,『嘉應大學學報』, 2003-1.

胡旭晟,「20世紀前期中國之民商事習慣調查及其意義」, 前南京國民政府司法行政部編,『民事習慣調查報告錄』, 中國政法大學出版社, 2005.

胡群英, 曹水旺,「最後的婚歌 : 關於和平縣客家新娘歌的田野調查」,『嘉應學院學報』, 2020-2.

侯欣一,「黨治下的司法 - 南京國民政府訓政時期執政黨與國家司法關係之構建」,『法學論壇』, 2009-3.

洪虹,「明清時期徽州家庭分家析産的特點-以徽州分家文書爲中心」,『尋根』, 2016-4.

常雅欣,「近代中國印花稅發展的若干問題探析」,『財政監督』, 2020-3.

原源,「"中人"在分家中的角色功能審視 - 以遼南海城市大莫村爲例」,『民間文化論壇』, 2006-6.

祖偉, 高丙雪,「清末民初民間證婚婚書習慣研究 - 基於東北地區與直隸省的比較」,『天津法學』, 2014-4.

麻國慶,「分家 : 分家有繼也有合 - 中國分家制度研究」,『中國社會科學』, 1999-1.

_____,「漢族的家族與村落 : 人類學的對話與思考」,『思想戰線』, 1998-5.

唐正明,「民法典婚姻家庭編的編纂應該加入"六禮"制度」,『法治與社會』, 2017-11.

姚讓利,「婚禮爲什麼要喝"交杯酒"」,『尋根』, 2017-3.

張忠民,「略論明清時期"合夥"經濟中的兩種不同實現形式」,『上海社會科學院學術季刊』, 2001-4.

張生,「民國「民律草案」評析」,『江西社會科學』, 2005-8.

張正明, 「明淸勢力最大的商幫晉商」, 『天津日報』, 2005.8.1.

_____, 「明淸山西商人槪論」, 『中國經濟史研究』, 1992-1.

張小莉, 李玉才, 孫學敏, 「當前中國農村結婚高消費現象的社會學分析」, 『農村經濟』, 2017-1.

張文瀚, 郝平, 「近代山西分家析産行爲探析」, 『社科縱橫』, 2016-4.

張晉藩, 「唐律中的禮法關係」, 『人民法治』, 2019-13.

張雁, 「明淸黟縣胡氏經濟變化探微 - 以『乾隆黟縣胡氏闔書匯錄』爲中心」, 『皖西學院學報』, 2014-6.

張萍, 「明淸徽州文書中所見的招贅與過繼」, 『安徽史學』, 2005-6.

陳其南, 「房與傳統家族制度」, 『漢學研究』, 臺北, 民74.6(1985).

陳晋萍, 李衛東, 「社會變遷與民初民事法律觀念的轉變」, 『法學評論』, 2005-2.

梁治平, 「從"禮治"到"法治"」, 『開放時代』, 1999-1.

俞江, 「論分家習慣與家的整體性 - 對滋賀秀三『中國家族法原理』的批評」, 『政法論壇』, 2006-1.

_____, 「繼承領域內衝突格局的形成 - 近代中國的分家習慣與繼承法移植」, 『中國社會科學』, 2005-5.

符國群, 李楊, 費顯政, 「中國城鎮家庭結婚消費演變研究 : 1980-2010年代」, 『消費經濟』, 2019-6.

黃振威, 「民國時期財婚中的彩禮習慣研究 - 以民國社會習慣調查報告爲視覺」, 『知與行』, 2016-5.

許加明, 「城市靑年結婚消費的現狀, 影響因素與引導策略」, 『經濟研究導刊』, 2019-2.

程維榮, 「嗣子繼承權的歷史形態」, 『蘭州學刊』, 2005-5.

彭厚文, 「國民黨中央政治委員會的演變述略」, 『湖北大學學報』, 1993-4.

萬志鵬, 李增偉, 馮少輝, 楊岩峰, 「論"包二奶"應作爲重婚罪」, 『湘潭師範學院學報』, 2009-5.

董倩, 「"包二奶"問題的法律思考」, 『法制與社會』, 2010-2.

董春櫟, 「農村彩禮現象分析及對策」, 『當代農村財經』, 2022-4.

郭洁,「論淸代妾的民事法律地位」,『金華職業技術學院學報』, 2007-5.

郭兆斌,「淸代民國時期山西地區民事習慣試析 – 以分家文書爲中心」,『山西檔案』, 2016-4.

經莉莉,「民國集團結婚探微」, 安徽師範大學碩士論文, 2006.

楊樹明, 劉伏玲,「近代中國農村集團結婚考察-以江西爲中心」,『江西師範大學學報』, 2020-6.

楊克峰, 王海洋,「明淸徽州民間財産繼承方式和國家繼承法的衝突與整合」,『重慶交通大學學報』, 2010-1.

楊國禎,「明淸以來商人"合本"經營的契約形式」,『中國社會經濟史研究』, 1987-3.

鄭小川,「法律人眼中的現代農村分家 – 以女性的現實地位爲關注點」,『中華女子學院學報』, 2005-5.

鄭文科,「分家與分家單研究」,『河北法學』, 2007-10.

鄭永福,「淸末民初家庭財産繼承中的民事習慣」,『鄭州大學學報』, 2007-5.

劉秋根,「論中國商業, 高利貸資本組織方式中的"合資"與"合夥"」,『河北學刊』, 1994-5.

＿＿＿＿,「十至十四世紀的中國合夥制」,『歷史研究』, 2002-6.

劉道勝・凌桂萍,「明淸徽州分家鬮書與民間繼承關係」,『安徽師範大學學報』, 2010-2.

劉志娟,「民國中後期婚姻糾紛與基層司法研究 – 以1935-1949年河口婚姻司法檔案爲中心」, 華東政法大學博士論文, 2019.

＿＿＿＿,「民國女性離婚權利實現的困境解讀 – 基於1935-1949年河口離婚司法檔案的考察」,『法制博覽』, 2019-4.

劉俊・劉文俏,「淺析喜慶文化在喜糖包裝設計中的體現」,『大衆文藝』, 2012-8.

韓冰,「近代中國民法原則研究」, 中國政法大學博士論文, 2007.

潘旦,「哭嫁習俗探微」,『溫州師範學院學報』, 2003-6.

潘榮,「淺析中國傳統喜慶表現方式對現代喜慶産品的設計啓示」, 折江理工大學碩士論文, 2012.

譚志云,「民國南京政府時期的女性財産繼承權問題」,『石家莊學院學報』,
　　　　2007-2.

_____,「民國南京政府時期寡婦與立嗣問題 - 以江蘇高等法院
　　　　1927-1936年民事案例爲例」,『寧夏大學學報』, 2007-5.

謝桃坊,「宋代市民社會生活與酒文化」,『文苑漫步』, 2021-4.

Kathryn Bernhardt, "The Inheritance Rights of Daughters : The Song
　　　　Anomaly?", *Modern China*, Vol.21, No.3, July 1995.

Ming-Hsuan Lee, "The One-Child Policy and Gender Equality in Education
　　　　in China : Evidence from Household Data", *Journal of Family and
　　　　Economic Issues* 33, 2012.

Myron L. Cohen, "Family Management and Family Division in Contem-
　　　　porary Rural China", *China Quarterly*, Vol.130, 1992.

Patricia Ebrey, "Women in the Kinship System of the Southern Song Upper
　　　　Class", *Historical Reflections*, Vol.8 No.3, 1981.

4. 인터넷 기사

「全國政協委員張改平 : 建議遏制農村天價彩禮陋習」,『新京報』, 2021.3.6.

「第七次全國人口普查公報 : 男性占51.24%, 女性占48.76%, 總人口性別
　　　　比105.07」,『新浪財經』, 2021.5.11.

「過半年輕人不接受"裸婚"」,『新京報』, 2012.2.17.

「《婚姻法》70年帶您了解它的歷史變遷」,『半月談雜志』, 2020.5.1.

「剩女是僞問題, 3千萬剩男才是眞問題」,『廣州日報評論』, 2014.5.5.

「實施三孩生育政策, 配套生育支持措施—解读《中共中央國務院關於優
　　　　化生育政策促進人口長期均衡發展的決定》」,『新華社』 北京7
　　　　月20日電, 2021.7.21.

「彩禮分期, "傳宗接'貸' '貸貸'相傳"」,『紫夏廖意』, 2021.4.5.

「彩禮最新地圖！浙江18.3萬全國第一, 黑龍江男方壓力最高, 山東最流
　　　　行」,『券商中國』, 2022.6.6.

308

타

파

314

지은이 소개

손승희_중국근현대사 전공

숙명여자대학교 사학과 졸업
국립대만사범대학 역사연구소 석사
(중국) 푸단대학 역사학 박사
고려대학교 아세아문제연구소 연구교수
현재 인천대학교 중국학술원 연구교수

주요 연구
『중국의 가정, 민간계약문서로 엿보다 : 분가와 상속』
『민간계약문서에 투영된 중국인의 경제생활 : 합과와 대차』
『이성이 설 곳 없는 계몽』(역서)
『중국 동북지역의 상인과 상업네트워크』(공저)
『중국 민간조직의 단면』(공저)
『중국의 동향상회』(공저)
『중국 근대 공문서에 나타난 韓中關係』(공저)
『중국 가족법령자료집』(공저)
『일대일로와 한중도시』(공저)
『중국도시樂』(공저)

중국관행연구총서 24

중국의 근대, '가정'으로 보다

2022. 5. 20. 1판 1쇄 인쇄
2022. 5. 31. 1판 1쇄 발행

지은이 손승희
기 획 인천대학교 중국학술원 중국 · 화교문화연구소

발행인 김미화 **발행처** 인터북스
주소 경기도 고양시 덕양구 통일로 140 삼송테크노밸리 A동 B224
전화 02.356.9903 **이메일** interbooks@naver.com **출판등록** 제2008-000040호
ISBN 978-89-94138-83-1 94910 / 978-89-94138-55-8(세트) **정가** 22,000원